Navid Kermani

UNGLÄUBIGES STAUNEN

Über das Christentum

Büchergilde Gutenberg

Mit 49 farbigen Abbildungen

Lizenzausgabe für die Büchergilde Gutenberg,
Frankfurt am Main, Zürich, Wien
www.buechergilde.de
Mit freundlicher Genehmigung
des Verlags C.H.Beck, München
Druck und Bindung: CPI-Books, Ulm
Gedruckt auf säurefreiem, alterungsbeständigem Papier
(hergestellt aus chlorfrei gebleichtem Zellstoff)
Printed in Germany
ISBN 978 3 7632 6845 0

INHALT

I. MUTTER UND SOHN

II. ZEUGNIS

III. ANRUFUNG

I.

MUTTER UND SOHN

MUTTER

Der katholische Freund schließt nicht aus, daß der Evangelist Lukas persönlich das Bild gemalt habe. Er hat Artikel darüber geschrieben, wie er es aufstöberte, von denen ich erst einen las. Im Labor ist das Holz noch nicht untersucht worden. Die Nonnen hätten Sorge, weil es bereits so morsch sei. Kunsthistoriker hätten das Bild allerdings für eindeutig antik befunden, erstes Jahrhundert sei wahrscheinlich. Die Jungfrau hat auch mich angeschaut, ohne Alter.

Der Freund brachte mich zu dem Kloster, das in einer gewöhnlichen Wohnstraße auf dem Monte Mario liegt, am anderen Ufer des Tibers neben dem Hilton, und ließ sich durch eine Sprechklappe in der bröckligen Seitenmauer den Schlüssel aushändigen, während ich im Auto wartete. Bevor er mich in die Kapelle führte, wo die Nonnen das Bild bereits für uns umgedreht hatten, pinkelte er noch ins Gebüsch neben dem Eisentor. Gewöhnlich schaut die Jungfrau in den Gebetsraum der Nonnen, die sich lebenslang eingesperrt haben, weder Besucher empfangen noch auf Reisen gehen oder auch nur spazieren oder einkaufen. Gott genügt.

Durch das vergitterte Fenster, in dem das Bild hängt, sahen wir einige von ihnen und hörten alle im fahlen Licht beten, bis übers Kinn verschleiert, weißes, gestärktes Gewand, schwarze Hauben. Fünf der dreizehn Schwestern sind über achtzig. Die in dem Ausschnitt der Gebetsbank saßen, den ich durch das Fenster sehen konnte, waren nicht jünger. Auf den kahlen Wänden ihrer Barockkirche zeichnen sich großflächig die Wasserflecken ab. Der Freund sagt, daß die Leitungen verrotten, die Telefone nicht funktionieren und an Reparatur nicht zu denken ist, bevor das Kloster seine Schulden begleicht. Die Bitte um Spenden ist der Teil ihres Gebets, dessen Erfüllung noch aussteht.

Nach einigen Minuten löschten die Nonnen das Licht, so daß wir nur noch ihre Stimmen hörten, ein Vers tief, ein Vers hoch, Singsang mit Pausen, ohne daß ich ein Wort verstand. Seinem Buch hat der Freund ein Zitat des zurückgetretenen Papstes vorangestellt, das nichts Neues sagt, doch immer wieder neu zu sagen ist: «Große Dinge werden durch die Wiederholung nicht langweilig. Nur das Belanglose braucht die Abwechslung und muß schnell durch anderes ersetzt werden. Das Große wird größer, indem wir es wiederholen, und wir selbst werden reicher dabei und werden still und werden frei.» In Rom wurde ich ohnehin neidisch aufs Christentum, neidisch selbst auf einen Papst, der auch solche Sätze sagt, und wenn ich den Gedanken der Inkarnation in nur einem Menschen nicht für grundverkehrt hielte und speziell die katholische Vorstellungswelt mir nicht so heidnisch vorkäme, mich die Ordnung nicht abstieße, die alle und eben auch die menschlichen Verhältnisse hierarchisiert, die Demonstration von Macht in jeder katholischen Kirche, dazu die bis in den Blutrausch reichende Leidensvergötterung, womöglich hätte ich mich seinen Praktiken nach und nach angeschlossen, hätte die lateinische Messe besucht und wäre mit Pausen in den Singsang eingefallen, wenngleich anfangs mehr aus ästhetischen Gründen, vielleicht auch aus Faszination für die beispiellose Kontinuität einer Institution, die aus Gottes Angehörigen eine Gemeinschaft bildet. Nur ihr ist sie auf Dauer gelungen. Wer weiß, vielleicht wäre auch mir eines Tages das Wunder erschienen, das dieses prächtigste aller Himmelsgebäude hervorgebracht hat. So halte ich die Möglichkeit zwar weiterhin für falsch – aber erkenne, mehr noch: spüre, warum das Christentum eine Möglichkeit ist.

Als sei die Dunkelheit nicht Klausur genug, klappten unsichtbare Hände von innen die Fensterläden zu, so daß wir nur noch die Ikone sahen, nicht mehr in den Raum dahinter. Erhalten geblieben ist nur das Gesicht Mariens in den erstaunlichsten Farben, der Ansatz ihres Schleiers, zwei vergoldete Hände, die zu einem Weg weisen, aber auch Abwehr signalisieren könnten, sowie das Kreuz auf der Höhe ihres

Maria Advocata. Spätantike Holztafel. 42,5 x 71,5 cm. Kloster Santa Maria del Rosario, Rom

Herzens, ansonsten nichts als ihr Umriß. Und natürlich der goldene Grund! In der Sprache der Ikonenmaler werde er «Licht» genannt, erklärt flüsternd der Freund, weil das Gold die Heiligen wie das himmlische Licht umfange. Es gibt keine einseitige Beleuchtung, keine gedachte Lichtquelle, sondern die Farben selbst sind licht, und am lichtesten das Gold. Weil sich der Freund zu einem Rosenkranz zurückzog, hatte ich Zeit mit der Jungfrau. Wieso nenne ich sie überhaupt Jungfrau, wenn ich nicht an die Mutterschaft Gottes glaube? Ein Wort: Getroffensein. Gott hat sie getroffen. Das ist Gnade und Qual, das verleiht Flügel und schmettert nieder, das streichelt und ist ein Hammerschlag. Macht alles verlieren und Gott genügen.

Die großen braunen Augen schauen dich an, als hätte der viel kleinere Mund anfangs noch wie der Mystiker Halladsch gerufen: Rettet mich, Leute, rettet mich vor Gott. Das hat sie auch, Hilfe gerufen, anfangs, als sie es erfuhr, ich bin mir sicher. Frohe Botschaft! röhrten die Könige und brachten Geschenke, aber ich bin mir sicher, daß sie alles war, nur nicht froh. Sie trug es, ertrug es, wie die Heiligen es tragen, das macht sie schließlich dazu, nicht die Auszeichnung, sondern sie aushalten zu können. Zur Staatsfeindin geworden über Nacht, floh sie, übernachtete in Scheunen, in Kellern und zur Not in der Wildnis, die vor zweitausend Jahren noch eine war, immer das Kind bei sich, immer die Sorge, die nicht dadurch größer oder kleiner wurde, ob es *ein* oder *der* Sohn Gottes war. Die Sorge war es jeder Mutter. Später stand sie daneben, als man ihn ins Gesicht schlug, mit der Peitsche durch die spukkende Menge trieb, sah die Dornen, die sich zentimetertief in seine Stirn bohrten, sah ihn das Kreuz tragen, auf das man ihn mit Nägeln befestigte, sah das Kreuz aufgerichtet werden und die Leute johlen, sah den Sohn dort oben Stunde um Stunde bluten, stöhnen, dürsten, vor Schmerz und Verzweiflung schreien. Vielleicht blickte er nicht nur in den Himmel und fragte, warum Gott ihn verlassen habe. Bestimmt blickte der Sohn aus der Höhe, in der ihn die Menschen ausstellten, auch nach unten zu seiner Mutter. Zeigt das Bild sie davor oder danach?

Bestimmt gibt es in der Ikonenmalerei ein Gesetz, das meine Frage beantwortet. Der katholische Freund schreibt, als sei es selbstverständlich, daß dieser Blick gesehen hatte, wie der Sohn, ihr Sohn, in Armeslänge neben ihr zu Tode gemartert wurde. Andererseits scheint die Jungfrau nicht in dem Alter, in dem sie bereits um ihr erwachsenes Kind trauern könnte. Mit dem dünnen, wie durchgedrückten Nasenbein und den großen, beinah runden Wangen ist sie übrigens sehr schön, nicht eine römische Hure wie bei Caravaggio oder eine französische Gräfin wie bei Raffael, sondern eindeutig orientalisch. Nein, sie ist noch jung und hat doch schon erfahren, was es bedeutet, von Gott aus- und heimgesucht worden zu sein, glaubt zumindest, es erfahren zu haben, kennt schon den Schmerz und ahnt, mehr noch: weiß, daß der Schmerz sich ins Unermeßliche noch steigert. Nur das Unermeßliche selbst hat nicht einmal diese Jungfrau erlebt. Würde man es zeigen, wäre es keine Ikone mehr. Die Leute würden weglaufen vor Angst. Wenn es eins ist, wäre das Wunder der katholischen Kirche, daß sie es nicht tun, daß sie nicht wegrennen. Aus mir unerklärlichen Gründen zelebrieren sie gerade das Abstoßendste, das zugegeben das Wahrhaftigste sein mag, aus Sadismus, wenn man es böse deutete, oder Wirklichkeitssinn, was es hoffentlich ist. Nur Maria halten sich die Katholiken rein, und das begreife ich so gut. Sie malen Madonnen, um sich zu trösten, weil es ohne Trost nicht geht, malen Bilder eines makellosen Gesichts. Jungfräulichkeit bedeutet für mich nichts anderes: rein – und damit immanent gesprochen: gereinigt – von der Erfahrung.

SOHN

Der Junge ist häßlich. Er ist noch viel häßlicher als auf diesem oder überhaupt jedem Photo, das ich im Internet aufgestöbert oder mit der guten Kamera, die ich mir geborgt, selbst aufgenommen habe. Von Bild zu Bild klickend, würde ich so weit gehen zu sagen, daß der Junge geradezu photogen ist – wenn ich mir sein wirkliches Aussehen vor Augen führe. Der Mund zum Beispiel, dieser offene Mund: hasenschartig der Unter-, hervorstehend der Oberkiefer, und mehr noch die Lippen: die untere kurz oder genaugenommen nicht kurz, sondern gestaucht, fett in die beiden Wölbungen sich dehnend, dazu eine Oberlippe wie ein Zelt, das von zwei Schnüren nach oben gezogen wird und sich seitlich bis über die Mundwinkel ausbreitet. Auf den Aufnahmen, weil sie immer nur einen Blickwinkel einfangen, ist bestenfalls zu ahnen, wie blöd der Junge mit seinen auseinanderklaffenden Lippen aussieht, wirklich blöd, also mehr als nur unschön, nämlich tumb, und zwar so eine fiese Tumbheit, die zugleich etwas Plumpes und Garstiges hat, etwas Verzogenes, Bengelhaftes, nur an sich Denkendes. Unangenehm, geradezu unappetitlich ist die Vorstellung eines Kusses, so gern und unbefangen man sonst von Kindern geküßt wird – aber von dem? Es gibt so Kinder, die sich mit fünf Jahren immer noch in der ungeputzten Pofalte kratzen, ungeniert, und einem die Scheiße noch entgegenstrecken. Bei diesem ist es nur Farbe, die abgeblättert ist, aber ausgerechnet an den drei Fingern, die er segnend hochhält, von der Nagelspitze bis übers zweite Gelenk. Im ersten Augenblick fürchtet man, er würde sie gleich in den Hals stecken, so gekrümmt sind die braunen Finger schon.

Und wie rund er ist, also nicht fett im Sinne von schwergewichtig, vielmehr gerundet, die Nase breiter als lang und die Haut wie aufgeblasene Ballons gewölbt. Weil die zurückgezogene Unterlippe das ballrunde Kinn in die Höhe hebt, wirken die Wangen noch kugeliger. Im ganzen besteht das Gesicht mithin aus drei, nein: vier, nein: fünf Bällen, weil das Doppelkinn und die Nasenspitze ebenfalls kugelrund sind, nur kann man das Kugelige eben nicht in seinem schon karikativen Volumen ermessen, wenn man den Jungen aus einem einzigen Blickwinkel, folglich nur zweidimensional sieht. Die beiden Brüste sind ebenfalls rund wie bei einer Frau, fällt mir auf, da ich die Photos des Jungen betrachte, und an den Ober- und Unterarmen kringelt sich das Fett, so daß weitere Kügelchen entstehen. Ein Wonneproppen, würde eine Mutter sagen, die ihren Sohn selbst dann für den Hübschesten hält, wenn er für jeden anderen, erst recht für einen Anders- oder Ungläubigen wie mich, ein Ausbund an Scheußlichkeit ist. Auch der katholische Freund, den ich bat, bei seinem nächsten Besuch in Berlin beim Bode-Museum vorbeizugehen, weil auf den Photos, die ich ihm geschickt hatte, die Blödheit nur zweidimensional ist, selbst der Freund räumt am Telefon ein, daß er mit dem Jungen Schönheit, Anmut, Liebreiz am wenigsten assoziiert.

— Haben Sie die Finger gesehen? frage ich.

— Ich stehe noch davor, flüstert der Freund.

Den Jungen fand er sofort, mußte nur den erstbesten Wärter nach einem häßlichen Christuskind fragen, um grinsend den Weg gewiesen zu bekommen, alle Wärter wußten Bescheid: zum Dickerchen den Korridor lang und im kleinen Kuppelsaal die erste Tür links. Hingegen im Katalog haben sie das Christuskind nicht abgebildet und selbst im Sonderkatalog der Skulpturensammlung nur ein kleines, fast schon winziges und noch dazu vorteilhaft ausgeleuchtetes Photo abgedruckt, als schäme sich die Museumsleitung dafür oder wolle keinen Ärger heraufbeschwören mit einer Art von Gotteslästerung. Dabei stört es in Berlin allenfalls noch Türken, wenn Gott gelästert wird. Vor allem aber geht es darum zu verstehen, daß genau dieser Junge den Vater lobpreist.

Folgende Seiten: Christuskind. Perugia, um 1320. Nußbaumholz, Höhe 42,2 cm. Bode-Museum, Berlin

Die katholische Kunst kenne das Motiv des kindlichen Jesus erst seit dem dreizehnten Jahrhundert, weicht der

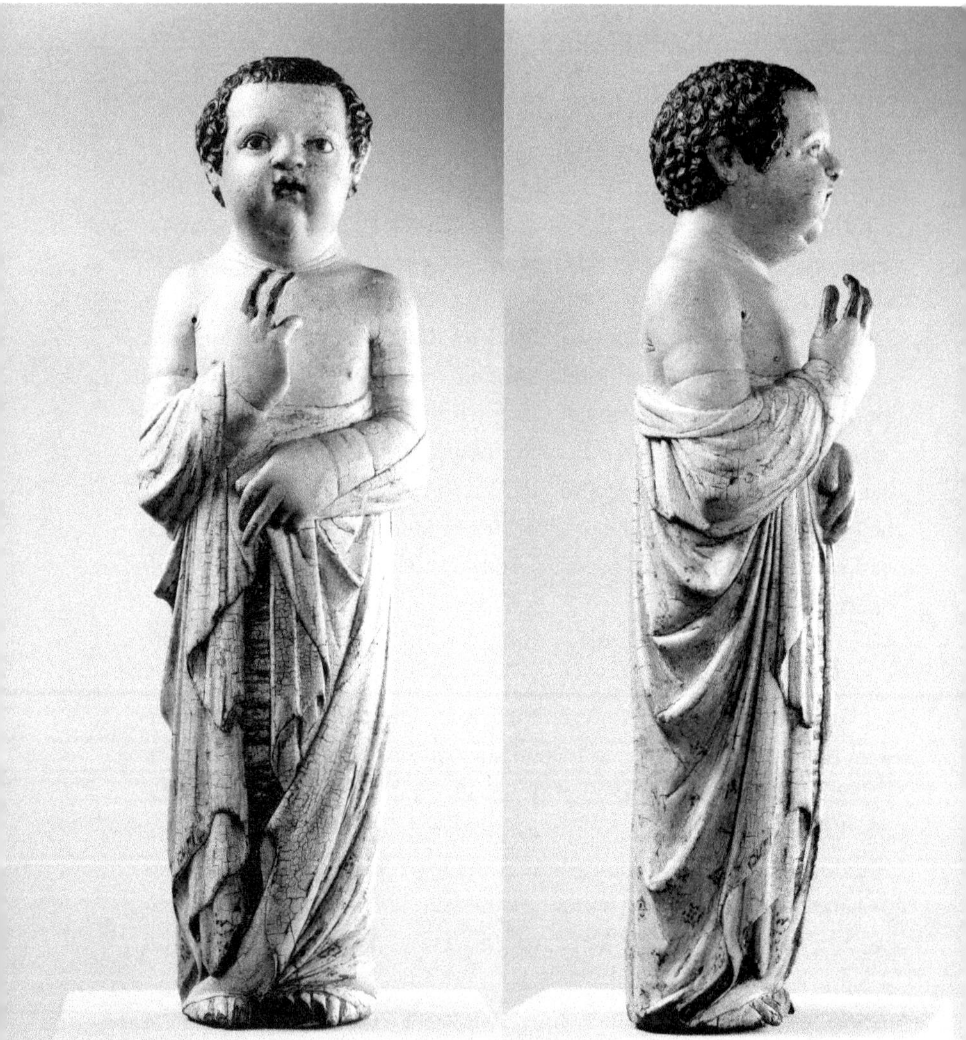

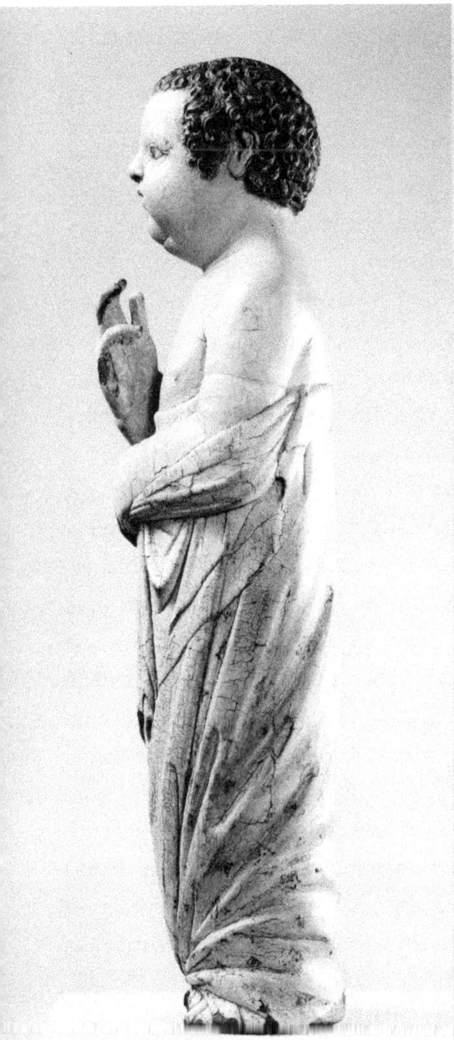
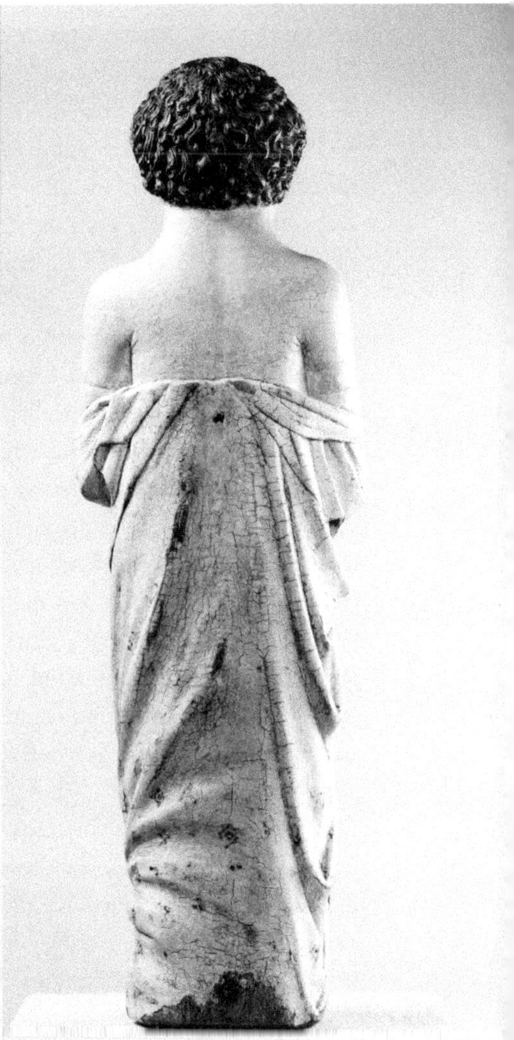

Freund in die Kunstgeschichte aus, die Skulptur müsse daher ein recht frühes, noch nicht ausgereiftes Beispiel sein. Besonders der heilige Franziskus habe das Christuskind geliebt, und Mystikerinnen hätten es in der Versenkung geherzt und in den Armen gewiegt, um sich mit der Gottesmutter eins zu fühlen.

— Diesen Rotzlöffel? frage ich.

— Nun ja, flüstert der Freund, er vermute, daß der Künstler in diesem speziellen Fall, der sich wohl weniger für die Unio mystica eigne, die Züge und dann wohl auch die dichten Locken des Auftraggebers verewigt habe, oder des Auftraggebers Kind.

— Aha, sage ich, um auf die Erklärung überhaupt zu reagieren, mit der ich mich nicht zufriedengeben mag.

Da entschuldigt sich der Freund schon, er müsse auflegen, habe mir nur rasch Bescheid geben wollen. «Schauen Sie bei Ratzinger nach», simst er noch hinterher. «Hab ich schon», simse ich zurück.

Lieber hätte ich den Freund zum heiligen Franziskus befragt, der sich um die Häßlichkeit des Sohns vielleicht gar nicht scherte, weil er jedes Kind, ob häßlich, ob schön, als Gottes Kind herzte. Der zurückgetretene Papst jedenfalls, den der Freund mehr schätzt als Franziskus, hat kein Buch über die Kindheit Jesu geschrieben. Ausgerechnet die Jahre, in denen Jesus ein Kind war, nicht mehr Baby und noch nicht Jüngling, sind in dem Kindheitsbuch ausgelassen. Benedikt XVI. schildert die Ankündigung der Geburt, die Geburt selbst, den Besuch der Weisen und die Flucht nach Ägypten – da war Jesus noch ein Baby. Dann setzt Benedikt XVI. erst wieder bei dem beinah schon Jugendlichen ein. Und dazwischen? Er wird wissen, der zurückgetretene Papst, daß es Hinweise gibt, das Kindheitsevangelium des Thomas; wenn es auch nicht in den Kanon aufgenommen worden ist, galt es Christen vieler Jahrhunderte als ein Zeugnis, das beachtet werden muß.

Ohne mich in die philologische Debatte einmischen zu wollen, schien mir das Kindheitsevangelium stets ein sehr realistischer Text zu sein. Eben weil es verstört, sehr unvorteilhaft von der Vorstellung abweicht, die man sich gläubig oder ungläubig vom erwachsenen Jesus macht, konnte ich mir seine Bewahrung und Verbreitung innerhalb des Christentums nur mit einer besonders starken Überlieferungskette erklären. Denn schlüssig verbunden, in eins gesetzt mit dem geliebten Säugling und dem später so heftig liebenden Mann, fand ich das Kindheitsevangelium nie. Da spielt zum Beispiel – und das ist der Auftakt, so knallend – der Fünfjährige am Ufer eines Baches und leitet das vorbeirauschende Wasser mit bloßer Willenskraft in kleine Pfützen um. Ein Nachbarsjunge nimmt einen Weidenzweig und fegt das Wasser zurück in den Bach. Die beiden geraten in Streit, und bisher liest sich noch alles normal, eine Szene zwischen zwei Jungen, wie sie in jedem Kindergarten passiert. Aber dann schreit Jesus, daß der Nachbarsjunge wie ein Baum verdorren, weder Blätter noch Wurzeln noch Frucht mehr tragen solle. Und alsbald verdorrt der Nachbarsjunge ganz und gar, und das heißt wohl, er stirbt, verendet elendig und stürzt seine Eltern ins Unglück, wie es im Kindheitsevangelium ausdrücklich heißt. Ungerührt geht Jesus nach Hause.

Und so setzt sich der Bericht fort, genau in dem Stil, mit den gleichen Charakterzügen: Im Dorf stößt ein Junge im Laufen versehentlich an Jesu Schulter. Was tut Jesus? Tötet den Jungen mit einem einzigen Wort. Und als die Eltern dieses und des anderen Jungen und immer mehr Leute sich bei Josef beschweren – was tut Jesus? Läßt alle erblinden. Und als er seinen Lehrer Zachäus an Wissen überbietet, macht er den Greis vor allen Leuten zum Gespött; Zachäus verzweifelt und will nur noch sterben wegen dieses Kindes, das ein Ausbund an Scheußlichkeit sein muß.

Vielleicht sind Benedikt XVI. und mit ihm der katholische Freund zu sehr von der Schönheit gebannt, die ihnen am Christentum und damit an Jesus Christus selbst so wichtig erscheint, um das Häßliche ebenfalls zu sehen. Ich verstehe ihr Beharren, muß in einer Stadt wie Berlin nur einen gewöhnlichen Sonntagsgottesdienst besuchen, um beizupflichten, wie sehr dem Christentum Schönheit heute fehlt. Armut allein macht keinen Gott groß. Indes wird Schönheit auch erst mitsamt ihrem Gegensatz wahr. Jesus selbst sagte oder soll gesagt haben, in einem Spruch, den der Kirchenvater Hippolyt überliefert: «Wer mich sucht, wird mich finden unter den Kindern von sieben Jahren an.» Das heißt doch wohl, daß man den Erlöser nicht in dem Fünfjährigen findet, den das Kindheitsevangelium beschreibt. Es heißt, daß selbst der Sohn erst werden mußte, was er in den kanonischen Überlieferungen von Anfang an ist. Jesus könnte ein Rotzlöffel gewesen sein, ein Ungeheuer von einem Kind, mit Wunderkraft ausgestattet, ja, die er jedoch voller Arglist eingesetzt. Ich fürchte, man wird meinen, ich lästere Jesus nun selbst. Dabei ist es keine Lästerung und die Arglist ein Attribut, das Gott ebenfalls zugesprochen wird.

Von Bild zu Bild klickend, frage ich mich, ob Jesus nicht zum Liebenden wurde, indem er sich beschämt an die Lieblosigkeit des Kindes erinnerte, das er gewesen, ein endlich Verzückter, Beseelter, Erkennender, der selbst im Verbrecher das Gute hervorhob, selbst im Häßlichen die Schönheit pries? Es gibt diese Lieblingsanekdote der Sufis, die auch mir die liebste ist: Jesus kommt mit seinen Jüngern an einem toten, schon halb verwesten Hund vorbei, dessen Maul offensteht. «Wie schrecklich er stinkt», wenden sich die Jünger angeekelt ab. Jesus aber sagt: «Seht doch, wie herrlich seine Zähne leuchten!» Mit dem Hund meinte Jesus vielleicht auch das Kind, das er war.

Aber die Mutter – man wünscht keiner Mutter, einen solchen Sohn zu haben, ihr angekündigt von Engeln, von Königen verherrlicht, und dann entpuppt er sich als verzogenes Bürschchen, das vor Wunderkraft nur so strotzt. Das Kindheitsevangelium erwähnt Maria erst ganz zum Schluß, als Jesus schon älter als sieben Jahre ist. Bestimmt hat sie sich über ihn gegrämt, sich für seine Untaten auch geschämt und dennoch zu ihm gehalten, den Wonneproppen vorbehaltlos geliebt. Das ist die Mutter, die Mutter schlechthin: egal wie das Kind ist. Das ist der Sohn, jeder Sohn, der die Liebe von der Mutter erst lernt. Im Arm halten, wiegen, wollt ich den Jungen nicht.

SENDUNG

Als Jugendlicher träumte ich öfters, Jesus erschiene heute, hier in Köln, am Bahnhof oder bei H & M, und sah jedesmal einen Freak, der auf der Straße lebte oder ein übriggebliebener Hippie mit langen, ungepflegten Haaren sein konnte, Hemd und Hose aus bunten Lumpen und an den nackten Füßen selbst im Winter jene Latschen, die schließlich seinen Namen tragen. Ein Sonderling, durchgeknallt, warnte er in einer Fußgängerzone vorm Weltende oder war ein politischer Aufrührer, aus Sicht seiner Mitmenschen ein Fanatiker, obschon friedlich und also harmlos, lächerlich mehr als gefährlich. Ich nehme an, daß solche Träume mehr über meine Zeit erzählen als über Jesus, sind sie doch Wunsch- oder Zerrbild jener uniformen Nonkonformität, die mich im Westen Deutschlands politisch sozialisierte. So gut wie für einen Penner hätte man den Jesus, von dem ich träumte, für ein Gründungsmitglied der Grünen halten können.

Später stellte ich fest, daß Jesus äußerlich nicht sonderlich auffiel. Johannes der Täufer sonderte sich ab, später die frühchristlichen Eremiten. Jesus selbst hatte so viel Freude am Essen und Trinken, daß die Gelage sogar gegen ihn verwendet wurden. Ohne sich ihren Vorwurf zu eigen zu machen, muß man ernst nehmen, was die Widersacher sagten, schließlich hätten sie ihn auch als Lügner, als Dieb abtun können. Aber sie riefen: «ein Fresser und ein Weinsäufer, der Zöllner und der Sünder Geselle!» (Matthäus 11,19) Gemeint war, daß Jesus Gastmähler für die Kollaborateure der römischen Besatzung und die Gottlosen abhielt. Ich glaube nicht, daß er mit

Folgende Seiten.
Veronese (Paolo Caliari, 1528–1588), Die Hochzeit zu Kana. 1562/63. Öl auf Leinwand, 677 x 994 cm. Musée du Louvre, Paris

ihnen sympathisierte. Eher wollte er die Gemeinschaft mit allen Angehörigen seines Volkes demonstrieren, nicht nur mit den Würdenträgern und den Rechtgläubigen, nicht nur mit den Ausgestoßenen und Benachteiligten – nein, mit allen, selbst mit den Kleingeistern und den Verbrechern, mit den Spießern und den Charakterlosen: mit uns. So betrachtet, war Jesus sogar das Gegenteil eines Sonderlings, nämlich ausgesprochen gesellig.

Bei Veronese feiert Jesus unter allen Leuten, neben ihm die Mutter, die Apostel Petrus, Andreas, Philippus und mit dem Messer in der Hand Bartholomäus aus Kana, den man bei lebendigem Leibe häuten wird, dazu Köche, Kellner, Weinschenke, Musikanten, mit orientalischem Turban der *maître de table* und im weißen, goldbestickten Gewand der offenbar sehr vornehme Sommelier. Überhaupt die Gewänder: nicht historisch, sondern aus der Gegenwart des Malers, des sechzehnten Jahrhunderts, weshalb es lange Zeit ein beliebtes Spiel war, alle möglichen Zeitgenossen mit den Gästen der Hochzeit zu identifizieren, angefangen mit Veronese selbst und einigen Malerkollegen über kirchliche Würdenträger bis hin zu Staatsführern wie Maria aus England oder Suleyman dem Prächtigen. Kann sein, gibt die Kunstgeschichte dazu eine sympathische Auskunft, kann aber auch nicht sein.

Es kommt nicht auf den Einzelnen an. Hier kommt es auf die Vielen an: Hundertdreißig Menschen hat Veronese in der Hochzeit von Kana plaziert, ihnen hundertdreißig je verschiedene Gesichter, Gesten und Blicke verliehen, so daß sich das Auge herrlich in den Details und Konstellationen, in der Architektur und den unzähligen Requisiten dieser Menschheitsbühne verliert. Als ich vor dem riesigen, fast siebzig Quadratmeter großen Bild stand, passierte genau das, was zu passieren drohte, erschiene Jesus heute: Ich beachtete ihn nicht mehr als jeden anderen. Er sitzt in der Mitte, das stimmt, und wird ebenso wie die Mutter von einem kleinen Heiligenschein erleuchtet, allein, was ist dieser Schein schon angesichts der Pracht und Fülle, die das Auge ringsum findet. Sieht man von den Jüngern ab, beachten ihn die Leute nicht, schweigen, plaudern, kochen, bedienen, musizieren, als ob nichts wäre. Das ist um so schmerzvoller, als sie, als zumindest einige – der Sommelier, die Schenke, links der schwarze Knabe, an beiden Tischenden die ersten

Gäste und selbst einer der Hunde – bereits das Wunder bemerkt haben. Doch niemand schaut zu Jesus, der Wasser in Wein verwandelt. Demzufolge ahnt auch niemand, wessen Fleisch er essen wird. Daß es Lamm ist, erschließt sich aus der Platte, die zwei Diener oben rechts ins Bild tragen. Und tellergroß geschnitten wird es genau über Jesu Kopf.

Vielleicht hatten die Träume doch recht, nur daß sie Sonderbarkeit und Fremde Jesu an der Oberfläche festmachten, an der Kleidung, den Haaren. Auch in den Evangelien gehört er einer anderen, gleichsam einer zweiten Gegenwart an: Er ist auf Erden, er feiert mit allen Leuten, fällt nicht äußerlich auf – und ist doch im Innern so tief berührt worden, von Gott durchdrungen, daß er leuchtet, mögen es auch nur die Jünger, Künstler und Kinder von sieben Jahren an sehen. Nicht einmal Maria Magdalena erkannte den Auferstandenen auf Anhieb, nicht einmal die Jünger beim Emmaus-Mahl, so unscheinbar ist, was ihn unterscheidet. Es sind nicht einmal die Augen, ist nicht einmal die Stimme und können ebensowenig die Worte sein, wenn er wie so oft nichts sagt. Vielleicht ist es nicht mehr als ein Blick – alle anderen 129 Hochzeitsgäste schauen irgendwohin, sie sind nicht alle in ein Gespräch vertieft, sind still, häufiger wahrscheinlich als auf jeder gewöhnlichen Hochzeit, sind für sich, als ob sie doch das Licht bemerkt haben, zumindest irritiert worden sind. Aber Jesus schaut nirgends hin und damit auf alles. Der Unterschied wird deutlicher, vergleichst du seinen Blick mit dem der Mutter, die ebenfalls wie abwesend wirkt. Nur geht ihr Blick, der deshalb auch leicht gesenkt ist, ins Innere, wo sie trauert, weil sie mit dem ersten Wunder das Martyrium voraussieht, das ihren Sohn erwartet. Jesus hingegen blickt nach außen, aus seiner Gegenwart hinaus. Er blickt niemand anderen an als dich.

Wer bringt denn auch seine Mutter mit zu einer Hochzeit! Ein junger, gutgewachsener Mann wie Jesus kommt mit einem Mädchen oder, wenn er kein Mädchen hat, kommt er, um eines kennenzulernen. Seine Mutter ist schon äußerlich eine Spaßverderberin, rückt dem Sohn nicht von der Seite und trägt die traditionellen Trauerfarben schwarz, blau und grau, wo andere doch nur feiern wollen. Das wäre in meiner Zeit das Sonderbare, das absolut Fremde und Aussondernde gewesen: daß er stets die Mutter bei sich hatte – Sponsa Christi wird sie auch noch genannt, Braut Christi – die Mutter! Wahrscheinlich waren wir im Westen Deutschlands deshalb so bemüht, ihm ein Verhältnis mit Maria Magdalena anzudichten: um seine Nonkonformität etwas konformer zu haben. Die Evangelien jedenfalls liefern für Erotik keinen Anhalt. Allenfalls könnte man aus Maria Magdalenas Klage heraushören, daß sie den jungen Mann liebte. Umgekehrt jedoch richtet Jesus nirgends ein Wort an sie, das auf die Liebe zur Frau deutete. Jesus war allein. Bei all seiner Geselligkeit, inmitten von 129 Hochzeitsgästen war Jesus allein. Allenfalls war er mit seiner Mutter. Und mehr als das: Er verlangte auch das Alleinsein von jedem einzelnen seiner Gemeinschaft. «So jemand zu mir kommt und haßt nicht seinen Vater, Mutter, Weib, Kinder, Brüder, Schwestern, auch dazu sein eigen Leben, der kann nicht mein Jünger sein.» (Lukas, 14,26) Es gibt keinen Charakterzug, der sich deutlicher durch alle vier Evangelien zieht, als sein Beharren, beziehungslos zu sein, nicht nur frei von aller Verwandtschaft, Freundschaft, Verliebtheit, sondern auch von allen Dingen, von Häusern und Äckern, wie er in Matthäus 19,29 ausdrücklich hinzufügt.

Es machte mich verrückt, daß niemand ihn erkannte, ich auch niemanden von seiner Anwesenheit überzeugen konnte, nicht einmal zu überzeugen versuchte, weil es mir aussichtslos schien und ich vielleicht selbst für verrückt gehalten worden wäre, für einen der Spinner, die in der Fußgängerzone vorm Weltende warnen oder sich an den Eingang von H & M ketten, um gegen Billiglöhne zu demonstrieren.

LIEBE I

Nicht zu sagen, ob Jesus Augen und Mund vor Entsetzen oder bloß vor Anspannung aufreißt, die ausgebreitete Hand abwehrend oder gebietend hochhält. Nicht zu sagen, ob Marias Staunen verzückt oder panisch ist, ihre Hand zum offenen Grab geht oder den Bruder von sich abhält. Nicht zu sagen, ob Martha wirklich zurückweicht, so schemenhaft nur ist sie in der unteren linken Ecke zu erkennen. Nicht zu sagen, was in den Köpfen der drei Männer vorgeht, die auf den wiedererweckten Lazarus starren, ganz hinten womöglich der Apostel Petrus. Nicht zu sagen, ob Lazarus lächelt, wie mühsam und müde auch immer, oder eher Nein! schreit, ich will nicht. Rembrandt hat das offengelassen; hat nicht gedeutet und schon gar nicht gewertet. Aber er hat die Anstrengung kenntlich gemacht, die seelische und ebenso die körperliche Belastung Jesu, der nicht entspannt ein Wort spricht wie bei den anderen Malern, vielmehr «mit lauter Stimme» ins Grab ruft, was im Lutherdeutsch «schreien» oder «kreischen» meint, der «ergrimmt» ist und gerade noch geweint hat und voraussieht, daß die Hohenpriester ihn spätestens jetzt fürchten und zum Tode verurteilen werden, da sie seine Macht erkennen. Rembrandt hat die beiden Schwestern nicht fromm und dankbar die Hände zum Himmel heben lassen, sondern Maria ein fassungsloses Staunen, Martha die Andeutung eines Zurückweichens verliehen – niemand ist hier froh, auch nicht die drei Männer, nicht einmal Petrus. Vor allem aber hat Rembrandt radikal mit seinen Vorgängern gebrochen, die Lazarus einen wohlgeformten Körper gemalt haben. Bei ihm trägt der Erweckte deutliche Züge der Verwesung und phosphoresziert auch noch leichenhaft grün.

Man muß sich klarmachen, daß niemand, der an die Auferstehung glaubt, in dieser Welt wiedergeboren werden möchte. Jesus selbst, der Lazarus mehr als andere Menschen «lieb hat», was im Lutherdeutsch eine Steigerung der Liebe ist, Jesus ist sich bewußt, daß er dem verstorbenen Freund keinen Dienst erweist, indem er ihn ins Leben zurückruft. Es geht Jesus um die Jünger – «auf daß ihr glaubet» – und die Umstehenden – «daß sie glauben». Ja, anfangs, als die Nachricht von der Erkrankung des Lazarus eintrifft, stellt Jesus sogar klar, daß es im Kern um ihn selbst geht: «daß der Sohn Gottes dadurch geehrt werde». Denn er sieht richtig voraus, daß Lazarus sterben und dessen Erweckung den Anlaß liefern wird, Jesus selbst zu kreuzigen – nichts anderes als Jesu Auferstehung ist schließlich mit «Verherrlichung» gemeint. Dem entspricht, daß Jesus seinen Gang nach Bethanien als Rückkehr nach Jerusalem versteht – «laßt uns wieder nach Judäa ziehen» –, ihn mit dem Zeitenlauf in Verbindung bringt – «sind nicht des Tages zwölf Stunden?» – und Thomas die anderen Jünger auffordert: «Laßt uns mitziehen, daß wir mit ihm sterben!» Dem entspricht zumal das Weinen, das sehr bemerkenswerte, wohl auch heftige Weinen Jesu in Bethanien, das oft als Trauer um Lazarus gelesen wird – doch weshalb sollte Jesus den Tod desjenigen betrauern, den er gleich wiedererweckt? Hippolyt und andere Kirchenväter deuteten Jesu Tränen daher keineswegs als Trauer über den Tod des Freundes, sondern im Gegenteil als Betrübnis über dessen Wiederkehr ins Leben. Anders gesagt: Jesus gehen «die Augen über», weil er seinen Freund, den besonders geliebten Lazarus, ins Elend dieser Welt zurückzwingen muß, um selbst getötet zu werden und auferstehen zu können. Und tatsächlich gibt es, kaum beachtet, eine entscheidende Pause während der Totenerweckung, als die Grabplatte abgehoben wird: «Vater, ich danke dir, daß du mich erhört hast», sagt Jesus, als er die Leiche sieht. Erst danach ruft, nein, schreit und kreischt er – und zwar «um des Volks willen, das umhersteht, sage ich's, daß sie glauben, du habest mich gesandt» – Lazarus aus dem Grab heraus. Das heißt, der Dank, erhört worden zu sein, geht der leiblichen Auferweckung voraus, ist zeitlich und sprachlich von ihr getrennt. Der Dank scheint sich also auf etwas anderes zu beziehen. Aber worauf?

Rembrandt (1606–1669), Die Auferweckung des Lazarus. Ca. 1630. Öl auf Holz, 96,4 x 81,3 cm. Los Angeles County Museum of Art

Ich gehe nochmals an den Anfang der Geschichte in Johannes 11: «Unser Freund schläft», sagt Jesus, da er hört, daß Lazarus in Bethanien krank liegt. «Herr, schläft er, so wird's besser mit ihm», erwidern die Jünger, die meinen, Jesus spreche vom leiblichen Schlaf. Jesus jedoch klärt sie auf, daß Lazarus gestorben ist: «Ich gehe hin, daß ich ihn aufwecke.» Weil man das Ende der Geschichte schon kennt, setzt man voraus, daß Jesus hier ankündigt, Lazarus in die irdische Existenz zurückzurufen. Tatsächlich könnte mit aufwecken genausogut noch Erwekkung im Sinne von Auferstehung gemeint sein. Jesus selbst sagt, als ihm vor Bethanien Martha entgegenkommt, die Schwester des Lazarus, der schon vier Tage im Grab liegt: «Dein Bruder soll auferstehen.» Worauf Martha sich nicht einmal wundert: «Ich weiß wohl, daß er auferstehen wird in der Auferstehung am Jüngsten Tage.» Und Jesus bestätigt, was Martha sagt: «Ich bin die Auferstehung und das Leben. Wer an mich glaubet, der wird leben, ob er gleich stürbe; und wer da lebet und glaubet an mich, der wird nimmermehr sterben.» Hier geht es deutlich um das ewige Leben – «ob er gleich stürbe» –, nicht um die Fortsetzung oder Wiederaufnahme der zeitlich begrenzten irdischen Existenz: «Glaubst du das?» Worauf Martha, eine einfache Frau und nicht etwa einer der männlichen Jünger, das Bekenntnis der neuen Gemeinde spricht: «Ja, ich glaube, daß du bist Christus, der Sohn Gottes, der in die Welt gekommen ist.» Der Dank, erhört worden zu sein, muß sich auf die eigentliche und eigentlich doch ewige Auferstehung beziehen. Die nachfolgende, leibliche Wiederbelebung des Lazarus ist da nur die Illustrierung, daß durch Jesus die Toten auferstehen, ein äußeres Zeichen für die Ungläubigen und Unsicheren, wohlgemerkt nicht für den armen Lazarus selbst.

Oder gehen Jesus die Augen deshalb über, weil er bei der Ankunft in Bethanien noch gar nicht daran denkt, Lazarus ins Leben zurückzurufen, also seinen Freund tatsächlich vermißt und noch nicht damit rechnet, ihn bald wiederzuhaben? «Siehe, wie hat er ihn so liebgehabt», haben selbst die Juden, die ihm so sehr mißtrauen, Mitgefühl mit ihm. Aber da nun einige unter ihnen Jesus provozieren, indem sie ihm vorhalten, den Tod des Freundes nicht verhindert zu haben, geht er zum Grab und verlangt, daß der Stein abgehoben werde. «Herr, er stinkt schon», will ihn Martha noch abhalten und erinnert: «Denn er ist vier Tage gelegen.» Doch Jesus mahnt Martha, an ihn zu glauben – an ihn also, der die Auferstehung und das Leben ist –, und läßt den Stein entfernen. Nachdem Jesus seine Augen emporgehoben und Gott gedankt hat, fährt er um des Volkes willen fort, damit es ihn als Gesandten anerkenne, und weckt den Verstorbenen auf. Worauf Lazarus aus dem Grab tritt, die Hände und Füße mit Tüchern verbunden, sein Gesicht sicher nicht zufällig von einem Schweißtuch verhüllt. Rembrandt freilich läßt das Schweißtuch fort und liefert so eine Erklärung für Jesu seltsame Reaktion. Denn statt den Freund, den er so betrauert hat, zu umarmen oder auch nur zu begrüßen, sagt Jesus nur: «Löset ihn auf und lasset ihn gehen» – wohin?

Natürlich fragt man sich oder frage vielleicht nur ich mich, was für ein Leben das noch sein könnte, das Lazarus gerade wiedergewonnen hat, die Haut schon vermodert, das Fleisch eingefallen oder gar von Würmern angefressen, aasig riechend und also ein Schrecken für alle Leute, um von der seelischen Zersetzung gar nicht zu reden, dieser Schock, als Gerechter in Gottes Frieden zu ruhen, der ewig sein soll, und dann doch wieder in den Körper zurückversetzt zu werden, der nicht mehr bloß gebrechlich ist, sondern bereits fault? Und Jesus weiß doch schon, daß er selbst getötet wird, sehr bald und auf grausamste Weise, er weiß, daß Lazarus dann umgekehrt um ihn trauert, hat Lazarus bei der Salbung sogar bei sich, die die Passion einleitet – wie kann ein Freund das einem Freunde antun? Oder tut er es ihm an, gerade weil Lazarus sein Freund ist, so wie auch ein Mann seine Frau, eine Frau ihren Mann oder Eltern ihre Kinder, deren Tod sie betrauern, ins Leben zurückschreien und -kreischen möchten, ob sie an die Auferstehung glauben oder nicht? Auch ich wünsche mir, spreche den Wunsch in eingestandener Selbstsucht gelegentlich aus, so Gott will vor meiner Frau und zumal vor unseren Kindern zu sterben, damit mir nicht die Augen an ihrem Grab übergehen. Nur Jesu Liebe übersteigt menschliches Maß. Lazarus hingegen hat er so liebgehabt. Nicht zu sagen, ob der Freund lächelt, wie mühsam und müde auch immer, oder eher Nein! schreit, ich will nicht.

LIEBE II

Gesetzt, du kenntest den Titel des Bildes nicht, erkenntest nicht einmal das Paar, hieltest deshalb auch den Heiligenschein für eine verdeckte Sonne, der in der angedeuteten Form eines Kreuzes Christi Kopf rahmt, sähst nur einen Mann und eine Frau, beide sehr jung und die Frau noch etwas jünger, aber auch der Mann erst Anfang, allenfalls Mitte zwanzig, die Stirnen faltenlos, die Wangen rosig, die Lippen samtweich wie bei Kindern und zugleich sinnlich gewölbt, das Altern lediglich in der Einwölbung unterhalb der Augen angedeutet – was glaubtest du zu sehen? Obwohl ich in einer Ausstellung El Grecos stand, der so oft Jesus und Maria gemalt, und bereits gelesen hatte, daß das Bild den *Abschied Christi von seiner Mutter* zeigt, glaubte ich, zwei Liebende zu sehen, oder präziser: zwei, die einander lieben, und zwar eindeutig nicht wie Mutter und Sohn. Natürlich erzeugt den Eindruck auch ihr Alter, dieser gerade vollzogene Übergang zum Erwachsensein, an dem die Malerei, die klassische Literatur, selbst die Musik die große Liebe zu Recht ansiedelt, weil wir davor zu wenig über das Erlebte wissen und es danach zu schnell in ein Verhältnis setzen. Aber es ist mehr als das Alter, die Mater dolorosa wird schließlich häufig jung und manchmal jünger als Christus gemalt. Bei El Greco fehlt ihr insgesamt das Mütterliche; nicht richtet sich ihr Blick besorgt oder bekümmert auf den Sohn, sondern mit einem Ausdruck ruhigen Glücks in die Ferne oder ins Nichts. So selbstverloren blickt eine, die sich beim Geliebten geborgen weiß. Und tatsächlich schaut er sie mit Augen an, die zugleich begehren und behüten. Das ist weniger ein Erlöser als einer, der in der Liebe selbst Erlösung fand, das ist ein Brennen und Bewundern, ein beinah schon komisches Schmachten, wie du dir einen Romeo oder Abaelard vorstellst, und müßtest dich doch nur erinnern, wie du selbst groß geliebt.

Überhaupt könnte das Bild kaum offener seinem eigenen Titel widersprechen, der mehr als nur einen Abschied, nämlich einen Höhepunkt der Passionsgeschichte anzeigt. Folgt man der Bibel, wendet sich Jesus zum letzten Mal Sekunden vor seinem Tod an Maria, als er vom Kreuz herabruft: «Weib, siehe das ist dein Sohn!» Indes gehört der Abschied von der Mutter in Bethanien zu den Motiven aus Jesu Leben, bei denen die Maler nicht auf biblische Quellen zurückgriffen. Vielmehr geht die Darstellung wohl auf die mittelalterlichen *Meditationen über das Leben Christi* des Pseudo-Bonaventura zurück, der den Abschied zwischen die Erweckung des Lazarus und den Einzug in Jerusalem vorverlegt. Das erscheint mir als Außenstehendem etwas merkwürdig, weil die gleichen Maler Maria auch in Jerusalem und selbst auf dem Golgatha noch auf ihren Bildern zeigen, vom Anfang bis zum Ende des Kreuzwegs. Sie ist anwesend, wenn er seinen schweren Gang antritt, sie reicht ihren Schleier zum Bedecken seiner Blöße, von den anderen Frauen gehalten steht sie wehklagend unterm Kreuz. Aber auch, wo sich die Maler den Abschied Christi von seiner Mutter in Bethanien vorstellen, der Heimat des Lazarus, und also unter Umständen, die äußerlich nicht die Dramatik einer Kreuzigung haben, bleibt die Szene im höchsten Maße schmerzhaft, die letzten Worte zwischen einer Mutter und ihrem Sohn, der in den sicheren Tod geht, zumal die Popularisierung des Motivs eng mit der aufkommenden Marienmystik zusammenhängt, in welcher der Schmerz der Gottesmutter schon mit der Geburt des Sohnes einsetzt, wie etwa die heilige Brigitta beschreibt: «Als sie ihn in die Windeln wikkelte, betrachtete sie in ihrem Herzen, wie sein ganzer Leib mit scharfen Geißeln zerrissen werden sollte, so daß er wie ein Aussätziger anzuschauen sein würde. Und wenn die Jungfrau ihres kleinen Sohnes Hände und Füße leise in die Windeln band, vergegenwärtigte sie sich, wie hart dieselben mit eisernen Nägeln am Kreuze durchbohrt werden sollten.» Folglich wird Maria beim Abschied in gebeugter Haltung, häufig kniend oder bei Dürer vor Schmerz zusammengebrochen gezeigt und versucht Jesus sie vergeb-

Folgende Seiten:
El Greco (1541–1614), Der Abschied Christi von seiner Mutter. Ca. 1578–1580. Öl auf Leinwand, 64 x 93 cm. Privatsammlung

lich zu beruhigen, umfaßt ihre Schulter oder hält ihre Hände, spricht tröstend auf sie ein. Wie könnte auch ein Sohn seine Mutter beruhigen, dem ein solches Martyrium bevorsteht? Auf manchen Bildern umarmen Jesus und Maria sich, auf anderen kniet er vor ihr, die ihn segnet, oder sie umklammert ihn, damit er nicht geht. Fast immer sind auch Maria und Martha zu sehen, die Schwestern des Lazarus, und viele Jünger, sie alle weinend, klagend, verzweifelt. Nichts davon bei El Greco oder sogar das genaue Gegenteil bei ihm.

Schon die Farben sind licht und warm, das leuchtende Blau des Himmels, um Jesu Kopf der Heiligenschein, der wie gesagt auch Sonnenlicht sein könnte, rund um Maria ebenfalls ein Schimmern, das aber mehr wie ein freundliches Wölkchen aussieht, dazu das volle Rot und Moosgrün ihrer Gewänder, das helle Kopftuch, die gesunde Frische ihrer Stirnen, Wangen, Lippen. Zudem sind alle Hinweise vermieden, die auf einen bestimmten Ort, eine bestimmte Station auf dem Kreuzweg deuteten; nur daß sich die beiden im Freien verabschieden, unter heiterem Himmel, läßt El Greco erkennen, die Szene könnte allerdings auch im Himmel spielen. Besonders aber sind es die Blicke, deretwegen ich an alles, nur an keine Passion denke, besonders der Blick der Frau, in dem mehr als nur Liebe liegt, nämlich die Seligkeit ihrer Erfüllung. Hingegen der Mann – und das ist der einzige Anflug des Schreckens auf dem Bild – scheint die Endlichkeit aller Dinge und erst recht des Glücks zu ahnen, ein Was-wäre-wenn, das gerade einen Liebenden überfällt: wenn ihr etwas zustieße, wenn es sie nicht mehr gäbe, wenn ich je wieder ohne sie leben müßte. Avicenna lehrt, so habe ich einmal gelesen, daß die Melancholie auf beiden Funktionen des Gehirns beruht, auf dem Denken und der Einbildungskraft – daß sie aus der Gleichzeitigkeit entsteht, Anwesendes zu verstehen und Abwesendes zu evozieren. Der Melancholiker genießt den Sommer, *während* und sogar: *weil* er an den Winter denkt, er sieht die Dinge und zugleich ihre Vergänglichkeit.

Der Mann auf dem Bild muß kein Melancholiker sein, er könnte im nächsten Moment schon wieder fröhlicher schauen. Dennoch ist in seinem Blick, so scheint mir, das Wesen der Melancholie eingefangen. Dauerte sie doch länger als einen Moment, sehr viel länger, bliebe sie auf dem Gesicht haften, würde die Melancholie gerade das zerstören, worum ihr bang ist. Die Melancholie verträgt sich nicht mit der Liebe, weil sie unweigerlich den Eindruck hervorruft, nicht zu leben, sondern das eigene Leben zu beobachten, weshalb Avicenna und überhaupt die mittelalterliche Medizin sie als Krankheit behandelten. Als ein Moment jedoch, als der erwähnte Anflug steigert die Melancholie noch einmal dein Gefühl, wo du es schon für das Höchste hieltest. Du trittst aus der Gegenwart und bist gleichzeitig in ihr. Ich stelle mir vor, daß es ein Hinweis ist, der dem Mann auf den Lippen lag, als er den Zeigefinger hob, ein Hinweis, die Dinge für einen Augenblick von außen zu sehen, aber besser, er spricht ihn nicht aus, damit sie nicht zugleich deren Vergänglichkeit sieht.

Und doch hat El Greco das Bild «Christi Abschied von seiner Mutter» genannt und nicht «Liebesidyll» oder so, deutet das Licht um seinen Kopf ein Kreuz an, ist das Helle um Maria bestimmt keine Wolke. Ist es nicht verwunderlich, daß ausgerechnet von den beiden Menschen, die wie keine anderen geliebt, nirgends die Liebe des Mannes und der Frau überliefert ist? El Greco, so scheint mir, hat sich gewundert, als er ihre Lippen so sinnlich malte, daß sie sich jeden Augenblick zu einem Kuß vereinigen möchten. Er hat zwei Blicke hinzugefügt, die in den Evangelien fehlen und doch jeder erinnern müßte, der je groß geliebt.

ERNIEDRIGUNG

Nichts erniedrigte Jesus mehr als die Gleichgültigkeit der Kriegsknechte, denen Pilatus die Kreuzigung überantwortet hatte. Warum das Volk, warum besonders die Hohenpriester und Ältesten Jesus nicht nur sterben, sondern öffentlich gemartert sehen wollten, dafür liefern die Evangelien eine Reihe von Gründen, von denen der wichtigste und zugleich banalste der ist, den Pilatus selbst erkennt: Neid, wobei Neid vielleicht zu allgemein ist und man heute, in diesen Jahren, präziser von Ressentiment als jener Abneigung sprechen müßte, die auf Neid, aber eben nicht nur auf Neid, sondern auch auf Vorurteilen und Mißgunst, Furcht und dem Gefühl der Unterlegenheit beruht, also notwendig ins Unbewußte reicht, weshalb das Volk, weshalb die Hohenpriester und Ältesten auf Pilatus' Frage, was Jesus denn Übles getan habe, keine Antwort wußten, sondern nur noch mehr schrieen und sagten: Laß ihn kreuzigen!

Ohne die Anklage rechtfertigen zu wollen, fühle ich nach, warum die äußerste Demut und die äußerste Anmaßung, die sich in Jesus vereinten, das Volk, zumal die Hohenpriester und Ältesten, zur Weißglut trieben, erst recht wenn ich das apokryphe Kindheitsevangelium des Thomas hinzunehme: Jesus als ein widerwärtiges kleines Ungeheuer, das die Erwachsenen schikaniert und selbst bei kleinen Streitigkeiten sich auf seine jenseitige Vollmacht beruft. Aber auch der Bescheidenheit, der Ergebenheit, dem alles Erdulden, die die Evangelien dem erwachsenen Jesus zuschreiben, ist gewollt oder ungewollt ein Hochmut zu eigen, indem die ostentative Selbstlosigkeit für nachrangig, ja für lachhaft erklärt, was gewöhnlichen Menschen als wesentlich erscheint: das eigene Wohl. In dem Satz von Markus 10,45, er «ist nicht gekommen, daß er sich dienen lasse, sondern daß er diene und gebe sein Leben zur Bezahlung für viele», liegt schließlich auch eine ungeheure Anmaßung aus Sicht der vielen: Warum sollen sie es nötig haben, daß jemand für ihr Leben bezahlt? So offenbarte die rasende Ablehnung des Volkes mitsamt der Hohenpriester und Ältesten ihre Erschütterung, ihren «Ärger», wie es im Evangelium auffallend oft heißt, und konnte Jesus sich eben durch ihr «Entsetzen» als ein Gegenüber, ja als Auserwählter bestätigt fühlen. «Selig ist, wer sich nicht an mir ärgert» (Matthäus, 11,6) – eine verschwindende Minderheit, welcher er auch noch voraussagt, daß «ihr werdet gehaßt sein von jedermann» (Markus, 13,13). Kein Zweifel überkam Jesus trotz der Farce eines Prozesses. Nichts tat er, um seine Ankläger milde zu stimmen, um sich ihnen wenigstens zu erklären, antwortete ihnen auf kein Wort, also daß sich auch Pilatus sehr verwunderte.

Mit Pilatus muß ich mich nicht aufhalten. Plausibel beschreiben ihn die Evangelien als Pragmatiker, der nicht nach Recht und Unrecht entscheidet, sondern ausschließlich die Nützlichkeit erwägt. Indem er sein Fähnchen in den Wind hängt, erfüllt Pilatus lediglich, was für Jesus bestimmt ist. Bis hierhin, bis zur Verurteilung, folgt alles einer höheren Notwendigkeit, die zugleich den Verurteilten erhöht. Dann aber wird Jesus anonymen Kriegsknechten überantwortet, einfachen Handlangern, die seinem Volk nicht angehören, ihn nur dem Hörensagen nach kennen und keinerlei Gefühle, geschweige denn Ressentiments gegen ihn hegen. Sie nehmen ihn mit ins Richthaus, entziehen ihn somit den teilnehmenden Blicken, rufen noch ihre Genossen herbei, die ganze Schar, und machen sich einen Spaß, den womöglich nicht einmal das göttliche Urteil vorsah. Die Dornenkrone etwa, die sie ihm auf den Kopf setzen, hat weder die Anklage gefordert noch Pilatus angeordnet, sondern ist genauso wie das Rohr, das sie Jesus in die rechte Hand geben, und der Purpurmantel, den sie ihm anziehen, ihr eigener Einfall, ein bloßer Zeitvertreib, beugen die Knie vor ihm wie in einem Schmierenstück, verspotten ihn und sprechen ihn an als einen König. Und das dauert! Das dauert, das dauert … Allein aus Zweigen eine Krone zu flechten und mit Stöcken so fest in den

Folgende Seiten: Caravaggio (1573–1610), Die Dornenkrönung Christi. 1602/03. Öl auf Leinwand, 127 x 166,5 cm. Kunsthistorisches Museum Wien

Schädel zu drehen, daß sich die Dornen in die Schädeldecke bohren, Blut auf die Wangen und den Rücken spritzt und die Krone bei heftigstem Kopfschütteln dennoch feststeckt – das geht nicht in ein paar Minuten, das ist ein ausgedehntes, handwerklich übrigens auch kunstvolles Spektakel, dem die Schar der Kriegsknechte grölend, applaudierend, anfeuernd zuschaut, eine Stunde vielleicht oder noch länger. Und Jesus hat mit ihnen nichts zu tun, das ist das Schlimmste, ist ihnen so fremd, so gleichgültig wie ein Gegenstand, den sie auf der Straße auflesen, ein zufällig gefundenes oder vielmehr zugeworfenes Spielzeug.

Zuvor am Palast, danach auf dem Weg durch die wutschäumende Menge zum Golgatha, noch vom Kreuz herab sieht er seinen Anklägern ins Gesicht. Im Richthaus jedoch, den Kriegsknechten überantwortet, die in keiner Beziehung zu ihm stehen, aber auch nicht wie Pilatus bloß ihre Arbeit tun, sich vielmehr einen albernen, von keiner oder nur der bösesten Vorsehung erdachten Spaß gönnen – wen könnte er anschauen, wer erwiderte, und sei es mit Wut, mit Verachtung, mit Haß, seinen Blick und spräche ihm als einem Gegenüber also Bedeutung zu? «Vater, vergib ihnen» murmelt Jesus mit gesenktem Kopf, aber meint damit keineswegs alle Menschen, das Volk, geschweige denn die Hohenpriester und die Ältesten. Nur die Kriegsknechte wissen nicht, was sie tun, und nehmen ihm den Trost des Auserwähltseins, indem sie seine Passion zu einem bloßen Zeitvertreib herabwürdigen. Dabei galt die Kreuzigung unter allen Todesarten doch ohnehin schon als die erbärmlichste, schandbarste. Die Leute krakeelen: «Pfui dich» und «Hilf dir nun selber», und die Hohenpriester ätzen: «Ist er Christus und König in Israel, so steige er nun vom Kreuz, daß wir sehen und glauben», und selbst die gemeinen Verbrecher, die mit ihm gekreuzigt sind, «schmähten ihn auch». Neun Stunden hält Jesus an sich, bevor er in der Dunkelheit Gott anruft, dessen Schweigen ihn ebenfalls verhöhnt.

Da läuft einer, einer von den Kriegsknechten, wie Lukas hervorhebt, und kehrt mit einem triefenden Schwamm zurück, den er auf eine Lanze steckt und dem Dürstenden in den Mund stopft. Das wird heute als Mitleidsgeste verstanden, weil Essig – genau gesagt: ein paar Tropfen Essig im Wasser – den Durst stille und damit das Leben verlängere, aber wenn das Mitleid sein soll, warum spotten dann die Kriegsknechte ebenfalls, da sie ihm den Essig gereicht: «Bist du der Juden König, so helf dir selber!» (Lukas, 23,37) Wenn es Essigwasser sein soll, weshalb sagen die Evangelien das nicht, sondern sprechen ausdrücklich von Essig, dessen Geschmack jeder sofort auf der Zunge hat: ekelhaft. Und überhaupt, was wäre mitleidig daran, Jesu Leben zu verlängern, da sich doch lediglich sein qualvolles Sterben in die Länge ziehen würde? Und wenn der Schwamm Jesu Leben verlängern würde – warum ist Jesus im nächsten Augenblick tot? Nein, das ist nicht die Erquickung, um die er gefleht, auf die er gehofft hat, als er vom Kreuz herab den triefenden Schwamm sah. Die Kriegsknechte geben ihm «Essig zu trinken in meinem großen Durst», wie es Psalm 69,22 vorausnimmt. Jesus erkennt, daß es ein Spaß ist, nur ein Spaß, über den auch die Kriegsknechte lachen würden, die heute in Syrien oder im Irak Aufwiegler kreuzigen. «Die Schmach bricht mir mein Herz und kränkt mich. Ich warte, ob's jemand jammere – aber da ist niemand – und auf Tröster – aber ich finde keine.» Den Schwamm offenbar noch im Mund, schrie Jesus laut auf und starb.

SCHÖNHEIT

Je weiter du weggehst, desto weiblicher wird Jesus. Ich war allein in dem unterirdischen Raum, vierzig, fünfzig Minuten allein an einem Augustnachmittag, wenn sich die Menschenschlangen vor den bekannteren Museen eng wie Lakritz zusammenrollen. Bestimmt gibt es eine Erklärung, warum die Reiseführer die Pinakothek, obwohl sie einige der bedeutendsten Gemälde der europäischen Kunstgeschichte besitzt, für so nachrangig halten, daß eine einzige Kassiererin genügt, die zugleich die Garderobe entgegennimmt und an die Treppe zur Ausstellung eilt, um die Karte abzureißen. Weshalb jedoch niemand Aufsicht führte, so daß ich mitten in Paris, unter einem der belebtesten Plätze der Stadt, vierzig, fünfzig Minuten allein mit Botticelli, mit Rembrandt, mit Picasso, mit Modigliani verbringen durfte, möcht' ich so wenig erklärt haben wie einen Abend, den unverhofft eine schönste Frau mir schenkt. Dann war es auch noch dunkel wie mondhelle Nacht, die Wände schwarz bemalt und Licht nur von den Spots, die auf die Gemälde gerichtet waren. Beinah anrüchig wirkte Jesu Gewand, in so strahlendem Rot, als sei es von innen erleuchtet.

Kein Abdruck kann dieses Rot wiedergeben, nehme ich an; auf der Postkarte jedenfalls, die ich am Ausgang bei der Kassiererin erwarb, die zugleich Garderobiere, Kartenabreißerin und vermutlich Aufsicht hinter Videobildschirmen war, ist von dem Rot nur ein matter Abglanz zu sehen. Mag sein, daß nicht einmal das Original dieses Leuchten hat – daß es nur ein Effekt war, den der Spot auf der sonst schwarzen Wand hervorrief. Aber hielt' ich die Frau, die mir den Abend schenkte, bei Tageslicht immer noch für die schönste aller? Wollt' ich's überhaupt wissen?

Ich merke schon, das ist ein unpassender, ja ungehöriger Vergleich, zu dem ich bereits das zweite Mal greife, hier Christi Passion, dort ein Vergnügen, das auf Erden das größte sein mag. Allerdings hat Botticelli selbst *Die Kreuztragung* mit erotischen Signalen gespickt. Nicht nur Jesu Gewand, das außer durch die Farbe durch den seidenen Stoff, den anmutigen Kragen gefällt – auch sein Leib so feingliedrig, das zarte Handgelenk, die samtene Haut, die Finger von keiner Plackerei gezeichnet, überlang die unteren und oberen Schenkel, die sich unterm Stoff abzeichnen. Selbst vom Po Jesu deutet Botticelli gerade so viel an, daß der Blick erst recht auf die Rundung fällt. Und da habe ich noch nicht übers Gesicht mit den hohen Wangenknochen gesprochen, die dünnen, eindeutig zugeschnittenen Augenbrauen, die Haare nicht bloß lang, sondern frisiert, die Dornenkrone, die beim ersten Hinsehen wie ein vielgliedriges Stirnband aussieht. Am anziehendsten jedoch ist die Bewegung, die Botticelli festhält: Während die Beine großen, federnden Schritts in den Bildhintergrund weisen, den vorbestimmten Weg entlang, wendet sich der Oberkörper fast um neunzig Grad zum Betrachter, der Hals sogar noch weiter, so daß sein Blick aus dem Bild seitlich hinausgeht.

Dschule Lâl, rufen die Sufis, die ich in Pakistan erlebt habe, ihren Heiligen, den Schahbaz Qalander, an: «Roter Tänzer.» Und die Trommler stimmen im Wechsel ein: *Schâh Dschamâl* – «König der Schönheit.» Ich mußte an diesen Abend auf dem Friedhof eines Schreins des dreizehnten Jahrhunderts in Lahore denken, immer wieder an dieses *Dschule Lâl,* das die berauscht um ihre eigene Achse wirbelnden Männer geschrieen, langhaarig auch sie, strahlende Gewänder und Ketten am Hals, Ringe in den Ohren, Haarbänder um die Stirn, als ich vor dem jungen, rot gekleideten Jesus stand, als König der Schönheit gemalt auch er, der mir so filigran, so geschmeidig vorkam, daß ich ihn instinktiv für einen Tänzer hielt, einen roten Tänzer eben, der sich um die eigene Achse dreht. Die Oberkörper der Sufis hatten sich ebenfalls zur Seite gewendet, der Hals sogar noch weiter. Nur ein Kreuz trugen sie nicht, natürlich nicht, sahen unbeschwert, wie schwebend aus. Aber auch Jesu Kreuz wirkt nicht schwer: Keine Spur von Anstrengung im Gesicht, trägt er es weniger, als daß er es wie seine Partnerin auf der Schulter balanciert. Sein Gesichtsausdruck könnte Sehnsucht genauso wie Verlorenheit ausdrücken, kaum den körperlichen Schmerz, der sonst zur Passion gehört. Und sein Flaum!

Ich habe gelesen, daß sich die florentinischen Maler der Renaissance ebenso auf die orientalische Kunst bezogen wie Dante oder Boccaccio auf die orientalische Literatur. Da ging es allerdings mehr um Perspektive, Symbolik und Aufteilung des Bildes. Nirgends habe ich einen Hinweis gefunden, daß Botticelli den Flaum übernommen habe, den die hübschen Jünglinge auf persischen Miniaturen tragen. Der kreuztragende Jesus jedenfalls hat einen ebensolchen, allerersten Flaum, der in Persien als Ausweis der Schönheit galt. Unterstrichen wird seine Jugendlichkeit noch dadurch, daß die trauernde Frau durch den Schleier, die Körperhaltung und den leichten Buckel älter wirkt, als Maria sonst gemalt wird.

In den Gedichten und Versepen, welche die Miniaturen bebildern, ist von der Liebe oft nicht zu sagen, ob sie einem Mann gilt oder einer Frau. Die Grammatik kennt im Persischen kein Geschlecht, und die Dichter, erst recht die mystischen Dichter, für die Gott das Ersehnte ist, vermeiden die Eindeutigkeit allzugern. Anders die Maler: Wer ein Bild gibt, kann die Entscheidung nicht der Phantasie überlassen. Interessant ist nur, daß in beiden Künsten, der Dichtung wie der Malerei, die Schönheit in der Weiblichkeit gesehen wurde, mochte es nun Schönheit *der* oder *des* Geliebten sein, weshalb die Männer oder Jünglinge, um genau zu sein – denn mögen die Liebenden alt sein, immer sind die Geliebten jung –, weshalb also die Jünglinge auf den Miniaturen stets androgyne Merkmale verliehen bekamen.

Auch Botticelli, der ein neuplatonischer Geist war, hat den menschlichen Körper – in der Regel den Körper einer Frau und hier den Körper Jesu Christi – sehr bewußt als Manifestation Gottes gemalt, damit auch stilisiert. Jemand hat geschrieben, daß seine Frauengestalten schöner seien, als es die Wirklichkeit erlaubt, und tatsächlich: Die überlangen Beine, Hälse und Gesichtskonturen wirkten auf die Zeitgenossen gerade nicht «natürlich» und sind es auch heute nicht, wo sie etwa, um ihren religiösen Hintersinn

Sandro Botticelli (1445–1510), Kreuztragung. Nicht datiert. Tempera auf Leinwand, 131,5 x 106,7 cm. Pinacothèque de Paris

gebracht, in Zeitschriften und auf Laufstegen wiederkehren. Das Kunstwerk sollte nicht einfach gefallen oder erotisch stimulieren; es sollte die Schönheit Gottes erfahrbar machen.

Ich war allein in dem unterirdischen Raum, vierzig, fünfzig Minuten allein vor Botticellis rot leuchtendem Bild, das in der ersten Ecke gleich neben der schmalen Treppe hängt. Einmal wandte ich mich ab, um noch zu Rembrandt, Picasso und Modigliani zu kommen, drehte mich jedoch im Weggehen zurück und staunte über den kreuztragenden Jesus, denn plötzlich schien er Züge einer Frau zu haben. Ich trat wieder vors Bild, und Jesus war eindeutig ein heranreifender Mann, der Flaum natürlich, die Dornenkrone, die bei genauerem Hinsehen nicht mit Schmuck verwechselt werden konnte, männlich auch das leicht nach vorne gewölbte Kinn. Ich ging wieder zurück, rückwärts diesmal, den Blick auf die *Kreuztragung* geheftet, und Jesus verweiblichte sich nochmals, je weiter weg, desto deutlicher, bis ich fünfzehn, zwanzig Meter entfernt stand und endlich eindeutig eine leuchtend rot gekleidete Frau sah, um ihre eigene Achse tänzelnd, schwebend. Nicht zu erkennen war von weitem das Sehnsuchtsvolle oder Verlorene ihres, seines Gesichts.

Jesus ist der Liebende – nicht nur im Christentum, noch zugespitzter, schillernder im Sufismus, der unter allen Propheten Jesus zur Verkörperung der mystisch-erotischen Liebe erklärt. Bis hin zum Attribut des Christus, das der Koran und selbst die Alltagssprache Jesus zubilligt, *al-masīḥ*, ließe sich mit einiger Berechtigung von einem eigenen, islamischen Christentum sprechen, das die Evangelien jedenfalls nicht eigenwilliger deutet als manche christliche Theologie. Man kann Muslim sein und Jesus als seinen – nicht nur: einen – Propheten innerhalb der Offenbarungsgeschichte betrachten, die mit Mohammed lediglich zum Abschluß gelangt ist, der Prophetengeschichte, um genau zu sein, denn in seiner Schöpfung offenbart sich Gott weiterhin jeden Augenblick neu. In den Tiefen der mystischen Erfahrung und Erfahrungsdeutung nähert sich der Islam sogar der Trinität an, allerdings nur in einer Richtung, in Richtung der Vergöttlichung des Menschen, nicht als Menschwerdung Gottes, wenn auch der Koran Jesus und nur Jesus das «Wort Gottes» nennt. Die Mystiker eigneten sich die Christologie als ein Paradigma für die Gottwerdung des Menschen an, die in Jesus verkörpert und personifiziert, jedoch nicht auf Jesus beschränkt ist. Titus Burckhardt, Großneffe des berühmten Kunsthistorikers und Gelehrter von eigenem Rang, ging so weit, im Sufismus «die Züge eines von der ausschließlichen und weihemäßigen Bindung an Christus losgelösten Christentums» zu erkennen. Deshalb habe Jesus, nur Jesus, die Toten wiedererweckt, sagen die Sufis selbst, weil er kraft seiner beispiellosen Liebe gleichsam zum Schöpfer und damit Gott unter allen Menschen am ähnlichsten wurde. Jesus wurde damit zum Inbegriff und Vorbild der Liebenden in der Literatur, die im Orient selbst dort nicht bloß weltlich war, wo sie vom irdischsten Vergnügen sprach, und zugleich als Meister des mystischen Pfades verehrt.

Aber Gott, dem Jesus unter allen Menschen am ähnlichsten geworden sei, ist nicht nur Liebender. Zugleich ist Gott den Sufis, die ihre Texte mit erotischen Signalen spickten, Geliebter. Das ist Jesus nirgends im Islam, kann er nicht sein, da allenfalls die Vergöttlichung des Menschen angedeutet wird. Für die christlichen Mystiker hingegen, ob Männer, ob Frauen, die nach der Vereinigung mit dem menschgewordenen Gott strebten, versteht es sich beinah von selbst, Jesus als Geliebten erfahren zu wollen. Wie die Miniaturmaler, die sich entscheiden mußten, deutet auch Botticelli die Schönheit gleich welchen Geschlechts weiblich.

Indem ich ein ums andere Mal vor und zurück ging, vergewisserte ich mich, daß Botticelli den Effekt, den kein Spot erklären konnte, mit voller Absicht hervorgerufen haben muß: Je weiter du weggehst, desto weiblicher wird Jesus. So aufgeregt war ich von meiner Entdeckung, so dringend wollte ich sie teilen, daß ich mich im Dunkeln nach anderen Besuchern umschaute, aber da war niemand, wie gesagt, vierzig, fünfzig Minuten lang an einem Augustnachmittag unter einem der belebtesten Plätze von Paris. Einen Moment lang überlegte ich, die Kassiererin zu rufen, die auch die Garderobe verwaltete und die Karten abriß, also vielleicht außerdem Museumsführerin war, und suchte tatsächlich schon die Wände nach einer Videokamera ab, um auf einem ihrer Monitore zu winken. Im Dunkel, in dem ich stand, von keinem Spot erleuchtet, hätte sie mich ohnehin nicht gesehen.

KREUZ

Nach der Koranmeditation auf dem Kirchentag werde ich den katholischen Freund mit in mein Büro nehmen, um für das Kreuz Karl Schlammingers aus München zu werben, das einen halben Meter hoch auf meinem Schreibtisch steht. Prinzipiell bin ich Kreuzen gegenüber negativ eingestellt, das sagte ich Karl auch, als ich ihn vor dem Kirchentag darum bat, das Modell zu schicken. Nicht, daß ich die Menschen, die zum Kreuz beten, weniger respektiere als andere betende Menschen. Es ist kein Vorwurf. Es ist eine Absage. Gerade weil ich ernst nehme, was es darstellt, lehne ich das Kreuz rundweg ab. Nebenbei finde ich die Hypostasierung des Schmerzes barbarisch, körperfeindlich, ein Undank gegenüber der Schöpfung, über die wir uns freuen, die wir genießen sollen, auf daß wir den Schöpfer erkennen, wie mein Großvater predigte, wenn er von der Terrasse seines Landguts auf den herrlichen Zayanderud hinabschaute, den «Leben spendenden Fluß». Ich kann im Herzen verstehen, warum Judentum und Islam die Kreuzigung ablehnen. Sie tun es ja höflich, viel zu höflich, wie mir manchmal erscheint, wenn ich Christen die Dreifaltigkeit erklären höre und daß der Mensch der Erlösung bedürfe, weil er in Sünde geboren sei. Der Koran sagt, daß ein anderer gekreuzigt wurde. Jesus sei entkommen. Für mich formuliere ich die Ablehnung der Kreuzestheologie drastischer: Gotteslästerung und Idolatrie. Die Tochter früher in der Kirche zu wissen, wo sie als Grundschülerin gelegentlich die Fürbitte las, weil sie so gut lesen konnte und so eitel war, auf jeder Bühne stehen zu wollen, selbst wenn sie dafür eine Stunde früher aufstehen mußte – unterm Kreuz sie zu wissen, war unangenehm. Natürlich sagte ich nichts, schließlich ist man liberal. Eingegriffen habe ich nur, als die Kinder Hostien essen durften, gleich welchen Glaubens. Da wünschte ich mir, die Kirche wäre weniger liberal.

Wenn solche Vorgänge für mich nur Kindereien wären, hätte sich die Tochter auch bekreuzigen können. Für mich aber ist das Kreuz ein Symbol, das ich theologisch nicht akzeptieren kann, akzeptieren für mich, meine ich, für die Erziehung meiner Kinder. Andere mögen glauben, was immer sie wollen; ich weiß es ja nicht besser. Ich jedoch, wenn ich in einer Kirche bete, was ich tue, gebe acht, niemals zum Altar hin zu beten, weil hinterm Altar ein Kreuz steht. Und nun steht seit Tagen ein Kreuz auf meinem Schreibtisch, links neben dem Computerbildschirm, schräg über dem Gebetsteppich, und ist so berückend, so voller Segen, daß ich es am liebsten selbst ankaufen und für immer behalten würde, koste es, was es wolle. Erstmals denke ich: Ich – nicht nur: man – ich könnte an ein Kreuz glauben. Es steht nicht für die Inkarnation in nur einem Menschen, es steht für die Inkarnation als ein Prinzip.

Gewöhnlich schlagen Bildhauer etwas weg, nehme ich an, so daß Späne entstehen oder Splitter. Oder sie fügen, um Formen zu schaffen, etwas hinzu, Ton zum Beispiel. Speziell ein Kreuz bedarf gewöhnlich zweier Hölzer, eines längs, eines quer, und wurde deshalb für die islamischen Mystiker zum Symbol gerade nicht für ein Göttliches, sondern für die Welt: Die vier Arme erinnerten sie daran, daß die Welt aus den vier Elementen zusammengesetzt und daher, wie die antike Wissenschaft lehrt, vergänglich ist – denn nichts Zusammengesetztes habe Bestand, nur das Einfache. Bei dem Kreuz und allen letzten Skulpturen Karls ist dagegen nichts hinzugefügt oder weggenommen worden. Es ist auch nicht aus zwei Hölzern oder Quadern zusammengesetzt. Die gesamte Form entsteht aus der Bewegung, in die das Material versetzt worden ist. Zuerst schneidet Karl den Stahlblock in unzählige hauchdünne Scheiben, durch die er eine Längsachse zieht, und zwar außerhalb der Mitte. Dann dreht er die Scheiben, allerdings nicht gleichförmig, vielmehr in Form einer Doppelhelix, eine Scheibe links, eine Scheibe rechts, eine links, eine rechts und so weiter. Gemäß der orientalischen *muqarnas*-Form, die auch dem Bau islamischer Kuppeln zugrunde liegt, mutiert das Quadrat durch die Öffnung von innen allmählich zur Rundung.

Während byzantinische oder römische Kuppeln – oder Kuppeln, die mit moderner Technik heute weltweit für Moscheen gebaut werden – mehr oder weniger elegant auf dem Zwickel der Grundmauern aufliegen, ermöglicht es das Muqarnas, das Rechteck selbst vollkommen gleichmäßig zu runden. Nichts wird hinzugefügt, nichts wird genommen. Es gibt keinen Abfall. Das ist nicht nur ein orientalischer, es ist auch ein fernöstlicher Gedanke:

Sein japanischer Lehrer Toshihiko Izutsu hat Karl gelehrt, wie sich ein Gegenstand allein durch Nutzung beziehungsweise Freisetzung seiner eigenen Energie vervielfacht. Das klingt esoterisch, wie das Stahlkreuz gar nicht wirkt. Das Wort Energie hätte ich damit nie assoziiert. Doch spüre ich seit Tagen, wie es erst den Tisch, dann den Raum verwandelt. Indem es sich aus den versetzt aufeinanderliegenden, quadratischen Scheiben herausbildet, ja: herausdreht, hat es trotz der Wölbungen an jeder Stelle exakt so viel Volumen wie an jeder anderen. Ein Quader, der sich zu Kurven, zu Kreisen aufschwingt, damit die vier Arme zu dem werden, was göttlich ist: zu eins. Endlich verstehe ich ein Kreuz, ja, begreife es, fasse es mit den Händen an und fühle das Quadrat, wie es sich rundet, unter den Fingern. Das Muqarnas-Kreuz, das kein Abbild mehr ist, vielmehr eine Idee wie die ersten, ganz schemenhaften Kruzifixe und noch das griechische Tau (T), sieht in der Dreifaltigkeit den Monotheismus. Darin ist es dezidiert christlich und zugleich mehr als nur christlich, in seiner Ästhetik frühchristlich, damit orientalisch und zugleich von heute.

Ich muß die lange Hose anziehen, mich aufs Fahrrad setzen. In einer guten halben Stunde beginnt meine Koranmeditation auf dem Kirchentag. So Gott will, werd' ich die Katholische Kirche von dem Kreuz überzeugen. An prominentem Ort soll es, muß es fünfzehn, zwanzig Meter hoch in den Himmel ragen, damit es auf die Menschen strahlt, gleich welchen Glaubens.

Karl Schlamminger (geb. 1935), Kreuz. 2005. Skulptur (Modell aus Stahl). Im Besitz des Künstlers

Fragt sich nur, was jetzt die Nachbarn von gegenüber glauben, die sich an die Abfolge aus Verbeugen, Knien, Niederwerfen auf die Stirn und dem wieder aufrechten Stehen gewöhnt haben, aber nun das Kreuz auf meinem Schreibtisch sehen.

KLAGE

Dieser Sohn ist so leicht geworden, buchstäblich auf die Knochen abgemagert, auch die Beine spindeldürr, daß die Mutter seinen Oberkörper ohne Anstrengung auf der flachen Hand hält. Seine Hüfte könnte sie, deren Finger unnatürlich lang sind, mit zwei Händen umschlingen. Ist sie überhaupt die Mutter? Wenn ich recht sehe, stellen sich die Katholiken Maria fast immer jünger vor, als eine Frau sein könnte, deren Sohn vier- oder achtunddreißigjährig starb, die damalige Lebenserwartung einberechnet als reifer Mann, aber die Maria in St. Kunibert sieht noch jünger aus als gewöhnlich, nicht nur wegen der roten Wangen fast wie ein Mädchen, die helle, fast weiße, kaum je von der Sonne beschienene, gleichsam erfahrungslose Haut ohne Makel, in den Augen nicht bloß Trauer, vielmehr die völlige Hilflosigkeit, die ja auch etwas Kindliches hat, die Hilflosigkeit einer, die auf Erden niemanden mehr hat, der Eindruck noch verstärkt durch die andere, die angehobene Hand, die deshalb so kläglich wirkt, weil der ganze übrige Körper, auch die Mimik wie paralysiert wirken, im Gesicht eine Schlichtheit, etwas absolut Anti-Intellektuelles, etwas ganz unmittelbar Aufnehmendes, den Schmerz nicht Filterndes, die Welt nicht Begreifendes, daß der Gedanke abwegig erscheint, sie könne sich mit einem Gott im Himmel trösten. Der Glaube mag Erwachsenen ein Trost sein, selbst Müttern, die sich lang genug in der Frömmigkeit geübt haben, aber wie soll man Gott einem Kind erklären, einem Mädchen, das seinen getöteten Vater im Arm hält?

Ach, was sage ich, wohin führen mich meine Gedanken; es ist ja Maria, sie selbst ist die Mutter und der Getötete ihr Sohn, obwohl dieser andererseits aussieht wie – nein, nicht wie ihr Vater, aber wie ein sehr viel älterer Bruder oder ein Onkel oder vielleicht doch wie ihr Vater, das damalige Heiratsalter einberechnet? Überhaupt verwirren mich die Dimensionen; stelle ich mir beide Körper aufrecht nebeneinander vor, dann scheinen sie gleich groß zu sein, aber wie der Tote auf ihrem Schoß liegt, die Füßchen in der Luft schwebend, so daß sein Körper beinah den Querbalken eines Kreuzes nachbildet, wirkt er wie eingeschrumpelt, wirkt er winzig, was ja auch etwas Greisenhaftes hat. Seltsam zumal, daß Jesu Oberkörper und seine Beine nicht in den rechten oder besser: realistischen Proportionen zueinander stehen, jener zu groß, diese zu kurz.

Im Kunstreiseführer steht nichts über die Pietà, die wie ein übriggebliebenes Dekor auf den Altar des südlichen Mittelpfeilers gestellt worden ist, und selbst in der dreißigseitigen Broschüre, die im Regal neben dem Eingang zwischen Postkarten und dem Gemeinderundbrief zum Verkauf ausliegt, ist für den Preis von drei Euro nicht mehr zu erfahren, als daß die Skulptur aus dem frühen fünfzehnten Jahrhundert stammt, nicht einmal aus welchem Holz sie geschnitzt ist, wo sonst jedes Porträt eines Kanonikers bedacht wird. Ich bin auch nicht wegen der Pietà die paar hundert Meter von meinem Büro nach St. Kunibert geradelt, sondern weil ich ein Kruzifix betrachten wollte, das mit einer Kreuzigung verwandt ist oder sogar in der gleichen Werkstatt erschaffen wurde, die mich in einer Ausstellung ergriffen und schockiert hatte, weil es die körperliche Qual des Erlösers in absolut erschütternder Drastik zeigt, der Mund in Agonie aufgerissen, die Stirn schmerzverzerrt. Allein, die Kreuzigung, die ich in St. Kunibert vorfand, ist im achtzehnten Jahrhundert weiß getüncht worden und auch sonst nicht übers gewohnte Maß hinaus drastisch, Jesu Gesicht so friedlich, als würde er sanft träumen.

Der Jesus hingegen, der unbeachtet auf Marias Schoß liegt, ist nur mehr ein Skelett, über das sich die Haut so sehr spannt, daß die Hohlräume zwischen den Rippen zu tiefen Furchen geraten, die Lippen noch wie im Todeskampf aufeinandergepreßt, die Wunde an der Brust fingerbreit, das braune, mit Schmutz vermischte Blut über den ganzen Körper verspritzt, die Stirn im Tod noch gerunzelt vom übergroßen Schmerz, auf dem ohnehin länglichen Gesicht die Falten so lang, daß sich noch ein

Schrei abzuzeichnen scheint. Nur die geschlossenen Augen wirken besänftigt; wie erlöst ruhen die Lider aufeinander. Ja, erlöst, geht mir beim Anblick durch den Kopf, erlöst; dieser Jesus ist kein Erlöser, sondern wirkt selbst von der Folter, der Verachtung, dem Verrat der Mitmenschen erlöst, weswegen sich plötzlich die Frage mir aufdrängt, ob er überhaupt auferstehen wollte, stünde er vor der Entscheidung, ob er nicht das Nichts vorzöge einem Leben, auch einem künftig ewig schönen Leben, das aber zuvor solche Qualen bereitet. Es sind ja nicht nur *seine* Qualen beziehungsweise sind diese nur das Extrem der Qualen aller Menschen, ob Söhne oder Väter, ob Mütter oder Töchter, und manchmal nicht bloß das Extrem.

Der katholische Freund, dem ich ein blitzlichterhelltes Photo gemailt habe, spielt am Telefon meine Entdeckung herunter. Zwar scheine meine Pietà, die da unbemerkt von der Kunstgeschichte ein paar hundert Meter entfernt von meinem Büro stehe, durchaus hochwertig zu sein, aber außergewöhnlich nun wiederum auch nicht. Nein, nein, nicht einmal die Proportionen, beantwortet der Freund meine nächste Frage und verweist auf die Marienmystik des späten Mittelalters, deren zentrale Erfahrung die Einfühlung in die Gottesmutter sei, nicht so sehr in den Sohn; bei Beerdigungen, fügt der Freund an, trauerten wir doch auch mehr mit den Hinterbliebenen als mit dem oder der Verstorbenen selbst, deren Zustand sich unserer Vorstellungskraft entzöge. Weil die Pietà den Zweck habe, das Mitleid der Gläubigen hervorzurufen oder zu erneuern, sei auf den Pietàs des vierzehnten und fünfzehnten Jahrhunderts die Maria immer größer geworden, größer und größer, Jesus immer kleiner. Ich bin mir nicht sicher, ob mich das überzeugt, murmele ich und verweise darauf, daß Jesus bei genauerer Betrachtung gar nicht sonderlich klein, vielmehr fürchterlich schmächtig wirke, wie ein abgemagerter Greis eben. Das könne er nicht beurteilen, sagt der Freund, auf dem Photo seien die Größenverhältnisse nicht genau zu erkennen. Die Frage, warum die Maria meiner Pietà so jung, Jesus so alt ist, erspare ich mir, um mein Staunen zu bewahren. Gern schaue er sie sich einmal an, wenn er das nächste Mal in Köln sei, sagt der katholische Freund zum Abschied.

Pietà. Holzskulptur, um 1420. St. Kunibert, Köln, Altar des südlichen Mittelpfeilers

Ich weiß nicht, ob ich ihn tatsächlich mit zu meiner

Pietà nehmen sollte. Vielleicht ergeht es ihm anders, aber in mir stieg während der Stunde, die ich ziemlich allein in St. Kunibert auf der Kirchenbank schräg vorm südlichen Mittelpfeiler saß, nach und nach der Gedanke auf, daß die «Frömmigkeit», wie der wörtliche Sinn von *Pietà* lautet, das Vertrauen auf Gott eher erschüttern als bestärken müsse. Jesus am Kreuz wirft Fragen genug auf, aber lädt nicht in dem Sinne zur Identifikation ein, daß wir uns vorstellen würden, selbst am Kreuz zu sterben. Natürlich tut er uns leid. Aber leiden wir, leidet sogar ein gläubiger Christ tatsächlich mit ihm, ist genau das die Empfindung des Betrachters oder nicht doch eher Erschrecken darüber, was einem einzelnen angetan wird von vielen? Und gehören wir, gläubig oder nicht, nicht doch eher zu den vielen? Selbst eine Mutter, die um ihren Sohn weint, so kalt jeden der bloße Gedanke durchfahren muß, der eigene Kinder aufwachsen sieht, selbst die trauernde Mutter entspricht nicht der Regel menschlicher Erfahrung, sondern bleibt für die meisten zum Glück der ultimative Albtraum. Hingegen die meisten von uns, ob gläubig oder nicht, haben bereits oder werden einmal ihren toten Vater, ihre tote Mutter im Arm halten. Wenn etwas, dann ist dies der menschlichen Erfahrung eine Regel, daß die Eltern gehen und wir allein auf Erden zurückbleiben, sie kleiner werden, wir größer.

AUFERSTEHUNG

Das Leben, das es nach dem Tod geben soll, malten sich die meisten wie eine, ich will nicht sagen: Neugeburt, sonst stünden aus den Gräbern Babys auf, aber doch wie eine Wunderheilung aus. Es gibt lange, detaillierte Diskussionen darüber, in welchem Leib ein Gerechter in den Himmel einzieht, und weil die Vorstellung so abwegig schien, daß lauter lebendige Kadaver oder auch nur Greise, Versehrte, Blutbedeckte sich unter Paradiesbäumen fläzen, kamen die Gelehrten, die eine Vorstellung geben mußten, und mit ihnen die Maler, die nicht anders können, als sich eine Vorstellung zu machen, zu dem Schluß, daß die Auferstehung körperlich ein Jungbrunnen sei. Allenfalls schwankte das Durchschnittsalter im Jenseits. Was war die größere Verheißung: Jugend, die bereits erkennt, oder Reife, die noch blüht? Ganz sicher keine Spuren hinterlassen sollte der Tod von den Qualen und Lasten, von der Verzweiflung gerade der Gerechten und ihren sicher doch aufgetretenen Zweifeln. Am friedvollsten, dem Tohuwabohu des Lebens vollständig entrückt, damit wie abgeschnitten auch von der Passion, zeigten die Maler, die hier überraschend fromm den Gelehrten folgten, den auferstandenen Jesus als einen, der mühelos den Tod besiegt hat.

Ich frage mich, ob das je eine realistische Aussicht war. Niemand weiß, was ihn nach dem letzten Atemzug erwartet; sogar Jesus, zu dem Gott gesprochen hatte, wenn er nicht selbst göttlich war, sogar Jesus starb bekanntlich verzagt. Doch so unsicher, ja unentscheidbar alles Jenseitige ist, kann ich dennoch nur den Glauben annehmen, der plausibel, einleuchtend und jedenfalls vernünftiger als die Annahme allumfassenden Zufalls erscheint. Und die Aussicht auf einen Tod, der den Körper verjüngt, die Zeit damit zurückdreht, der Tod sozusagen als Reset – eine solche Aussicht kann ich entweder nur metaphorisch verstehen, aber dann wird sie zum bloßen Gedankenkonstrukt im Sinne von «die Sache Jesu geht weiter», wie der katholische Freund zu Recht meint; oder aber ich muß die leibliche Auferstehung, wenn sie wörtlich die Erneuerung des Menschen irdischer Gestalt meint und meinen muß, als widersinnig verwerfen, schließlich glaube ich an Gottes Allmacht, jedoch nicht an Zauberei. Ich erkenne wohl, daß für eine christliche Theologie, die sich nicht beliebig an den gerade für gesund gehaltenen Menschenverstand anpaßt, der Körper notwendig miterweckt wird, kenne auch die Stellen, die im Evangelium darauf hindeuten. Nur für mich büßte der Gedanke der Erlösung seinen Gehalt ein, wenn sie den Schrekken aus unsrem menschlichen Antlitz tilgte.

Giovanni Bellini schenkte 1465 dem Kloster Santo Stefano in seiner Heimatstadt Venedig einen Auferstandenen, der realistischer gemalt ist als alle, die ich sah. Allein schon, daß der *Segnende Christus* nicht besonders schön ist, zu lang seine Nase, der Nasenrücken gerade wie ein Stock. Ein Mißverhältnis auch beim Mund: So breit er ist, so schmal wirkt die Oberlippe, dazu wölbt sich die Unterlippe nicht eben vorteilhaft nach außen. Die Augen sind fast farblos und etwas glubschig, wie man an den gewölbten Lidern erkennt, die Haare so dünn, daß die Haut durch den Bart und die Brauen schimmert, der Handrücken bestimmt nicht wegen der Ungeschicklichkeit des Malers – die vielen Adern sind ihm extrem plastisch gelungen – ein schiefes Quadrat. Ausgesprochen häßlich ist der Auferstandene wiederum auch nicht – wer schaut schon in den Spiegel, ohne Makel zu finden? –, eher gewöhnlich, ja durchschnittlich, ein junger Mann, wie man jeden Tag einen übersieht. Indem Bellini den Auferstandenen als Jedermann malt, verspricht er, daß jedermann auferstehen kann.

Giovanni Bellini (um 1430–1516), Segnender Christus. Um 1465. Öl auf Holz, 58 x 46 cm. Musée du Louvre, Paris

Das allein mag nur für Bellini selbst ungewöhnlich sein, der Jesus auf allen anderen Bildern als ausgesprochen schönen Menschen malte. Andere Maler hingegen, um das Menschliche, das äußerlich Unscheinbare an Jesus zu betonen, wählten bewußt nicht die hübschesten, athletischsten Modelle. Aber es ist noch etwas anderes an dem Bild, das

mir mehr Hoffnung macht als die Neugeburt, die die Gelehrten und anderen Maler verheißen: «All my changes were there», wie es in einer Liedzeile von Neil Young heißt.

Das fängt schon mit dem Gewand an. Ich dachte immer und sah's auf allen Bildern, daß Jesus bis auf das Tuch um die Lende entblößt war, als ihn die Kriegsknechte ans Kreuz schlugen. Bei Bellini jedoch trägt er ein Gewand, das genau über der Wunde durchlöchert ist. Das würde bedeuten, daß das Messer, als es durch Jesu Brust strich, den Stoff zerrissen hätte. Kann das sein? Kaum: Die Wunde verläuft horizontal, der Riß im Stoff hingegen der Länge nach. Zudem ist das Gewand an keiner Stelle blutig. Nicht das Messer des Schergen hat es aufgerissen, sondern offensichtlich zwei Hände, Jesu eigene Hände dann wohl, um seine Verletzung zu zeigen, die nicht vernarbt ist, die vielleicht nie vernarben wird. Auch nach der Auferstehung sieht man ihm alles Erlebte, Durchlittene an.

Seine Wangen, ganz eingefallen, sind noch von den Entbehrungen gezeichnet, seine Haut ist schreckensbleich, unter seinen Augen mehr als nur Ringe, nämlich dunkle, unansehnliche Säcke, Augensäcke, wie von übergroßer Erschöpfung, seine Haare strubbelig, das Blut getrocknet, also nicht bei einer Waschung entfernt. Sein Mund ist leicht geöffnet, als schnappe er noch nach Luft: ein Entronnener. Er ist glücklich, ja, aber so erschöpft wie jemand, der nach langer, hoffnungslos scheinender Krankheit zum ersten Mal wieder vor die Tür tritt oder nach schwerem, mit letzter Kraft gewonnenem Kampf die Hand zu einer kurzen Geste des Triumphs hebt – wollen sich nicht auch die beiden gestreckten Finger zu einem V wie *vici* öffnen? Es ist vorbei, scheint er zu denken, es ist ausgestanden. In dem Buch mit verriegeltem Schloß, das er an den Leib drückt, als wolle er es niemals mehr hergeben, ist Zeugnis abgelegt. Nichts vergißt der Auferstandene dem Leben, nichts beschönigt er am Sterben. Um so tiefer fühlt er die Erlösung, daß er den Tod besiegt hat. Um so größer ist unsre Hoffnung: Besiegt werden kann der Tod.

VERWANDLUNG

WARUM HAST DU UNS VERLASSEN?

Einige Sekunden genieße ich die Illusion, der alte Herr habe die meterhohen elektrischen Kerzen mir zuliebe eingeschaltet, damit ich besser sehe. Dann bemerke ich die drei Gläubigen, die auf den Kirchenbänken jenseits des Mittelgangs zum Gottesdienst versammelt sind. Nach der Zahl der Gebetsbücher, die der junge Priester auslegt, sind nicht viel mehr Besucher zu erwarten. Zum Scherz schlägt er dem alten Herrn, dessen Anzug zu groß und dessen Kragen zu weit geworden ist, mit einem zusammengerollten Plakat auf den Kopf. Natürlich schauen sie zu mir, der einen Laptop aus seinem Rucksack geholt hat.

Eigentlich wollte ich zur Kirche Sant' Agostino, um die Madonna der Pilger zu besuchen, die in Rom längst mein Lieblingsbild ist, aber dann stieg ich aus Versehen vor San Lorenzo in Lucina aus dem Bus, der mir zum ersten Mal nicht vor der Nase weggefahren war, so glücklich hatte der Tag bereits begonnen. Als ich mich auf der Karte orientierte, empfahl mir der Kunstreiseführer einen Blick auf die *Kreuzigung* von Guido Reni, die eines seiner Meisterwerke sei. Ich konnte mich an kein anderes Meisterwerk Renis erinnern, assoziierte nur Andacht, Amen, Antipode Caravaggios, aber dankbarer bin ich dem Führer selten gewesen. Auf dem Photo hat das Gemälde etwas von den Andachtskärtchen, die die Zigeuner vor den Kirchen für fünfzig Cent verkaufen; als gewaltige Leinwand auf dem Hochaltar der Barockkirche, wo schwarz-goldene Säulen, ein roter Theatervorhang,

Folgende Seiten:
Guido Reni (1575–1642), Kreuzigung. Ca. 1635–1638. 340 x 220 cm. San Lorenzo in Lucina, Rom

INRI

mollige Engel, ein Blumengebinde aus Plastik und die meterhohen elektrischen Kerzen den Kitsch so sehr steigern, daß dessen Wahrheitsmoment unschön wie in jedem Rausch und der Beweihräucherung kenntlich wird – auf dem Hochaltar von San Lorenzo in Lucina ist Renis *Kreuzigung* ein Aufruhr, gerade indem sie der abgeschmackten Verklärung des Schmerzes widerspricht.

Gewiß stößt mir die Lust, die katholische Darstellungen an Jesu Leiden haben, auch deshalb so auf, weil ich sie von der Schia kenne und nicht kenne. Ich kenne sie, weil das Martyrium dort genauso exzessiv bis hin zum Pornographischen zelebriert wird, und ich kenne sie nicht, weil genau dieser Aspekt der Schia in Großvaters Glauben, der mehr als jeder andere Bezugspunkt meine eigene religiöse Erziehung bestimmt hat, keine Rolle spielte, ja als Volks- und Aberglaube abgelehnt wurde, der die Menschen davon abbringe, die Welt zu verbessern, statt nur ihren Zustand zu beklagen. Reni verklärt nicht den Schmerz, den er nicht zeigt. Ihm gelingt, was andere Kreuzigungsbilder behaupten: Er überführt das Leiden aus dem Körperlichen ins Metaphysische. Sein Jesus hat keine Wunden, keine Abzeichen der Striemen und Hiebe, ist schlank, jedoch nicht abgemagert. Selbst wo seine Hände und Füße ans Kreuz genagelt sind, fließt kaum Blut. Wären die Nägel nicht, es sähe aus, als breite er die Hände wie zu einer Demonstration aus. Er blickt in den Himmel, die Iris aus dem Weiß der Pupille beinah verschwunden: Schau her, scheint er zu rufen. Nicht nur: Schau auf mich, sondern: Schau auf die Erde, schau auf uns. Jesus leidet nicht, damit Gott, wie es die christliche Erlösungslehre nahelegt, zum Mitleidenden, damit selbst zum Opfer wird – Jesus klagt an: Nicht, warum hast du mich, nein, warum hast du uns verlassen?

> Doch furchtbar ist, wie da und dort
> Unendlich hin zerstreut das Lebende Gott.

Die Landschaft ist christianisiert, so daß nicht die Menschen geschieden sind in Gläubige und Ungläubige wie in der Bibel, sondern Himmel und Erde, Gott und die Menschen. Der Totenkopf am Kreuz deutet darauf hin, daß hier schon andere gestorben sind; die zeitgenössisch gekleideten Spaziergänger auf düsteren Wegen geben zu verstehen, daß auch jetzt gestorben wird; die Häuser im Hintergrund mit der Kuppel, die der Tempel, aber wohl eher der gerade gebaute Petersdom des neuen Jerusalems sein könnte, weisen auf eine Stadt, die den Gekreuzigten bereits verehrt. Dieser Jesus ist nicht mehr Sohn Gottes und kein Halbgott wie für Hölderlin. Gerade weil sein Schmerz kein körperlicher ist, nicht Folge denkbar schlimmster, also ungewöhnlicher, unmenschlicher Folterungen, stirbt dieser Jesus stellvertretend für die Menschen, für alle Menschen, ist er jeder Tote, jederzeit, an jedem Ort. Sein Blick ist der letzte vor der Auferstehung, auf die er nicht zu hoffen scheint.

> Wenn aber stirbt alsdenn,
> An dem am meisten
> Die Schönheit hing,

heißt es bei Hölderlin, dessen Gedichte ich ebenfalls aus dem Rucksack hole, weil ich nicht mehr als die zwei berühmten Zeilen über den furchtbaren Gott auswendig beherrsche,

> daß an der Gestalt
> Ein Wunder war und die Himmlischen gedeutet
> Auf ihn, und wenn, ein Rätsel ewig füreinander,
> Sie sich nicht fassen können
> Einander, die zusammenlebten
> Im Gedächtnis, und nicht den Sand nur oder
> Die Weiden es hinwegnimmt und die Tempel
> Ergreift, wenn die Ehre
> Des Halbgotts und der Seinen
> Verweht und selber sein Angesicht
> Der Höchste wendet
> Darob, daß nirgend ein
> Unsterbliches mehr am Himmel zu sehn ist oder
> Auf grüner Erde, was ist dies?

Es ist dies eine Rede an den toten Christus zum Kreuz hinauf, daß kein Gott sei, und damit das Motiv, an dem sich die Antipoden kurz begegnen: Reni und Caravaggio, die an Gott der Mensch interessiert, und Hölderlin und Jean Paul, die den Menschen von Gott verlassen sehen. Allerdings stöhnt Hölderlin bereits mit der nächsten Strophe bejahend auf, wie ja auch Jean Paul die Vision des leeren Himmels sogleich als Albtraum entschuldigt und als Blumenstück verniedlicht; allein, das Merkwürdige ist, daß man dem untergehenden Hölderlin die Theodizee abnimmt –

> Und nicht ein Übel ists, wenn einiges
> Verloren gehet und von der Rede
> Verhallet der lebendige Laut

während in Jean Pauls besten Jahren die Anklage das Idyllische enttarnt. Ich muß abbrechen: Der Priester steht bereit, gleich beginnt die Messe, so daß ich den Laptop mitsamt dem Kunstreiseführer und Hölderlins Gedichten in den Rucksack packe. Die drei Gläubigen jenseits des Mittelgangs halten mich schon für bekloppt genug oder für einen besonders fleißigen Seminaristen, der sich um seine Mindestqualifikation bemüht.

DASS CHRISTUS NOCH LEBT

Die Wolken sind noch immer in den Baumwipfeln verhakt, so daß ich gar nicht in den Himmel schauen könnte wie der beinah irislose Christus. In Matthäus 26,28 fordert er die Jünger auf, das Brot zu essen, denn es ist sein Leib, und den Wein zu trinken, denn es ist das Blut des Bundes, «welches vergossen wird für viele zur Vergebung der Sünden». Christi Tod entsühnt eine Welt, auf der Gottes Zorn liegt. Auch Hölderlin erwähnt den Zorn, wenn er vom Abendmahl spricht, doch ist es bei ihm die Welt selbst, die zürnt, und Christus erlöst nicht, sondern «erheitert», besänftigt die Welt und macht sie fröhlich:

> Denn alles ist gut. Drauf starb er. Vieles wäre
> Zu sagen davon. Und es sahn ihn, wie er siegend blickte
> Den Freudigsten die Freunde noch zuletzt.

So wenig wie Hölderlin fanden sich die Sufis mit Jesus als Schmerzensmann ab. Daß ein anderer gekreuzigt wurde, wie es der Koran lehrt, ist für sie Ausdruck der Erhöhung Jesu, der zum *rûḥullâh* wurde, zum «Geist Gottes», wo Mohammed *rasûlullâh* blieb: Gesandter Gottes, also von Gott unterschieden. Wenn ich Jesus in Rom mit Hölderlin in Beziehung setzen wollte, der den Messias in die Reihe der griechischen Göttersöhne Herakles und Dionysos stellt, hätte ich nicht Renis Kreuzigung zurechtbiegen dürfen, die ohnehin keine Offenbarung ist. Ebensowenig nützte es, Caravaggios *Geißelung* oder *Grablegung* zu betrachten, obwohl sie auch bei der zweiten Betrachtung ergreifen: Selbst beim Himmelsgang konzentriert Caravaggio sich rein irdisch auf das, was Menschen sich antun. Gott als Täter oder Opfer ist bei ihm aus dem Spiel oder wie bei den Mystikern in allen Dingen. Um in Rom den Halbgott zu finden, den Hölderlin gemeint haben könnte, hätte ich mich mit meinem Laptop vor Michelangelos Statue in Santa Maria sopra Minerva setzen müssen, die so frech ist, daß die Nachwelt das Gemächt des Erlösers mit einem güldenen Lappen bedeckte: Jesus muskelbepackt wie ein antiker Heros, in den Händen ein Pfahl, dessen Querbalken zu kurz ist, um daran mit ausgebreiteten Armen zu krepieren, aber lang und mächtig genug, um Mauern und Tore zu zertrümmern, Jesus als Sieger über den Tod, und das Kreuz als seine Lanze:

Wenn nämlich höher gehet himmlischer
Triumphgang, wird genennet, der Sonne gleich
Von Starken der frohlockende Sohn des Höchsten,

Ein Losungszeichen, und hier ist der Stab
Des Gesanges, niederwinkend,
Denn nichts ist gemein. Die Toten wecket
Er auf, die noch gefangen nicht
Vom Rohen sind. Es warten aber
Der scheuen Augen viele
Zu schauen das Licht.

Leider lernte ich Michelangelos *Auferstandenen Christus mit dem Kreuz* schon viel früher im Jahr kennen, als ich mich noch nicht mit Hölderlins Christushymnen beschäftigte und überhaupt ganz anderer Stimmung war, mit Jean Paul und jedesmal mit Familie oder Gästen, da der Kunstreiseführer Santa Maria sopra Minerva mit Sternchen versehen hat und sie praktischerweise gleich neben dem Pantheon liegt, so daß ich sie in jede Besichtigungstour mit Besuchern einbaue, zumal der Obelisk auf Berninis Elefanten auch bei Kindern reüssiert. «Denn noch lebt Christus», hat Hölderlin mir daher an unpassender Stelle erklärt. Gewiß hätte ich alle Freiheit, nachträglich den Anschein einer Notwendigkeit zu wecken, indem ich die Lektüre des *Patmos* in die Santa Maria sopra Minerva verlege, die allerdings wegen des Sternchens, des Obelisken auf Berninis Elefanten und der Nähe zum Pantheon immer so voll von Touristen ist, daß der Absatz dann aus anderen Gründen nicht stimmte. Es stimmt nie und kann es auch nicht, wo man Wahrheit nicht bloß erfährt, sondern in Worte fassen will: Könnte ein Ort überhaupt passend sein zu hören, zu sehen oder zu lesen, daß Christus noch lebt?

> Denn eines weiß ich,
> Daß nämlich der Wille
> Des ewigen Vaters viel
> Dir gilt. Still ist sein Zeichen
> Am donnernden Himmel. Und Einer stehet darunter
> Sein Leben lang. Denn noch lebt Christus.

Die Satzteile sind im *Patmos* – und wie erst in der zweiten, dritten, vierten Fassung, in denen es sprachlich immer weniger «stimmt» – bis hin zur Grammatik so ineinander verschlungen, auch rhythmisch so unregelmäßig, so pochend und atmend und eilend und stockend, daß man jeden einzelnen mit der Pinzette rauszupfen müßte und immer noch nicht den Eindruck hätte, dem eigentlichen Geheimnis auf die Spur gekommen zu sein. In der eingangs zitierten Strophe etwa – «Wenn aber stirbt alsdenn» – wird der Satz schon der Syntax nach bis zum Ende der Strophe nicht aufgelöst; der dreifache Konditionalsatz, der jeweils mit «wenn» einsetzt, wird nicht fortgesetzt, sondern in seiner Dringlichkeit mit der Frage, was dies sei, nur weiter überhöht. Was Adorno als parataktisch bezeichnet, die aneinandergereihten, nicht synthetisch verbundenen Bilder, die «in einer eingewurzelten Verhaltensweise seines Geistes» ihre Bedingung hätten, führt Bertaux auch auf Hölderlins Beschäftigung mit einer semitischen Sprache wie dem Hebräischen zurück, ohne freilich dem Gedanken weiter nachzugehen. Tatsächlich sind die Satzteile in den semitischen Grammatiken nicht notwendig durch ein Verb verbunden, können in bestimmten Fällen die Hilfsverben fehlen; das gleiche Prinzip der unverknüpften Bilder und in diesem Fall, noch konkreter, der wiederholten, variierten Frage, die ihre Wirkung durch das Mysteriöse erzielt, sowie der mehrfach hinausgezögerten Antwort ist denn auch eines der mächtigsten Stilprinzipien des Korans. So steht zu Beginn von Sure 101 das lexikalisch schwer zu bestimmende *qâriᶜa* beziehungslos im Raum, ein Wort, das nicht nur der Bedeutung nach mysteriös ist und auch vor tausendvierhundert Jahren wohl war, sondern schon akustisch mit dem dunklen, gutturalen *q* und dem aus dem Schlund gepreßten, stimmhaften Reibelaut *ᶜeyn* für Unbehagen sorgt:

> Die Pochende [al-qâriᶜa]!
> Was [ist] die Pochende?
> Was weißt du, was die Pochende [ist]?
> Wann die Menschen werden sein wie tote Motten verstreut,
> Und die Berge wie Wolle zerzaust.

Bei Hölderlin ist die Antwort gleichermaßen Trost und Vernichtung, in einem ähnlich konkreten, unheimlichen Bild wie in Sure 101:

> Es ist der Wurf des Sämanns, wenn er faßt
> Mit der Schaufel den Weizen,
> und wirft, dem Klaren zu, ihn schwingend über die Tenne.

Der Weizen sind wir.

> Und nicht ein Übel ists, wenn einiges
> Verloren gehet und von der Rede
> Verhallet der lebendige Laut.

In San Lorenzo in Lucina blieb ich, nachdem ich Laptop, Kunstreiseführer und Hölderlin im Rucksack verstaut hatte, gemeinsam mit den drei Gläubigen jenseits des Mittelgangs stumm und erwartungsvoll sitzen. Nichts geschah, auch das Altarbild interessierte mich nicht weiter. Im Laufe der nächsten halben Stunde setzten sich fünf weitere Gläubige auf die Bänke, auf denen auch der alte Herr und der junge Priester Platz nahmen. Von Zeit zu Zeit standen die beiden auf, verschwanden in der Sakristei und kehrten wieder, ohne eine Andeutung zu machen, was sie besorgt hatten. Ich sah nur, daß der junge Priester weiter flüsternd Scherze mit dem alten Herrn trieb, der darüber nicht lachte, aber es sich doch gern gefallen zu lassen schien. Schließlich schwatzten auch die anderen Gläubigen, als träfen sie sich jeden Tag.

Ich ging nach draußen, um mich zu erkundigen, wann die Messe endlich beginne. Um neunzehn Uhr erst, las ich auf einer Tafel. Ich verstehe das Dilemma und hülfe gern mit meiner Anwesenheit: So unerhört viele Kirchen stehen in Rom, jede ein eigener Charakter, die Königin, die Diva, das Mäuschen, die Kokette, die Protzige, die Ätherische, die Schwindsüchtige, die schlichte und die barocke Schönheit, daß sich die Gläubigen werktags verteilen müssen, damit alle zu ihrem Recht kommen. Die Nationalkirchen haben es einfacher, weil sie zugleich Gemeinderaum der Deutschen, Franzosen, Amerikaner, Koreaner oder Äthiopier sind und Fernreisen für den Besucher, der mitten in der Altstadt in eine fremde Sprache, zwischen fremde Menschen tritt. Für die Römer bleiben mehr als genug. Als Rom nur ein Zehntel seiner heutigen Bewohner, aber genausoviele Kirchen hatte, müssen sich noch alle Reihen gefüllt haben, stehend damals, nicht sitzend, an jeder Ecke des Zentrums fast eine Tausendschaft, die ihres Gottes nicht nur sonntags gedachte. Mit Mühe zwar, scheint es Anfang des einundzwanzigsten Jahrhunderts noch immer zu gelingen, daß zwei oder drei in Seinem Namen versammelt sind. Selbst Schüler, die in der Stadt bummeln, helfen aus, schnatternde Mädchen und Jungs, die mit Kopfhörern in die Kirche marschieren, hier jemand, der wie ein Lateinliebhaber aussieht, und dort ein lateinischer Liebhaber, Businessmen zwischen zwei

Meetings und Bettler, die ihnen folgen, um sich nach dem Gottesdienst am Ausgang zu postieren. Ich habe mich in Kirchen immer wohlgefühlt, sogar mit Laptop: Niemals waren Blicke skeptisch, obwohl ich mich nicht bekreuzige, nicht die Knie beuge oder zum Abendmahl vor den Priester trete; auch der Auftrag zur Mission, an dem ich mich außerhalb der Kirche reibe, scheint in der Kirche nicht mehr mich zu meinen. In Moscheen wird der Andersgläubige bestenfalls in Ruhe gelassen, in Synagogen ihm ungefragt guter Wille attestiert. Ich habe keine Ahnung, was es ist, daß selbst die Deutschen den Fremden freundlich betrachten, sobald sie in der Messe sitzen. Großvater wird das Gleiche gespürt haben, sonst hätte er auf seiner Europareise '63 den Gebetsteppich nicht in Kirchen ausgebreitet. Vor fünfundvierzig Jahren wurde auch in französischen, schweizerischen und deutschen Städten vermutlich noch in allen Gotteshäusern morgens und abends ein Gottesdienst gefeiert, an dem mindestens zwei, drei Gläubige teilnahmen, als würde eine unsichtbare Betriebsleitung ihre Verteilung organisieren. Großvater kann Europa nicht als gottlos wahrgenommen haben, im Gegenteil: Verspottet wurde er '63 in Isfahan, weil er täglich in die Moschee ging.

GOTT ABER SANDTE SEINEN FRIEDEN

Da meine Blase zu sehr drückte, um bis zum Ende der Messe stillzusitzen, die erst in anderthalb Stunden beginnen sollte, kaufte ich mir für fünfzig Cent eine Andachtskarte, nein, genau gesagt kaufte ich mir zwei Andachtskarten, von denen eine im Automaten steckenblieb, was die Zigeunerin an der Tür um die Münze brachte, die ich ihr nicht in den Kaffeebecher warf, und hielt draußen Ausschau nach einer Bar, um nicht neben die Kirchenwand pinkeln zu müssen (niemals *an* eine Kirchenwand! wie der katholische Freund lachend gerufen hatte, als er beim Besuch der Advocata ein menschliches Rühren verspürte). Endlich erlöst, kehrte ich nicht zurück nach San Lorenzo, wo sich inzwischen mehr als genug Gläubige in Christi Namen versammelt hatten, sondern hüpfte die Spanische Treppe zur Santissima Trinità dei Monti hoch, wo die Abendmesse eine Stunde früher beginnt und dafür eine Stunde länger dauert. Wie sich bei den Schiiten jeder Gläubige selbständig den Schriftgelehrten auswählt, dessen Auslegung der Quellen er befolgt, so habe ich mich in Rom für die Santissima Trinità dei Monti entschieden, um, wenn nicht ihre Deutung, so wenigstens ihre Riten nachzuahmen.

Die französischen Brüder und Schwestern mögen, wie der Freund bemängelte, Neuerer sein, indem sie auf dem Boden knien, lange meditieren, noch länger als in der Kirche üblich singen und im Gebet wie Muslime abwechselnd sich demütig niederwerfen, entschlossen aufstehen, Zuflucht suchend zum Himmel schauen und selbstbewußt die Arme ausbreiten; aber den Geist, den man dem frühen Christentum als einer Bewegung egalitärer, gottesfürchtiger Randseiter zuschreibt, einer verachteten Minderheit, habe ich nirgends in Rom, nein, in keinem anderen Gottesdienst, den ich je besuchte, stärker gespürt, real gespürt als eine Luft, die sich auf mich, auf alle acht Menschen legte, die hinter den Brüdern und Schwestern versammelt waren. Allerdings nicht mehr: keine Erleuchtung, keine Bekehrung, nicht einmal Läuterung, nur Frieden, der nach den zwei Stunden noch ein wenig anhielt.

> Wie da die Leugner fasseten
> In ihre Herzen trotzigen Stolz,
> Den trotzigen Stolz der Unwissenheit;
> Gott aber sandte seinen Frieden
> Auf seine Abgesandten und die Gläubigen,
> Und ließ sie halten fest das Wort der Gottesfurcht.
>
> *(Sure 48:26)*

Was hier als Frieden übersetzt wird, ist im Arabischen das Wort *sakîna* und der arabische Name, den Großvater gegen Großmutters Willen meiner Mutter in die Geburtsurkunde schreiben ließ. Wo im Christentum Er mitten unter denen ist, die sich in Seinem Namen versammeln, senkt sich im Islam die *sakîna* herab, wann immer der Koran rezitiert wird, und es gesellen sich dazu die Engel.

> Alles was wir körperlich oder äußerlich vor dem Unendlichen tun, kurz was nicht *Gedanke* ist, also alles *laute* Beten, Knien,

> Händefalten, ist Zeremonie, nicht Tugend (obwohl Äußerung der Tugend) und alles das könnte eben so gut im Gegenteil bestehen: es wäre eben so fromm, wenn ich beim Beten *aufstände* als *niederfiele*, den Kopf *bedeckte* (wie die Römer) als *entblößte*,

bemerkt Jean Paul in einem Brief vom 23. April 1795 an einen jüdischen Freund und fährt fort:

> Also folgt daraus gegen alle Zeremonien – nicht das Geringste.

Bei den Brüdern und Schwestern der Gemeinschaft von Jerusalem, wie sie sich nennen, ist die Hierarchie, die mich am Katholizismus beinah am meisten stört, auf das Pragmatischste zurückgeführt. Nur für die Eucharistie tritt der Priester hinter den Altar; hernach verbeugt er sich vor seinen Brüdern und Schwestern, auf die sich alle anderen Aufgaben verteilen, jeder nach seinen Fähigkeiten, wer die ersten Stimmen singt, wer aus der Schrift vorträgt, wer die Predigt hält, wer die Kerzen anzündet, wer das Brot und den Wein verteilt, den Leib und das Blut Christi. Das Prinzip schiitischer Moscheen, in welchen für den Vorbeter im Boden eine Vertiefung eingelassen ist, oft symbolisch, manchmal so tief, daß der Ärmste mit einer kleiner Leiter hinabsteigen muß wie in sein eigenes Grab, hätte ich den Brüdern und Schwestern nicht zu erklären gebraucht. Kein Mensch über uns, nur Gott. Auch sitzen in den traditionellen schiitischen Moscheen Männer und Frauen ebenfalls in getrennten Bereichen, doch nebeneinander im gleichen Raum. In der Trinità dei Monti werden überdies die Gläubigen einbezogen, die acht, die wir waren, gleichwohl ich keiner bin. Während der Priester sich die violette Stola überzog, eilte eine Schwester zu den Kirchenbänken und bat zwei von uns, das Brot und den Wein nach vorn zu tragen. Erhört wurde mein Stoßgebet, daß sie nicht mich bittet. Unbußfertig genossen, gleichsam wie ein Meineid, gibt das Abendmahl «statt des Himmels seine Hölle», mahnt Jean Paul und hält sich «die schreckliche, bloß dieser Religionshandlung eigentümliche Bedingung glühend vor die Seele». Daß «die seligmachende Kraft» der persönlichen Gegenwart «in eine vergiftende sich verwandeln müsse», war ich für den Augenblick bereit zu glauben.

Die Lateinische Messe, zu der mich der katholische Freund führte, hat mich als semiotisches Ereignis von äußerster Komplexität beeindruckt, aber blieb doch Programm, das nach der mehr als vierzigjährigen Unterbrechung noch nicht wieder in die Motorik eingegangen sein kann, womöglich nicht einmal in die Motorik der Priester selbst: Ein junger Theologe flüstert ihnen gleich einem Impresario zu, welche Geste, welcher Gang und welches Wort an der Reihe sind, wann sie zu sitzen, wann sie zu stehen, wann sie sich vor dem Altar und wann sie sich voreinander verbeugen müssen. Das muß so sein, die lateinische Messe sieht zwingend das Amt des Zeremoniars vor, erklärte mir der Freund; zu besonderen Anlässen hält der Zeremoniar sogar einen goldenen Zeigefinger in der Hand, mit dem er den Zelebranten anleitet. Aber der Zeremoniar hilft natürlich auch zu verbergen, falls der Zelebrant einmal die komplizierte Reihenfolge der Gesten, Gänge und Worte durcheinanderbringt. An dem Gelingen ändert es nichts, ob wirklich alle Priester sämtliche Abläufe auswendig beherrschen, da es um den Dienst an Gott geht, nicht um die Einfühlung des Menschen, um die Handlung, nicht um die Psychologie. Deshalb zieht sich der Zelebrant das feierliche Gewand nicht selbst über, sondern kleidet ihn der Zeremoniar vorm Altar an, öffentlich also, und können sich die Gläubigen, ja, sogar der Priester selbst während der Messe unterhalten, verstohlen gähnen oder ungeniert photographieren, deshalb braucht der Impresario seine Anweisungen sowenig wie im Epischen Theater zu kaschieren. Was nicht geschehen darf, ist eine falsche Geste, ein falscher Gang, ein falsches Wort. Entsprechend ist auch die Hierarchie zwar streng auf die Funktionen hin eingegrenzt und durch sanfte Blicke gemildert, doch bis in solche Nuancen durchgehalten, daß es manchmal schon komisch wirkt, etwa wenn der Rang des zweiten und dritten Priesters daran zu erkennen ist, mit welchem Blick sie die Stola des ersten tragen, mit leichtem Widerwillen oder großer Beflissenheit. Noch die Umarmung zum Schluß ist ein Zeichen, ein sehr schönes wohlgemerkt, sehr vornehm, und getrennt nach Sphären: Statt kunstlos die Hände zu schütteln wie in der Moschee oder allen übrigen Kirchen Roms seit dem zweiten Konzil, deuten die Würdenträger an, sich zu umarmen, indem sie die Köpfe nebeneinanderführen; die Gläubigen tun es ihnen nach.

Sosehr es auch mich erhob, den Freund rechts und die Fremde links von mir sorgsam wie ein Statist auf der Bühne zu umarmen, müssen meine Augen dennoch anders geleuchtet haben, als die Brüder und Schwestern ins Schiff der Santissima Trinità dei Monti ausschwärmten, an die Kirchenbänke traten, den sieben Gläubigen und mir beide Hände fest drückten, jeden von uns liebevoll anlächelten und uns lang in die Augen schauten. Jeder in der Kirche hatte gesehen, daß ich nicht zum Altar getreten war, weil mir *nur* Brot und Wein gereicht worden wäre.

Zum Ende des Tages, der bereits so glücklich begonnen hatte, las ich noch einmal Hölderlin an passender Stelle, während ein Bruder und eine Schwester den Altar abräumten und ihn mit drei weißen Leinendecken bedeckten – nein, ich sei ein Gast und möge sitzen bleiben, solange ich wolle. «Der Erde Frucht» nennt der Dichter das Brot, das die anderen gegessen haben,

> doch ists vom Lichte gesegnet,
> Und vom donnernden Gott kommet die Freude des Weins.

Die beiden Gaben hat der himmlische Chor «zum Zeichen» zurückgelassen, seit die Götter weit weg sind, nur «über dem Haupt droben in anderer Welt» leben und die Menschheit vergebens die Hände ausbreitet wie Christus in San Lorenzo in Lucina.

> Endlos wirken sie da und scheinens wenig zu achten,
> Ob wir leben.

Die Brüder und Schwestern lassen dennoch keine Kniebeuge aus.

TOD

Das Datum wußte ich, obwohl es in der Zukunft lag. Es war der 8. Dezember, ein Sonntag, wie mir klarwird, als ich um drei Uhr morgens wachliege und mir das Fußballspiel einfällt, für das ich Karten gekauft habe, ohne daran zu denken, daß ich für denselben Tag zu einer Lesung eingeladen bin. Ich fuhr mit dem Zug, während in Köln das Fußballspiel lief, allerdings nicht nach Nürnberg, wo ich nächsten Sonntag tatsächlich lesen werde, sondern nach Wien, obwohl Wien zu weit ist, um den Zug zu nehmen, und ich von Köln nach Wien stets fliege. Das Spiel, das dann ungewöhnlich lang gewesen sein muß, neun oder zehn Stunden, wenn ich die Länge der Zugfahrt und den Transfer in Wien zum Anhalt nehme, das Spiel lief noch, während ich bereits allein auf der Bühne, einer Theaterbühne, saß. So dunkel war das Parkett, daß ich die Zuhörer nur in den ersten Reihen und nur schemenhaft erkannte. Ich weiß, aus welchem Buch ich las, jedoch nicht mehr welche Stelle, weiß den Spielstand ebensowenig, als ich bemerkte, daß meine Mutter in Köln sterben würde, nicht sofort, nicht in dieser Stunde, aber doch so schnell, daß ich nicht rechtzeitig zurück in Köln wäre. So spät am Abend gab es keinen Flieger.

Wäre es kein Traum gewesen, hätte ich die Lesung unterbrechen, mich mit einem akuten Unwohlsein entschuldigen und in Köln anrufen können – so jedoch las ich weiter, wie festgenagelt auf dem Stuhl, vor mir ein großes, von beinah unsichtbaren Menschen erfülltes Dunkel, und sagte zwischen den einzelnen Passagen etwas, an das ich mich nicht erinnere, oder womöglich merkte ich selbst nicht, was ich sagte, während ich an nichts anderes als die Mutter denken konnte. Ich weiß –

nein: wußte auch im Traum nicht, was ihr fehlte, ob sie verunglückt oder eine Krankheit ausgebrochen war, nur so viel wußte ich, daß sie sterben würde, nein, bereits im Sterben lag, in einem Zimmer, das weder ihres noch ein Krankenhauszimmer war, irgendein fremdes Zimmer in einem mir fremden Haus, um sie herum dennoch alle Verwandten, sogar ihre Schwestern aus Iran und den Vereinigten Staaten, allerdings nicht mein Vater. Wo war mein Vater bloß, den niemand zu vermissen schien, nach dem niemand rief, war der Vater etwa schon lange tot?

Die Mutter, die nichts sagte, sah selbst, daß sie starb, und es war klar, auch ihren Schwestern klar, daß sie den Sohn nicht wiedersehen würde, wofür sie ihm alles Verständnis entgegenbrachte, schließlich hatte er eine Lesung und sie nur so einen Tod. Als ich um vier Uhr immer noch wachliege, tröste ich mich zunächst, daß die Mutter oder mindestens der Vater – aber wo war mein Vater? – in den wirklichen letzten Dingen keine falschen Rücksichten nehmen und, komme, was wolle, mich benachrichtigt, mindestens eine Nachricht auf der Mailbox hinterlassen hätte. Dann allerdings wendet sich derselbe Gedanke ins Unheil, weil mir aufgeht, daß die Mutter oder mindestens der Vater – aber wo war mein Vater? – versucht haben mußte, mich zu erreichen. Sofort greife ich zum Handy, das lautlos gestellt neben der Matratze liegt, um sicherzugehen, daß niemand angerufen hat.

Sie muß schon lange in dem Bett gelegen haben, sehr lange, sie war eine andere Frau geworden, nur ihre Augen dieselben, die immer noch grün und blau glänzten, aber vollkommen abgemagert ihr Leib, ihre Haut voller Falten, Furchen geradezu, selbst an den Handgelenken, hundertjährig, so schien es mir, mindestens hundertjährig, obwohl sie erst achtzig ist, die Jochbeine in ihrem eigentlich doch runden Gesicht sichtbar, also schmal das Gesicht jetzt, die Haare in einem hellen Grau, seltsamerweise nicht weiß, hinten zusammengebunden die Haare, was sie nie getan hatte, nicht mehr lockig, länger wohl auch, wahrscheinlich weil die Haare nicht mehr geschnitten worden waren, wie lange schon nicht mehr? Das Schöne, ich kann nicht sagen: Beglückende, aber angesichts ihrer Traurigkeit und meines Erschreckens doch, ich möchte es so umständlich ausdrücken: positiv zu Würdigende, nein, wirklich das Schöne war, daß sie nicht kämpfen mußte, daß sie friedlich dalag, der

Oberkörper halb aufgerichtet auf einem großen Kissen, wenn es kein Krankenhausbett mit verstellbarem Kopfteil war.

Ich weiß nicht, wie lang es dauerte, ob nur Minuten oder wie das Fußballspiel acht oder neun Stunden, bis mir endlich aufging, daß ich keineswegs auf den Stuhl genagelt war und die Lesung selbstverständlich unterbrechen konnte, unter welchem Vorwand auch immer, um in Köln anzurufen. Mit dem Gedanken wachte ich auf, daß ich, egal wie, nicht mehr rechtzeitig an ihrem Bett wäre, selbst mit dem Nachtzug erst morgen früh. Alle standen ums Bett herum, auch ihre Schwestern, nur nicht ihr Mann – wo war mein Vater? –, den jedoch niemand vermißte, weil er dann wohl schon lange tot war, und nicht ihr Sohn, nach dem sie sich jetzt brennend, ungehemmt sehnte, obwohl sie nur so einen Tod hatte und er eine wichtige Lesung. Vielleicht macht genau das Mütter aus: daß sie für ihre Kinder, erst recht für einen einzigen Sohn immer Verständnis haben, alles immer zu erklären, vor anderen zu rechtfertigen, zu verzeihen und schönzureden bereit sind, wenn er ihnen nur bleibt. Die Liebe im Elativ, die selbst Jesus erlernen mußte, erfüllt seine, erfüllt jede Mutter schon im Wochenbett. Es ist schwer zu begreifen, daß wir von Gott geliebt werden. Aber daß unsere Mutter uns liebt, darauf verlassen wir uns alle. Wir könnten an sie denken oder meinetwegen auch an unsren Vater – aber wo war der Vater? –, um Jesu Opfer zu ermessen. Wir könnten uns fragen, für wen jeder von uns ohne Zögern, ohne an Gott oder einen irdischen Auftrag zu glauben, einzig und allein um eines Menschen selbst willen also, für wen wir selbst denn zu sterben bereit wären, falls das Leben davon abhinge – doch nur für unser Kind.

Als Jesu Mutter starb, waren ebenfalls alle da, auf Wolken herbeigetragen die zwölf Apostel, wie es in der Überlieferung heißt, und dazu Maria Magdalena, wie sich alle Maler dachten, und nachts um die dritte Stunde kam auch Jesus mit dem himmlischen Heer der Engel und Patriarchen, der Märtyrer und Bekenner und Jungfrauen. Nur bei Caravaggio kommt um die dritte Stunde niemand, keine Engel und Patriarchen, keine Märtyrer und Bekenner, und vor allem nicht der Sohn. Bei Giotto und den meisten anderen tritt Jesus immerhin im Hinter-

Caravaggio (1573–1610), Tod Mariae. 1605/06. Öl auf Leinwand, 369 x 245 cm. Musée du Louvre, Paris

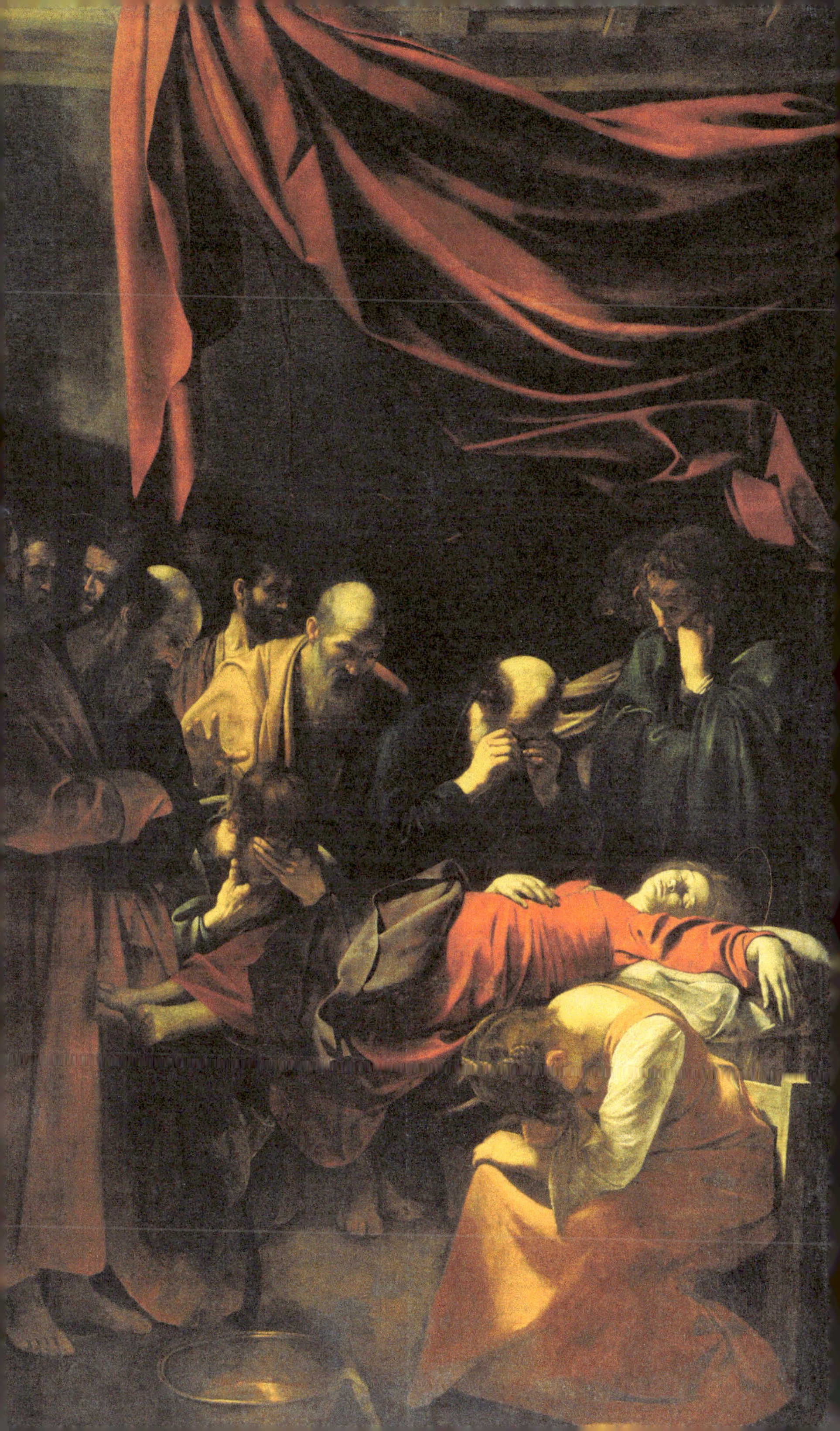

grund oder im Himmel auf, trägt die Seele seiner Mutter in Gestalt einer puppengroßen Maria in Händen. Bei Caravaggio ist der Hintergrund viel zu dunkel, und dort, wo der Himmel wäre, hängt ein roter Vorhang wie im Theater. Nichts an dem Bild ist tröstlich, keine Spur einer Verheißung, ein karger Raum, einfachste Möbel, eine Kupferschüssel wohl für die Waschung, alle Füße nackt, ein gemeiner, nicht zuletzt in seiner Ärmlichkeit erbärmlicher Tod. Nicht einmal den Aposteln kommen Worte über die Lippen, die salben, wo sonst jeder Dorfpfarrer Seligkeit verspricht.

Es ist nicht zu erkennen, ob die Apostel die Mutter wenigstens beim Sterben begleitet haben, wie es in der Überlieferung heißt, oder zu langsam von den Wolken getragen wurden. Offenbar ist sie verunglückt oder jedenfalls unerwartet gestorben, sonst trüge sie nicht das schlichte Alltagskleid, das rot ist wie der Vorhang, und wäre sie nicht auf einen Tisch gelegt worden, einen Küchentisch, dem Stuhl nach zu urteilen, auf dem Maria Magdalena sich krümmt, damit wir uns ihr Gesicht um so verzweifelter vorstellen. Fast bis an die Knie hängen die Beine der Mutter in der Luft. Sie kann sich nicht hingelegt haben zum Sterben, zum Sterben legst du dich auf ein Bett oder eine Wiese oder meinetwegen auf den Boden, doch nicht auf einen Küchentisch, der zu kurz ist; sie muß in der Küche umgefallen oder von draußen hereingetragen worden sein, eilig ein Kissen unter den Kopf gelegt, ihre Haare zerzaust. So schnell können die Wolken gar nicht fliegen, wie die Mutter starb. Ich weiß es natürlich nicht, schließlich ist Gott aller Dinge mächtig, aber denke es mir so, wie ich mir bei allen Bildern etwas denke und zuvor die Maler sich etwas gedacht haben, als sie die Überlieferungen studierten, und am kühnsten Caravaggio. Wie leicht hätte er den Tod Mariens ins Fromme wenden können, hätte den Hintergrund nicht aufhellen, den Vorhang nicht öffnen müssen, hätte auch die Engel nicht gebraucht – nur der Sohn hätte erscheinen müssen, und sei es puppengroß, schon wäre der Tod erklärt, ja ausgerufen zum Anbruch eines besseren Lebens. So vermißt ihn die Mutter auf ewig.

Ich beruhige mich halbwegs damit, daß meine Mutter unmöglich bis zum 8. Dezember um so viele Jahre altern wird, da sie gestern noch putzmunter anrief und ja auch jünger aussieht als achtzig, sich jünger fühlt ohnehin, und, Gott verhüte, schon ein Schlag sie treffen oder etwas Ungeheuerliches, etwas niemals Hinzunehmendes, niemandem zu Verzeihendes ihr widerfahren müßte, damit sie innerhalb von vier Tagen eine Generation vorrückte. Kaum könnte einer Mutter etwas Schlimmeres widerfahren als der Tod ihres einzigen Sohnes, noch dazu der gewaltsame Tod, seine tagelang sich hinziehende, öffentliche und so ungerechte Marter. Allerdings hat das Sterben Maria verjüngt, statt sie auf einen Schlag hundertjährig aussehen zu lassen wie meine Mutter. Folgt man der Überlieferung, die Caravaggio sicher bedacht hat, war sie fünfzehn, als sie ihren Sohn gebar, und überlebte ihn um vierundzwanzig Jahre, starb demnach im Alter von zweiundsiebzig. An andrer Stelle liest man, daß sie ihren Sohn nur um zwölf Jahre überlebte und als Sechzigjährige starb. Die Mutter, wie Caravaggio sie gemalt hat, ist nicht mehr ganz jung, jedoch sicher jünger als sechzig. Sie ist hübsch, obschon nicht mehr in ihrer Blüte, nicht dick, obschon in der Bauchgegend etwas füllig, weshalb manche Leute flüsterten, Caravaggio habe eine Schwangere oder gar eine Ertrunkene gemalt, in jedem Fall eine Dirne, um den Skandal zu steigern. Die Unbeschuhten Karmeliterinnen, die das Bild in Auftrag gegeben hatten, entfernten es jedenfalls nach ein paar Tagen schon wieder aus ihrer Kapelle. Hört nicht auf die Leute!, hätte ich den Unbeschuhten Karmeliterinnen gern zugerufen: Daß sie jung geworden ist und nicht alt wie meine sterbende Mutter, obschon ihr Ungeheuerliches, niemals Hinzunehmendes, niemandem zu Verzeihendes widerfuhr, kann ich mir nur erklären, wenn ich die Himmelfahrt ihres Sohnes hinzudenke, die sie mit eigenen Augen sah.

Gestern sagte sie, daß sie mich vermisse, und das verstehe ich so gut, nicht weil ich sie genauso vermisse, mit exakt demselben Zittern in der Brust, das tun erwachsene Kinder wahrscheinlich nicht mehr, sondern weil ich mir einfach vorstelle, daß sie für mich genauso fühlt wie ich für meine Kinder, aber meine Kinder später nicht für mich fühlen, nicht mit demselben Zittern – warte, bis du selbst Kinder hast, sagten meine Eltern früher immer, wenn ich ihre Sorgen abtat –, oder erst mit demselben Zittern, einem wirklich physisch zu spürenden Eindruck im Herzen, wenn meine Kinder bemerken, daß ich sterben werde.

Besser, ich warte mit dem Anruf noch; wenn ich um fünf Uhr morgens anrufe, werden mich die Eltern fragen, warum ich sie geweckt habe, worauf ich sie anlügen oder mit meinem Traum beunruhigen müßte. Außerdem habe ich im Kalender nachgesehen, daß das Fußballspiel am 7. Dezember stattfindet, wie gewöhnlich am Samstag.

GOTT I

Daß Gott keine Gestalt angenommen hat und der Mensch das Göttliche deshalb auch nicht sehen kann, gilt dem Islam eigentlich als unumstößlich. «Die Blicke erreichen Ihn nicht», heißt es ausdrücklich in Sure 6,103. Und als Mose Gott in Sure 7,139 bittet, sich ihm zu zeigen, antwortet Gott:

> Niemals wirst du mich sehen.
> Doch schau zum Berg hin! Steht er fest an seinem Ort,
> Alsdann sollst du Mich sehen. Als nun
> sein Herr Sich zeigte dem Berge,
> Macht' Er ihn trümmern, und zu Boden
> Stürzte Mose getroffen wie vom Blitze.

Doch ein Hadith gibt es, also eine Aussage des Propheten, die den Anthropomorphismus, den der Islam konsequent abzulehnen scheint, in Reinform enthält – Mohammeds Schilderung eines Traumgesichts: «Ich sah meinen Herrn in der schönsten Gestalt, als einen bartlosen Jüngling mit vollem, lockigem Haar auf dem Thron der Gnade, seine Füße im Grünen, mit goldenen Sandalen.» Die Rechtsgelehrten konnten mit dem Hadith nie etwas anfangen, verwarfen es als unecht oder ignorierten es einfach. Noch befremdlicher schien es den rationalistischen Schulen der Theologie, Scholastik und Philosophie. Aber selbst der berühmte Mohammad al-Ghazali, der die Mystik mit der Orthodoxie aussöhnte (und zugleich dogmatisch ent-

Folgende Seiten:
Der gute Hirte. Mosaik. Erste Hälfte des 5. Jahrhunderts. Mausoleum der Galla Placidia, Ravenna

schärfte), wußte sich nicht anders zu helfen, als die Vision des Propheten in eine Allegorie umzudeuten. Um so entschiedener hielten die heterodoxen Sufis daran fest, daß Gott nicht nur schön sei, wie es ein anderes, ebenso berühmtes Hadith sagt, sondern auch als schön erfahren werden und eben konkret eine leibliche Gestalt annehmen könne.

Der bartlose Jüngling, der im Mausoleum der Galla Placidia zu Ravenna die Schafe hütet, sitzt zwar nicht auf einem Thron, aber doch auf einem vergoldeten Fels, und er hat volles, lockiges Haar; er trägt Sandalen, zwar nicht goldene, aber seine Füße sind im Grünen. Es ist ein anderer Jesus, als wir ihn gewohnt sind zu sehen. Nach den spätantiken Geschmacksidealen, die in frühchristlicher Zeit galten, hatte er ganz sicher «die schönste Gestalt». Auf einem anderen Mosaik, in der benachbarten Basilika San Vitale, sitzt Jesus ebenso jung, bartlos und anziehend auf der Himmelskugel inmitten der Engel. In Ravennas Erzbischöflicher Kapelle steht er breitbeinig, mit Tunika und knielangem Rock wie ein ehrgeiziger Knappe und zertritt die Schlange und den Löwen. In der Basilika Sant' Apollinare Nuovo ist Jesus auf den Mosaiken der Nordwand, die seine Wunder und Gleichnisse zeigen, ebenfalls bartlos, mit weichen, androgynen Zügen, die Haare voll und lockig. Hingegen an der Südwand sitzt ein Jesus auf einem echten Thron, den wir eher zu kennen glauben, ein reifer, bärtiger, kräftiger und entschlossener Mann, der schon seiner würdigen Erscheinung nach der «Allherrscher» ist. Das ist wahrscheinlich einmalig in der Welt: Mit einer einzigen Körperdrehung läßt sich in Ravenna der Übergang von dem schönen Jüngling, der Jesus in vielen frühchristlichen Darstellungen noch war, zum Pantokrator vollziehen.

Als Sant'Apollinare Nuovo Anfang des sechsten Jahrhunderts erbaut wurde, herrschte in Ravenna ein seltsames Gleichgewicht zwischen orthodoxen und arianischen Christen, die sich andernorts bis aufs Blut bekämpften. Während die Orthodoxen – genau gesagt diejenigen, die zur katholischen Orthodoxie wurden – auf der Gottheit Christi beharrten, bestritten die Arianer, die durch die Dreifaltigkeit den Monotheismus gefährdet sahen, die Wesensgleichheit von Vater und Sohn: Gott habe den Logos *in* der Zeit geschaffen, nicht *vor* der Zeit. Durch diesen Ursprung aber unterscheide sich der Logos radikal vom ursprunglosen

Gott; der Sohn sei nicht eins mit dem Vater, sondern dessen Abbild, Christus nicht im wörtlichen Sinne Inkarnation, eher schon Epiphanie.

Obwohl ich ziemlich lang gesucht habe, fand ich keine befriedigende Erklärung dafür, wie die unterschiedlichen Christusbilder mit dem Ringen um das trinitarische Dogma zusammenhängen und ob überhaupt; ich fand nicht einmal bestätigt, daß der schöne Hirte den Arianern zuzuordnen ist, der Allherrscher den orthodoxen, wie es die Mosaiken von Ravenna nahelegen. Schließlich gehörte die Stadt, wiewohl im Westen gelegen, von der Mitte des sechsten bis zur Mitte des achten Jahrhunderts zum oströmischen Reich. Es ist eine komplizierte Geschichte, wahrscheinlich nirgends komplizierter als in Ravenna, wo zwischenzeitlich noch Goten und später die Langobarden herrschten. Aber soviel wird man sagen dürfen, ohne allzusehr zu vereinfachen, daß die Trinitätslehre trotz der eindeutigen Aussagen der Konzilien von Nicäa 325 und Konstantinopel 381 erst seit dem sechsten, siebten Jahrhundert unangefochten ist. Und daß Ravenna eindrücklicher als jeder andere Ort zeigt, wie Jesus Christus von der Erscheinung Gottes endgültig zum Gott wurde.

«Ich sah meinen Herrn in der schönsten Gestalt, als einen bartlosen Jüngling mit vollem, lockigem Haar auf dem Thron der Gnade, seine Füße im Grünen, mit goldenen Sandalen.» Ziemlich genau zu der Zeit, als im Westen der Christenheit die Verfechter des dreifaltigen Gottes triumphierten, trat im äußersten Osten ein Prophet auf, der die Trinität rundheraus verwarf. Der Koran bestätigt ja nicht nur allgemein die biblischen Religionen; er steht im besonderen dem Christentum nah, nennt Jesus ausdrücklich den *masîḥ*, den Christus also, bejaht bis hin zur jungfräulichen Geburt alle Wunder und lobt in geradezu zärtlichen Worten die Frömmigkeit der Christen: «Und du wirst wahrlich finden, daß diejenigen, die sagen: ‹Wir sind Christen›, den Gläubigen in der Liebe am nächsten sind.» (Sure 5,82) Das waren nicht nur Worte, das waren für die erste Generation der Muslime auch Taten, sonst hätte das Oberhaupt der nestorianischen Kirche nicht 650 staunend einem Amtsbruder geschrieben: «Diese Araber vermeiden es nicht nur, das Christentum zu bekämpfen, sie empfehlen geradezu unsere Religion, ehren unsere Priester und heiligen Männer und beschenken die Klöster und

Kirchen mit Gaben.» Aber das eine wiederholt der Koran ein ums andere Mal und seither jede islamische Theologie: Jesus sei nicht Gott. Selbst die *schahâda*, das muslimische Glaubensbekenntnis, muß man auch als unmittelbare Reaktion auf die Trinität verstehen: Es gibt keinen Gott außer Gott selbst. Hätte es den Islam gegeben, wenn auf dem Konzil, auf dem heftig gestritten wurde, der Arianismus sich durchgesetzt hätte? Oder, früher schon, im zweiten Jahrhundert: wenn das Thomas-Evangelium, das sich gegen die Trinität wendet, nicht vom Johannes-Evangelium verdrängt worden wäre? Die Offenbarung des Korans, die sich vielfach auf die Bibel und gerade auf das Neue Testament mitsamt den Apokryphen bezieht, wird die theologischen Debatten innerhalb des Christentums kaum ignoriert haben.

Nicht, daß die koranische Christologie identisch mit dem Arianismus wäre, der schließlich an der Vaterschaft Gottes festhielt und den Sohn wenn nicht zum Gott, dann doch für gottähnlich erklärte; gleichwohl knüpft der Islam Anfang des siebten Jahrhunderts an ein Bild von Jesus an, das im Christentum soeben überdeckt wurde wie manche Mosaiken in Ravenna. Der Messias ist auch im Koran ein singulärer, ja gottähnlicher Mensch, der einzige unter allen Propheten, der *rûḥullâh* ist: «der Geist Gottes». Gottes Gestalt aber kann nur schön sein, genau gesagt: die schönste, mögen die Blicke sie auch nicht erreichen oder nur im Traumgesicht desjenigen Propheten, der Jesus nachfolgt. Die Sehnsucht im Islam blieb. Selbst der rationalistische Theologe und Literat al-Dschahiz spürte im neunten Jahrhundert, daß das Christentum mindestens psychologisch im Vorteil sei: Den besonderen, in anderen Religionen unerreichten Eifer, mit dem die Christen Gott anbeteten, führte Dschahiz darauf zurück, daß Gott im Christentum leibhaftiger Mensch geworden sei. «Und aus dem gleichen Grund sind diejenigen unter uns Muslimen, die sich Gott in menschlicher Gestalt vorstellen, eifriger in der Gottesanbetung als diejenigen, die diese Ähnlichkeit leugnen», zollte der Rationalist, der jeden Anthropomorphismus ablehnte, den Sufis dennoch Respekt: «Habe ich doch manchmal gesehen, wie solch ein Mann vor Verlangen nach Gott aufseufzte – wie er schluchzte, wenn von dem Besuch Gottes, weinte, wenn von dem Schauen Gottes, und ohnmächtig wurde, wenn von der Öffnung der Scheidewände die Rede war. Um wieviel größer ist die Sehnsucht dessen, der mit seinem Gott beisammen zu sitzen und mit seinem Schöpfer zu reden hofft.» Kannten diejenigen, die die Echtheit der prophetischen Traumvision vertraten, den jungen, schönen Hirten mit vollem, lockigem Haar, der Jesus im frühesten Christentum war? Die Sufis, die vielfach mit Christen verkehrten, werden die Kirchen nicht nur von außen betrachtet haben.

Im Baptisterium der Arianer ist in der Kuppel ein Christus zu sehen, kein Gott, den ich gar nicht zeigen mag, so obszön wirkt er auf mich. Zwischen einem Greis und einem erwachsenen Mann steht ein Jüngling mit langen, lockigen Haaren nackt im Wasser, das blau und weiß gestreift ist. Er ist etwas dicklich, was ihm weiche, weibliche Züge verleiht, läßt ganz unmännlich die Schulter herabhängen, blickt verträumt zur Seite und hat auch den Körper lasziv gedreht, die roten, vollen Lippen beinah zu einem Kußmund zusammengezogen. Obwohl ihm das Wasser bis an die Hüfte reicht, ist sein Geschlecht deutlich sichtbar, das noch dazu genau die Mitte der Kuppel füllt, der braune Flaum des Heranwachsenden, ein praller, nach vorn geschobener Hoden, das unbeschnittene Schamglied, das bestimmt nicht zufällig in dem weißen Streifen liegt. Das Auge kann gar nicht anders, als zuerst auf die Scham des Erlösers zu blicken, die wie angeleuchtet wirkt. Der Greis links, der den Fluß Jordan verkörpern soll, breitet die Hand aus, als würde er Donnerwetter! rufen, was für eine Anmut! Und vergißt man für einen Augenblick, daß der Mann rechts Johannes ist, dann tauft er nicht Jesus, sondern streichelt dem Jüngling zärtlich das lange, lockige Haar.

Die Sufis und besonders Ibn Arabi assoziieren die Epiphanie der göttlichen Schönheit, gleich ob sie sich in einem männlichen oder weiblichen Körper zeigt, mit Jesus. Damit ist Jesus – und nur Jesus – mehr als ein Prophet oder Gesandter. In ihm ist Gott erschienen wie in einem Spiegel, oder genauer, weil Gott viele Erscheinungen hat und für jeden Menschen eine andere: Jesus steht für die Erscheinung Gottes im Menschen, für alle göttliche Schönheit, die auf Erden sehr wohl sichtbar sei. Die Visio Beatifica ist in der islamischen Mystik der «christlichen Weisheit» zugeordnet, *ḥikma ʿîsawîya*. In Ravenna ist zu sehen, daß diese Weisheit bis ins sechste, siebte Jahrhundert tatsächlich christlich war.

GOTT II

Jemand fragte, was für mich Rettung bedeute, wo in meinem bisherigen Leben ich einmal gerettet worden sei. Erst wollte ich die üblichen Situationen nennen, Unfälle, die wie durch ein Wunder glimpflich ausgingen oder in letzter Sekunde abgewendet wurden, Heilung nach bedrohlicher Krankheit, Versöhnung der Liebenden, in meinem Fall außerdem, klar, die Reisen, auf denen es mal brenzlig wurde. Aber dann sprach ich über meine früheste Erinnerung überhaupt: den medizinisch gewiß harmlosen, für mich jedoch ganz ungewohnten, schockierenden Ohrenschmerz, wegen dem ich schreie, und meine Mutter – es muß Nacht gewesen sein, Nacht oder Abend, weil ich das tiefe Blau der Vorhänge vor Augen habe – meine Mutter holt mich aus dem Gitterbett und nimmt mich in ihre Arme, dieses Gefühl des umfassenden Trostes, das den Schmerz nicht verscheuchte, aber nicht mehr als das schlechthin Unheimliche erschienen ließ, dieses Gefühl, mit dem Schmerz nicht mehr allein zu sein – wie lang mag ich geschrieen haben, bis meine Mutter mich aufhob? –, die Sicherheit, von der Mutter gewiegt zu werden, im konkreten, physischen Sinne geherzt: Es ist jemand für dich da, dieser Umschlag von der bodenlosen Einsamkeit und Verlorenheit in die Geborgenheit und eitle Befriedigung, im Zentrum der Aufmerksamkeit und Liebe zu stehen, zumal mein Vater ebenfalls herantrat und beruhigend auf mich einsprach.

Ja, das war Rettung, das war Rettung, wie jeder Mensch sie einmal erlebt hat – erlebt haben sollte – und im Gedächtnis bewahrt. Der Koran lehrt, daß das Bedürfnis nach Gott den Menschen mit der Geburt eingegeben ist, die sie als Schock, als Schmerz, aber wohl auch als ein

Aufgefangenwerden erleben, sonst würden sie sich, von der Mutter geherzt, kaum so schnell beruhigen. Und seltsam genug, erkennt der Koran, obwohl er die Sohnschaft Jesu strikt ablehnt, die Mutterschaft Mariens dennoch an, und bereitet die jungfräuliche Geburt orthodoxen Muslimen weniger Kopfzerbrechen als aufgeklärten Christen. Dabei tun die Katholiken so gut daran, daß sie die Schöpfung mit beiden Elternteilen assoziieren – schon weil Gott alle Menschen nach Seinem Ebenbild geschaffen hat, muß er zugleich Mann und Frau sein. «Gott ist Vater und Mutter», sagte der frühverstorbene Papst Johannes Paul I. in seiner Angelus-Ansprache (und wurde deswegen der Ketzerei bezichtigt). Ibn Arabi, der als Größter Meister der Islamischen Mystik selbst mehr weibliche als männliche Lehrmeister hatte, geht so weit zu behaupten, daß die Anschauung Gottes, die sich für den Menschen notwendig in konkreten irdischen Erfahrungen vermittele – der Natur, der Liebe, des Traumgesichts und am stärksten der Sexualität –, in der Frau die vollkommenste sei. Denn in der Frau verkörperten sich beide Aspekte des Göttlichen, das Passive und das Schöpferische, Empfängnis und Gebären, patiens und agens. Hingegen der Mann werde geboren, gebäre jedoch nicht. Das bedeutet, daß Ibn Arabi Gott ausdrücklich auch das Passive zuspricht und dessen Verhältnis zum Menschen als ein wechselseitiges begreift, bei dem wir auf Ihn, aber Er ebenso auf unsre Liebe angewiesen ist. «Tadle mich nicht, wenn ich Gott Braut nenne», weiß Ibn Arabi selbst um das Provokante seiner Lehre innerhalb einer patriarchalischen Welt und deren Theologie.

Adam und Eva seien, da die Schöpfung des Mannes vorausging, nicht vollständig gewesen als Urbild der menschlichen Liebe, sagt Ibn Arabi, sondern hätten komplementär Mariens und Jesu bedurft; innerhalb dieser Typologie sind Eva und Jesus wie Geschwister, deren Eltern Adam und Maria sind. Deshalb habe der Prophet als erstes die Frau genannt, als er von den Segnungen sprach, die ihm die teuersten sind, und die Männer ganz übergangen. Oft haben die Mystiker darüber nachgedacht, daß die höchste, im Koran mit Abstand am häufigsten genannte Eigenschaft Gottes, die Barmherzigkeit, *raḥma*, im Arabischen die gleiche Wurzel hat wie Gebärmutter, *raḥim* (und Gottgedenken, *dhikr*, das dem Menschen zugeordnet ist, hat die gleiche Wurzel wie *dhakar*, Penis). Wenn der Prophet sagt, daß das Paradies zu Füßen der Mütter liege, dann haben das die Mystiker nicht nur als Aufforderung verstanden, die eigene Mutter zu ehren (etwa nicht den Vater?); nein, sie haben das Wesen Gottes als des Barmherzigen immer auch weiblich gefaßt. «Was verdient am meisten Liebe und Fürsorge?», fragte ein junger Mann den Propheten. «Die Mutter», antwortete der Prophet. «Und an zweiter Stelle?» – «Die Mutter.» – «Und an dritter Stelle?» Abermals sprach der Prophet, der selbst eine Vollwaise war: «Die Mutter.»

Genauer als die meisten Theologen, die das Hauptgewicht auf Kreuz und Auferstehung legen, besser selbst als die feministische Theologie, die mit Maria nur noch erstaunlich wenig anzufangen vermag und lieber die Sprache zurechtbiegt (bis es kracht!), haben im Christentum die katholische Volksfrömmigkeit und die östlichen Kirchen ein Gespür dafür, daß für die Menschwerdung Gottes das weibliche Prinzip konstitutiv ist. «Strenger Richter aller Sünder, der du uns so schrecklich drohst...», singen (sangen?) die Gläubigen in der Messe voller Inbrunst und finden in der mütterlichen Liebe Mariens Trost. Muttergottes mag strenggenommen nur ein Ehrentitel sein und wird doch im Gebet, dessen Erfahrung sich nicht an die Logik hält, die Entsprechung zum Herrgott, ohne daß die Dualität ganz aufgeht. Deutlicher noch klingt die Gleichzeitigkeit des Gegensätzlichen in der «Gottesgebärerin» an, *theotokos*, sosehr sich die katholische Kirche auch bemüht hat, den Titel zu rationalisieren, also dem Verstand plausibel zu machen. Eher hat die byzantinische Theologie anerkannt, daß das religiöse Erlebnis allein im Paradox auf Begriffe zu bringen ist. «Maria ist die Ursache all derer, die vor ihr waren», sprach der berühmte Mystiker der Ostkirche, Gregor Palamas, der Gottesgebärerin eine vorzeitliche Existenz zu. Es war diese östliche, orientalische und dem Ursprung nach gnostische Mariologie, die auf die Sufis wirkte: «Ich bin die Mutter meines Vaters», wie es in der sogenannten *Bronté* heißt, die in Nag Hammadi gefunden wurde, oder «Meine Mutter gebar ihren Vater», wie in seiner Verzückung al-Halladsch rief, der als Ketzer gekreuzigt wurde: «Wahrlich, das ist seltsam.»

Stefan Lochner (um 1400–1451), Die Muttergottes in der Rosenlaube. Um 1450. Eichenholz, 50,5 x 40 cm. Wallraf-Richartz-Museum, Köln

Die wohlgemerkt äußeren Schwingungen einer Wahrheit, die Gregor Palamas und Halladsch in der inneren

Schau zuteil wurde, spüren selbst wir – denke nur, wie du im Photoalbum der eigenen Eltern blätterst: Bist du nicht ebenfalls erstaunt oder gar wie ich jedesmal leise erschüttert zu sehen, daß die Mutter so jung war, als sie uns zur Welt brachte, viel jünger als wir selbst, wenn sich die Frage nach der Mutter ernsthaft für uns stellt, also erst in der zweiten Hälfte des Lebens, da uns ihre Sterblichkeit von Jahr zu Jahr schmerzhafter bewußt wird und wir ihre Hinfälligkeit nicht mehr ignorieren. Sie ist jung, die Mutter, so jung wie die Muttergottes in der Rosenlaube, regelrecht ein Mädchen und selbst für Viertgeborene wie mich immer noch eine sehr anziehende Frau und muß es sein, damit sie unsere Ängste kennt und uns nicht nur Behüterin, Ernährerin, Erzieherin ist, sondern ein wenig auch Schwester, Freundin und sogar Geliebte. Denn so viel schillernder, mächtiger, durchaus bedrohlicher und umfassender ist die mütterliche Liebe als diejenige des Vaters, weshalb die Literatur an der Mutter, wenn, dann eher das Übermaß der Gefühle, indes am Vater, wenn, dann seine Ferne beklagt. In seinen *Mekkanischen Offenbarungen* berichtet Ibn Arabi, daß er, während er über die Allnatur schrieb, einschlief und im Traum seine eigene Mutter erblickte, die ihm ihre Scham und ihre Brüste enthüllte; er betrachtete sie, und sie lächelte; nach einiger Zeit wurde ihm klar, daß an der Gebärde der Mutter – oder seinem Blick? – etwas Unstatthaftes war, da verhüllte er sie mit einem weißen Mantel: «Genauso bedecke ich mit schönen Worten einen bestimmten Anblick der Natur, den auszusagen der Vernunft nicht erlaubt ist.»

Die Muttergottes ist jung, die in der Rosenlaube vor einem Brokatvorhang sitzt, ihr Baby erst vor ein paar Tagen oder höchstens Monaten geboren, aber der Frieden, der in ihrem Gesicht und ihrer Körperhaltung liegt, ist nicht der eines Mädchens oder einer jungen Frau, die von dem Martyrium des Sohns bloß noch nichts weiß. Sie trägt die Krone, ist also bereits auferstanden und hat das schlimmstmögliche Unglück einer Mutter erlebt. Der Frieden, der in ihrem Gesicht und ihrer Körperhaltung liegt, ist Erlöstheit oder kleistisch gesprochen die Unschuld, für die wir erst vom Baum der Erkenntnis essen müssen. Deshalb der Garten, deshalb der goldene Grund und deshalb der Apfel, den Evas Bruder nehmen darf; die Äpfel werden ihm von den Engeln sogar gereicht.

Im Zentrum freilich, genau auf Höhe der betrachtenden Augen, ist die Mutter, die für Ibn Arabi wie ein erster Mensch und damit Gott noch ähnlicher ist. Nie wäre eine Christusdarstellung vergleichbar kostbar ausgefallen. Die Krone zum Beispiel muß man unter dem Vergrößerungsglas gesehen haben, um den Aufwand zu begreifen, den Stefan Lochner betrieb. Jede Perle, jeder Edelstein, jede Einkerbung im Edelmetall, jede Lücke hat hier eine eigene Gestalt und einen theologischen Gehalt: So formen die Juwelen Blütenblätter, die den echten, blutroten Rosen der Laube gleichen, und spiegelt sich im Saphir an der Kronenspitze das Fensterkreuz, das auf den Opfertod Christi als «Licht der Welt» verweist. Der extrem gute Zustand, in dem sich das Bild nach mehr als einem halben Jahrtausend befindet, verdankt sich nicht allein der handwerklich perfekten Verarbeitung oder der sorgsamen Verwahrung; die bleibende Leuchtkraft hat auch mit der außerordentlichen materiellen Qualität der Holztafel und der Pigmente zu tun, wie ich gelesen habe. Das Ultramarin, in dem das Kleid gemalt ist, gewann man aus Lapislazuli, einem Halbedelstein, der einzig in den Minen von Badachschan abgebaut wurde: in Afghanistan! Teurer war nur das Blattgold, das großflächig den Hintergrund bedeckt. Es bildet das Himmelslicht nicht bloß ab, sondern leuchtet selbst, wenn nur ein wenig Licht der Sonne oder einer Kerze auf *Die Muttergottes in der Rosenlaube* fällt. Ähnlich ahmt die penible Ordnung der Motive den himmlischen Heilsplan nach, etwa im Zentrum des Bildes die trichterförmige Falte über dem Nabel Mariens, in deren genauer Verlängerung auch der Nabel des Kindes liegt, oder die neun Blüten an der Krone, die für die neunte, die Todesstunde Christi und zugleich die Anzahl der Planetensphären stehen, durch welche die Seele in den Himmel aufsteigt. Weiter las ich, daß Höhe und Breite der Laube exakt drei mal drei kölnische Zoll messen, womit die Dreifaltigkeit und zugleich das Himmlische Jerusalem symbolisiert seien, dessen Architektur ebenmäßig sein soll. Und so viel mehr! Jeder Punkt und jede Linie, jede Fläche und jede Farbe «nach Maß und Zahl und Gewicht geordnet», wie es das Buch der Weisheit verlangt (11,20).

Wenn der Größte Meister des Sufismus behauptet, daß die Anschauung Gottes in der Frau die vollkommenste sei, geben ihm die Bilder der Christen recht. Nie ist es gelungen, den Vater auch nur halbwegs glaubhaft zu malen. Bei Stefan Lochner kommt ebenfalls nur ein Märchenonkel heraus, der irgendwie aus dem Fenster hinabschaut. Selbst das Jesuskind ist bestenfalls so putzig wie ein molliger Engel und als Erwachsener auch nur ein Mann, dessen Schönheit allenfalls in der Gestalt des jungen Hirten theologisch interessiert. Die Mutter hingegen, obwohl sie eine Mutter ist, Behüterin, Ernährerin, Erzieherin, zieht als das Weibliche noch auf jeder Andachtskarte hinan. Auf dem herrlichsten Bild, das je in Köln gemalt worden ist, greift sie mit der rechten Hand nach dem Handgelenk des Sohns. Unter dem Vergrößerungsglas findet man die Geste auf der Brosche Mariens wiederholt: Ihre rechte Hand liegt auf dem rechten, erhobenen Vorderlauf des Einhorns, das mit Christus gleichgesetzt wird. Das war, so las ich, die offizielle Geste der Vermählung und stellte Sohn und Mutter zugleich als Braut und Bräutigam des Hohenliedes dar. Auch uns soll sie Schwester und Freundin und ein wenig sogar Geliebte sein. Erst später trat der Vater an mich heran und sprach beruhigend auf mich ein.

II.
ZEUGNIS

KAIN

Das Bild ist großes Kino: leinwandgroß und wenn religiös, dann mehr, wie Hollywood sich die Erziehung des Menschengeschlechts denkt. Schon klar, 1880 gab es die Bibel als Blockbuster noch nicht, aber die Wagneroper nahm Hollywood ebenso viele Jahre vorweg, so daß wieder die Frage bejaht werden muß, ob nicht umgekehrt der amerikanische Film bis in unsere Zeit das Totaltheater und eben auch die Monumentalmalerei des späten neunzehnten Jahrhunderts weiterführt. Jedenfalls hat vor Hollywood schon Fernand Cormon das Format des Breitbands entdeckt. Sitzt man mitte mitte davor, füllt die Leinwand das gesamte Sichtfeld aus, das breit ist, nicht lang. Selbst wenn man zum Nebenmann oder zur Nebenfrau schielt, bleibt man Teil des Geschehens. Eben darin liegt das Epische, welches das Breitwandformat wie automatisch evoziert: Ein Epos beginnt nicht mit dem Anfang und hört mit dem Ende nicht auf. Genausogut wäre zu sagen, daß der Anfang das Wort selbst ist und das Ende zugleich das Ende der Zeit.

Dabei entsteht der Eindruck des Breiten bei Cormon gar nicht einmal sosehr durch das Format, in dem heute auch Kochsendungen oder Talkshows ausgestrahlt werden, schon gar nicht durch die schiere Größe des Bildes. Michelangelos *Schöpfung*, um nur das berühmteste Beispiel zu nehmen, ist viel größer, ohne episch zu sein, weil sie von Anfang bis Ende alles enthält. In die Weite, ins Unübersehbare gezogen wird Cormons Bild durch die Menschengruppe, die es im Gleichschritt durchläuft, ja, läuft, nicht nur geht, oder jedenfalls in auffallend großen Schritten marschiert, eine Menschengruppe, die schon seit sehr

Folgende Seiten:
Fernand Cormon (1845–1924), Kain. 1880. Öl auf Leinwand, 384 x 700 cm. Musée d'Orsay, Paris

F. Cormon. 80.

langer Zeit ohne Ziel flieht. Sucht der Impressionismus, der im Museum d'Orsay ringsherum ausgestellt ist, stets den Augenblick zu durchdringen, der schon Sekunden früher oder später ein andrer ist, deutet Cormon auf die Jahre und Epochen, die hinter und vor diesen Menschen liegen. Sekunden? Minuten, Tage, Jahre früher oder später ist ihr Augenblick ebenso trist.

Das ist dann doch anders als in Hollywood, wo auch die Rechtgläubigkeit verkäuflich sein muß. Das meine ich nicht abwertend. Durchaus im Guten können die Feste der Kirche noch größeres Kino sein. Versprächen sie kein Happy End, unterhielten und trösteten sie nicht, blieben die Gläubigen fern. Die Kirche, die katholische, ignoriert den Zorn Gottes nicht, aber stellt ihn selten so augustinisch dar, als sei man selber gemeint – und wenn doch, liegt Rettung in einer katholischen Kirche nie fern. Indes die Geschichte des Kain, wie Fernand Cormon sie 1880 gemalt hat, wird kein gutes Ende nehmen. Ihren langen Schatten gleich, geht das Dunkel der Vergangenheit den Menschen voraus. Keine Zuversicht, keine Freude – nicht in den Gesichtern, nicht in der Landschaft. Nicht ein äußeres Mal stempelt diesen Kain ab, vielmehr sein Blick, der in die innere Ödnis gerichtet ist, seine Schultern, die von der Schuld niedergedrückt sind, sein Finger, der auf kein erreichbares Ziel zeigt. Der Gedanke kommt mir: Wenn der unerbittliche Gehorsam überhaupt begreiflich sein kann, den später Abraham beweist, muß man sich die Unerbittlichkeit vor Augen führen, mit der Kain für die Verletzung des göttlichen Gebots bestraft wird. Hatte der Stammvater vielleicht nur Angst, ihm würde gleiches widerfahren, daß er Gott nicht widersprach? Andererseits gehört er, so geht mir bei der Betrachtung eines Kain auf, der selbst wie ein Stammvater aussieht, gehört Abraham einem anderen, fremden Geschlecht an.

Die Bibel sagt, daß Gottes Volk von Seth abstammt, dem spätgeborenen Sohn Adams. Das verführt zu der Annahme, Seth und seine Nachkommen seien unsere Vorfahren, damit auch Noah und Abraham, Isaak oder Ismail. Allein, das sagt die Bibel so nicht. Denn die Bibel sagt zugleich, daß die Zeltbewohner und Viehzüchter auf Erden, die Zither- und Flötenspieler, die Erz- und Eisenschmiede, kurz: die gewöhnlichen Menschen von Kain abstammen, der schließlich auch der erste Städtebauer war. Sein Verbrechen ist unsre Geschichte, die Geschichte unserer Zivilisation, die hinter und leider auch vor den Fliehenden liegt. Unter dem Eindruck der steinzeitlichen Abbildungen gemalt, die ein Jahr zuvor in den spanischen Altamira-Höhlen entdeckt worden waren, scheint das Bild eine kinorealistische Vision der prähistorischen Vergangenheit zu geben: der Körperbau und die Gesichtszüge der Urmenschen, ihre Frisuren und Kleider, ihre Werkzeuge und Waffen. Ja, sie sind wir, scheint Cormon zu rufen, und hatte den zweifelhaften Erfolg, daß noch hundert Jahre später Conan der Barbar mit demselben Ausfallschritt daherkommen sollte. Und wie erst lädt die junge, wie zufällig im Licht liegende Schönheit zur Einfühlung ein, barbusig hier, deren zarter Schlaf bis heute vor all der Grobheit beschützt werden will.

Ob die Fliehenden wissen, daß sie ihr Elend dem Vater zu verdanken haben, der sich nicht mit dem Ackerbau zufriedengab? Ob sie ihn deshalb nicht anschauen, ob sie die Augen vor Wut auf den Boden heften, die Lippen aus Verbitterung zusammenpressen? Kain war jung, als er den Bruder erschlug, eine Sippe hatte er noch nicht. Seine Frau fand er, da lag sein Mord bereits lange zurück. Kein Tropfen Blut mehr ist an seiner Axt, hat selbst die Tiere nicht angerührt, die getötet sind. Ich glaube schon, daß sie's wissen oder mindestens ahnen, man sieht dem Vater die Schuld doch deutlicher als jedes Mal an. Dennoch folgen wir ihm.

HIOB

Hiob wird nicht verhöhnt. Ich kannte das Bild nur aus der «größten Kunstsammlung, die man kaufen kann!», einer CD-Rom mit vierzigtausend Gemälden, die ich für 9,99 Euro aus der Konkursmasse eines Buchladens in der Kölner Ehrenstraße gehoben hatte, suchte als erstes nach Hiob und fand den Misthaufen mehrfach, auf dem er zu allem Überfluß auch noch von seiner Frau mit Jauche übergossen wird. Weil mir unter allen Versionen das Gemälde Dürers am klügsten komponiert schien, im Hintergrund die herrliche Schöpfung und die menschliche Not, machte ich mich auf den Weg nach Frankfurt, wo es zur Ständigen Sammlung des Städel gehört. Daß mein Besuch mit der großen Dürer-Ausstellung zusammenfiel, mit Menschenschlangen wie vor der Paradiespforte und Höllengedränge in den verdunkelten Sälen, nahm ich in Kauf, wollte je schneller desto besser auch Hiob zum Zeugen des eigenen Christentums nehmen. Doch wie verblüfft war ich, als ich mich endlich zu dem Bild durchgeschlängelt hatte: Es ist überhaupt keine Jauche, die die Frau über Hiob ausschüttet, sondern klares und dann wohl doch erfrischendes oder angenehm warmes Wasser. Und sie blickt ihn keineswegs hämisch an, wie es sich mir im Kleinformat des Laptops dargestellt hatte, wie es aber doch auch die CD-Rom ausdrücklich erklärt. Selbst der Katalog der Ausstellung, den aufzuschlagen ich mir links und rechts mit den Ellbogen Platz schaffen mußte, selbst der Katalog spricht von «dem von seiner Frau verspotteten Hiob». Doch ist da kein Spott, nein: Eher aufmerksam ist ihr Blick, sehr ernst, geradezu achtsam, nicht unbedingt liebevoll, das wird nicht recht klar, aber gewiß ohne Arg. Ist sie überhaupt seine Frau, so jung, wie Dürer sie gemalt hat, ihr Gesicht faltenlos, Hiob dagegen schon ein alter Mann, fast ein Greis?

Ja, sie muß seine Frau sein, eine andere taucht im Buch Hiob nicht auf. Jedenfalls steht sie ihm bei, ohne zu ächzen, kühlt, wärmt oder wäscht ihren Mann, dessen Haut nicht blutig vom Kratzen ist, nicht von offenen Geschwüren überzogen, der also nicht äußerlich zu leiden scheint – keineswegs hanget sein Gebein ihm an Haut und Fleisch, wie es in der Bibel heißt. Vor allem aber klagt Hiob nicht, beklagt sich weder über die Unbarmherzigkeit seiner Mitmenschen noch klagt er Gott ob seiner Ungerechtigkeit an, hat die Augen geschlossen und die Wange in die Hand gestützt, resigniert offenbar, depressiv würde man heute sagen, weil er auf die Zuwendung seiner Frau mit keiner Geste reagiert. Nicht einmal angedeutet ist das Gespräch, aus dem die Begegnung der beiden Eheleute in der Bibel besteht: Die Frau fordert Hiob auf, sich von Gott loszusagen und zu sterben; Hiob, der hier noch, am Anfang des Buches, ein Duldender ist, Hiob schilt sie eine Närrin und hält ihr vor, daß von Gott das Böse genauso wie das Gute anzunehmen sei. Später beschwert er sich, daß sein Atem sie anwidere. Dürer verwandelt den todernsten Streit der Eheleute in ein stilles Einvernehmen, in Gleichmut oder mindestens Gleichgültigkeit Hiobs und Fürsorge oder mindestens Dienstbarkeit seiner Frau.

Dürer muß tatsächlich an Pflege gedacht haben, an Linderung, wo es Heilung nicht gibt, als er die Jauche durch Wasser ersetzte: Aus dem Katalog, in den ich mich streberhaft inmitten des Pulks von Betrachtern vertiefte, erfuhr ich, daß er das Bild für die Kapelle eines Thermalbads gemalt hat, des «Hiobsbads», wo man Aussatz und Hautkrankheiten mit Güssen des Heilwassers behandelte. Was für ein Name für eine Heilanstalt, geradezu zynisch: Hiobsbad! Der Katalog erwähnt nichts vom Aufbegehren Hiobs, nur daß er duldet, so sehr ihn Gott schlägt – gut, in dieser exegetischen Tradition kann man auch ein Heilbad nach Hiob benennen, damit sich die Kranken ebenso geduldig in ihr Leid fügen. Der

Folgende Seiten:
Links: Albrecht Dürer (1471–1528), Hiob auf dem Misthaufen. Um 1503/05. Lindenholz auf Balsaholzparkett, allseits beschnitten, 96 x 51,5 cm. Städelsches Kunstinstitut, Frankfurt am Main
Rechts: Albrecht Dürer, Pfeifer und Trommler. Um 1503/05. Lindenholz, oben beschnitten, 94 x 51,2 cm. Wallraf-Richartz-Museum, Köln

Holzeimer ist nicht schäbig verdreckt wie einer, mit dem man Jauche entsorgt, sondern bis hin zum Griffloch genau so, wie er noch heute in Dampfbädern verwendet wird.

Allein, Hiob ist nicht geduldig, er bejaht seinen Schmerz schon in der Bibel nur anfangs, im ersten und zweiten Kapitel; als seine Freunde ihn trösten wollen, fährt sein Heulen aus ihm heraus wie Wasser: Lieber sterben als leben will er und pflichtet damit seiner Frau nachträglich bei. Bei Dürer ist er still, jedoch kaum in Geduld, der Herr hat's gegeben, der Herr hat's genommen, der Name des Herrn sei gelobt, eher schon teilnahmslos oder wie gesagt depressiv, weil er auf die Schläge Gottes mit keinem Wort reagiert. Derweil schaut ihn seine Frau wie eine Krankenschwester an, so sachlich wie sorgsam, ohne erkennbare Emotion, konzentriert auf die Behandlung, die sie ihm zuteil werden läßt. Hiob mag nicht reagieren, aber ihr Erbarmen wird er auf der Haut spüren.

Seltsam, daß ihr Kleid noch rosarot strahlt und ihr Gesicht keine Spur des Schreckens aufweist, obwohl doch auch ihr Haus verbrannt ist oder eben in diesem Augenblick noch brennt. Ebensowenig hat Hiob Rauchflecken auf der Haut, Brandwunden schon gar nicht, und das Feuer ist außerdem größer als bei einem einzelnen Hausbrand; die Flammen lodern bis zu den Wolken wie aus einem Vulkan. Es muß eine Siedlung oder Stadt sein, eine Katastrophe, die nicht allein Hiob trifft. Jemand anders flieht im Hintergrund vor dem Inferno, die Hände entsetzt zum Himmel gestreckt.

Wie gut, daß mein Besuch mit der großen Dürer-Ausstellung zusammenfiel: Das Bild, das neben dem Hiob hängt, kannte ich aus Köln, wo es zur Sammlung des Wallraf-Richartz gehört. Ich hatte es nie beachtet, mich nie ernsthaft für die Musikanten vor lieblicher Landschaft interessiert, der Trommler mit dem Gesicht und den blonden Locken Dürers. Erst als ich die Musiker neben Hiob und seiner Frau sah, ging mir auf, daß die beiden Bilder zusammengehören, ja, daß sie ein Bild sind, wie man an den Konturen des Misthaufens, des rosa Kleidzipfels und der Berge erkennt: zwei Flügel desselben Altars, klärte mich der Katalog auf, der mir zwischendurch aus der Hand gestoßen worden war.

Ihrer Gauklerkleidung nach Profis, spielen die Musiker für Hiob auf, ungeachtet der Tatsache, daß er kein Geld bei sich hat und bestimmt nicht die Absicht, sie zu entlohnen. Sieht man beide Bilder als eines, dann stehen die Musiker quer hinter der Frau, sind vielleicht von ihr engagiert, ihr trotz des Gestanks auf den Misthaufen gefolgt, damit nicht nur der Leib, sondern gleichzeitig die Seele Hiobs erfrischt, erwärmt und gereinigt wird. Auch sie verspotten Hiob nicht, noch wenden sie sich angeekelt ab, wie es in der Bibel von allen Mitmenschen heißt.

Mit dem Brand, der gerade erst ausgebrochen sein kann, sonst würde der Mann im Hintergrund nicht panisch fliehen, haben erkennbar weder die Eheleute noch die Musiker etwas zu tun. Hiob scheint schon lange auf seinem Platz zu sitzen, und die Frau nur um ihn bekümmert zu sein. Und die Gaukler trommeln und pfeifen morgen vor einer anderen Stadt. Es müssen Häuser sein, wie sie jeden Tag brennen. Jetzt erkenne ich auch die kleinen Gestalten, die ich im Wallraf-Richartz nicht einmal wahrgenommen hatte: Menschen und Lasttiere, die von bewaffneten Reitern überfallen werden. Wären es die Knechte und Tiere Hiobs, würde er doch hinsehen. Es müssen Knechte und Tiere sein, wie sie jeden Tag überfallen werden. Es ist die Welt, wie Gott sie eingerichtet hat, auf beiden Flügeln des Altars eine so herrliche Schöpfung und so große Not.

Und doch tröstet das Bild, das Dürer für die Kapelle des Thermalbades gemalt hat, tröstet es die Kranken, wenngleich anders als in der Bibel und ihrer exegetischen Tradition; denn Hiob leidet zwar, ja, aber wird nicht auch von seinen Mitmenschen verhöhnt, jedenfalls nicht von seiner Frau. Wollte sie ihn sterben sehen, wie es im Buch so erbarmungslos heißt, würde sie ihn nicht an Leib und Seele pflegen. Mag Gott uns verlassen haben – verloren ist der Mensch nicht, wo er einen anderen Menschen noch hat.

JUDITH

Dieser Blick ist unverschämt. Erst einmal hält sich Caravaggio an die Behauptung des biblischen Buches, daß Holofernes schon schläft, als Judith allein mit ihm zurückbleibt. Auf welches Drama er dadurch verzichtet, hat Hebbel später ausgeführt. Caravaggio, der für den Realismus sonst keine Derbheit scheut, verstärkt sogar das Jugendfreie der Vorlage, indem er Judith herausputzt wie zum Sonntagsspaziergang, die Zöpfchen tadellos, strahlend das weiße Hemdchen, gesunde Gesichtsfarbe, keine Spur von Müdigkeit, Anstrengung, Angst. Seit Tagen ist sie im Lager des Tyrannen, und bei dem Fest, das er ihr zu Ehren gab, muß sie so ausgelassen mitgefeiert haben, daß niemand ihr mißtraute und der Hofstaat sie ohne Sorge allein bei dem Schlafenden zurückließ. Es ist bereits Morgen. Selbst wenn sie den Wein nicht angerührt hätte, könnte sie unmöglich so frisch aussehen. Schon den ganzen Abend wird Holofernes sie begrapscht haben, wahrscheinlich mit ihr getanzt, ihr Hemd mit seinem Wein, seinem Schweiß und seinen Fettfingern beschmiert. Sie hat auch nichts von der Fanatikerin, als die sie die Bibel rühmt, die eher stirbt, als in größter Not das Korn, den Wein und das Öl anzurühren, das dem Herrn geweiht ist. Die Ältesten des eigenen Volks hat sie, eine junge Witwe, beschimpft, weil die sich am 34. Tag der Belagerung – die Vorräte gingen aus, kein Wasser gab es mehr, der Tod aller Bewohner zeichnete sich ab, übermächtig die hundertachtzigtausend feindlichen Soldaten –, dafür aussprachen, die Festung zu übergeben. Judiths Plan, allein ins Lager der Feinde zu gehen, um den gewaltigen Holofernes zu töten, ist so tollkühn, daß er praktisch bedeutet, sich selbst zu opfern ohne Chance, den Despoten zu treffen – nicht einmal ein Selbstmordattentat. Judith ist keine Realistin. Ihre Überzeugung, Judäa retten zu können, verdankt sich nicht Berechnungen, sondern Gebeten. Holofernes ihren Körper anzubieten, um überhaupt in seine Nähe zu kommen, und nach der Tat, so sie denn gelänge, von den Wachen umgebracht zu werden oder Schlimmeres, nimmt sie wie selbstverständlich in Kauf – besser als das Korn, den Wein und das Öl anzurühren, das dem Herrn geweiht ist.

Nichts von ihrer Beseeltheit, ihrer physischen Verfassung, ihrer Aufregung läßt ihr Caravaggio, nicht einmal Gebete, wie es die Bibel will, legt er auf ihre Lippen, als sie Holofernes enthauptet. Nicht einmal Kraft kostet es sie. Bei ihm ist Judith so ungerührt, als stünde sie in der Küche. Das Blut spritzt in Fontänen, das Fleisch quillt hervor, Holofernes' Hals, schon zur Hälfte durchtrennt, gibt nach, ein Gurgeln, ein Stöhnen aus seinem offenen Mund, die Augen werfen ihren letzten Blick, man mag überhaupt nicht hinsehen, so naturalistisch ist der Horror gemalt – aber Judith runzelt nur leicht die Stirn, zieht die Lippen zur Andeutung eines Schmollmündchens gerade so weit nach vorn, daß unklar bleibt, ob das bißchen Erschrecken auf ihrem Gesicht eine ehrliche Regung ist oder nur eine letzte große Verspottung: ach je, du Armer.

Diese Judith opfert sich nicht, sie führt aus. Wo die Judith der Bibel Holofernes «zweimal mit all ihrer Kraft in den Nacken» schlägt, also von hinten und außer sich angreift, packt sie ihn bei Caravaggio in aller Ruhe am Schopf, zieht seinen Kopf nach hinten und schneidet den Hals durch, als sei er ein Stück Kuchen. Holofernes' Gesicht hingegen – gut, das Sterben zeichnet wahrscheinlich noch die brutalsten Züge weich, aber schau auf sein Gesicht, dreh meinetwegen die Seite mit dem Bild um neunzig Grad, wenn du nicht vor dem Gemälde im Palazzo Barberini stehst, und decke alles andere ab, achte nur auf sein Gesicht: Es ist nicht eben anziehend, das nicht, doch ist ihm auch nicht die Bestialität eines Befehlshabers anzusehen, der alle anderen Länder des Westens bereits unterjocht hat. Wüßte man nicht, daß es Holofernes ist, könnte man ihn auch für einen Märtyrer halten, so menschlich wie Caravaggio die Marty-

Folgende Seiten: Caravaggio (1573–1610), Judith und Holofernes. 1598/99. Öl auf Leinwand, 145 x 195 cm. Galleria Nazionale d'Arte Antica. Palazzo Barberini, Rom

rien malt, oder an die Bemerkung denken, die im *Siebenkäs* unmittelbar vor der Rede vom Weltgebäude herab fällt, daß mancher Unterdrücker in Wahrheit ein Messias sei, nehme er doch die Sünden der Menschen auf sich oder füge er ihnen deshalb Schmerz zu, damit sie erlöst werden können. Das Unerhörte geschieht: Holofernes wird zum Opfer, damit Judith zur Täterin. Du blöde Kuh! denke ich, wie Caravaggio in schlechten Momenten bestimmt über Fillide Melandroni dachte, die stadtbekannte Kurtisane, die für Judith Modell stand, du dumme Pute, schneidest einem Mann den Hals ab und verziehst nicht einmal das Gesicht. Hat er nicht auch Ähnlichkeit mit Caravaggio selbst? Doch, doch, legt man das berühmte Selbstporträt daneben, das früher auf den Hunderttausend-Lire-Scheinen abgebildet war, könnten Augen, Mund und Nase fast dieselben sein, außerdem die Haare.

Daß Caravaggio sich nur dort an die Vorlage hält, wo es ihm paßt, beweist er mit der Magd, die in der Bibel vor dem Zelt wartet, hier jedoch, weil Judith alles berechnet hat, neben dem Bett die Schürze bereithält, um den Kopf aufzufangen. Judith ist hübsch, eine Judith kann man nicht anders als hübsch malen, brutal, sadistisch, aber hübsch – dafür malt Caravaggio die Magd um so abstoßender. Achte wieder nur auf das Gesicht, verdecke das übrige Bild mit Zetteln: die übergroßen Ohren, die mit Sicherheit schon hinter vielen Türen gelauscht haben, die klobige Nase, die ein Leben lang in allem steckte, was sie nichts anging, die Mundwinkel heruntergezogen aus jahrzehntelanger Mißgunst, die Augäpfel, die vor Erregung hervortreten – nein, ein Engel, sogar ein Racheengel hat andere Begleiterinnen als diese geifernde Greisin, die die Hölle vorwegnimmt.

Noch unverschämter freilich ist Judith selbst, ist ihr Blick, dieser spöttische, minimal angeekelte, wie zum Hohn mitleidige Blick mit dem gekräuselten Oberlippchen, als sei sie so arglistig, wie es die Liebenden der persischen Literatur von ihren Geliebten sagen und die Sufis von Gott: «Er quält sie mit der Vernichtung, nachdem Er sie zuvor erschaffen hat.» Kein Wunder, daß die Frommen sich über das Christentum Caravaggios aufregten – bei den Gesichtern, die seine Heiligen machen, Petrus' gar nicht verklärter Todesausdruck, Abraham, der beinah ärgerlich wirkt, als der Engel ihm die Ermordung des Sohns erläßt, das Christuskind als verzogener Lausbub, der nichts als eine Schlange zertritt, und eben Judith, die eine Retterin ist, die keinem Volk gut ansteht, schon gar nicht einem Volk Gottes.

ELISABETH

Schön sind sie nicht, schön darf Elisabeth gar nicht sein, damit Gott den Beweis erbringt, den endlich schlagenden Beweis, daß ihm kein Ding unmöglich ist. Denn darum geht es Lukas doch wohl, der als einziger und dann gleich so prominent am Anfang seines Evangeliums von Elisabeth erzählt, darum verdoppelt Lukas die Zeugung durch den Heiligen Geist: um dem Zweifel an Mariens Keuschheit, welchen Matthäus geweckt und Markus ignoriert hat, durch den Hinweis auf ein Wunder zu begegnen, das nun wirklich unwiderlegbar war. Schließlich konnte die Jungfräulichkeit Mariens nur geglaubt, unmöglich gewußt werden. Mehr noch: Daß eine junge, allen Überlieferungen nach anziehende Frau nicht bereits mit ihrem Gatten geschlafen hatte, als sie zusammenzogen, ihrem geliebten Gatten wohlgemerkt, obwohl sich in den Gärten oder Nächten Nazareths gewiß Gelegenheit zu einem Stelldichein bot, widerspricht jeder menschlichen Erfahrung. Man mag es glauben, wenn man überzeugt ist, aber man wird sich ausgerechnet davon schwerlich durch den Glauben überzeugen lassen. Hingegen Elisabeth ist nicht nur von allen Leuten für ihre Unfruchtbarkeit geschmäht worden, seit Zacharias sie zum Weib genommen, sondern längst zu alt, um in andere Umstände zu geraten, «wohlbetagt», wie es das Lutherdeutsch in seltener Höflichkeit nennt, wo verwelkt und verknöchert gemeint ist.

Mariotto Albertinelli ist nicht höflich. Er hätte es sich leichtmachen und Elisabeths Alter betonen können, um zu demonstrieren, warum ihre Schwangerschaft im Unterschied zur Schwangerschaft Mariens nur mit einem Wunder zu erklären ist. Allein, das wäre nicht der Kern der «Heimsuchung» gewesen, wie Mariens Besuch bei Elisabeth im Deutschen so ungewollt wahr heißt. Der Kern sind das Einverständnis und wohl auch die Solidarität zweier Frauen, die gleichsam geschlechtslos geworden sind. Was Elisabeth unter der Weite ihres Gewandes, dem weit über den Scheitel gezogenen Kopftuch und dem Schatten Mariens überhaupt von ihrem Leib zeigt, ist von geradezu aufreizender Reizlosigkeit: Lippen und Nasenrücken schnurgerade, die Wange ohne jede Wölbung, das Kinn ein unförmiger Knubbel, füllig die Arme, zu wuchtig die Hände. Nicht einmal häßlich ist sie, eher unsinnlich im Extrem. Mariotto Albertinelli, der selbst darunter litt, im Schatten seines Freundes und Kompagnons, des brillanten Fra Bartolomeo, zu stehen, Mariotto Albertinelli hat erkannt, daß Elisabeths Alter nicht hinreicht, damit Gott sich endlich beweist. Greise Schwangere gab's im Alten Testament schon oft. Elisabeth muß mehr als unberührt, sie muß unberührbar sein.

Damit nicht genug, ist bei Albertinelli nicht einmal Maria schön, deren Vollkommenheit die Künstler so gern körperlich ausmalten, gleich im Nachbarsaal der Uffizien etwa Botticellis *Verkündigung*, auf der sich Gabriel gleich einem Lustmolch anpirscht, worauf die lilienhafte Gottesmutter ihren Unterleib mit einer so koketten Drehung abwendet, als posiere sie für ein Männermagazin. Klar, daß das die Blicke auf sich zieht – daß der Blick wenn schon eines Engels, dann jeden Mannes auf eben die Scham fällt, deretwegen sie sich so lasziv ziert. Und mag Botticelli handfeste Gründe gehabt haben, Maria die marktgängige Attraktivität eines Covergirls zu verleihen – ob weltlich oder kirchlich, jeder Auftraggeber ein Mann –, merke ich doch selbst, daß ich gar nicht anders kann, als mir Maria nicht bloß als Mutter, sondern als Frau vorzustellen.

Albertinelli widerspricht der körperlichen Vollkommenheit nicht. Er mißachtet sie nur: Was Maria überhaupt von ihrem Leib zeigt, entzieht sich geradezu auffällig der männlichen Begier, das Gesicht zwar einigermaßen hübsch – eine Maria kann man, darf man nicht anders als hübsch malen –, aber der Ausdruck, als habe sie nichts mehr mit der Welt zu schaffen, gesenkte Lider, blasse Wangen, ausdrucksloser Mund, die Oberlippe eben so leicht vorstehend, daß sie's vermeiden könnte, käme es auf den äußerlichen Eindruck an. Diese Maria ist, wenn schon nicht unsinnlich wie die ältere Cousine, schmucklos im Extrem. Und erst die

Hände: genauso wulstig wie jene Elisabeths, und die Finger noch länger. Fra Bartolomeo hat seine Madonnen jedenfalls ansehnlicher gemalt.

Zugegeben, meine Sichtweise ist nicht zwingend – was mir spröde erscheint, mag ein anderer Mann gerade aufregend finden. Nur steht Maria bei Albertinelli ohnehin nicht im Zentrum der Heimsuchung. Soweit ich es überblicke, hat er als einziger unter allen Malern Elisabeth in die Mitte des Bildes gerückt, im Blickpunkt ihr Kopf mit dem blütenweißen Tuch, das die Leere und Ausdruckslosigkeit noch einmal verstärkt, darunter das grüne Kleid, das wie zum Hohn auf die männliche Begier von der Sonne beschienen wird, und noch leuchtender ihr oranges Gewand, dessen Falten Albertinelli so kunstreich gestaltete, als wollte er endlich aus dem Schatten Fra Bartolomeos treten. Von vorn strahlt die Sonne Elisabeth an, nicht Maria, deren Gesicht aus anderen als natürlichen Gründen so hell ist, mit oder ohne Sonne viel weißer als ihre und Elisabeths Hände.

Und noch etwas: Nur bei Albertinelli sieht es aus, als ob Elisabeth die Besucherin wäre, beugt sie sich mit einem auffällig großen Ausfallschritt zu Maria hin und scheint diejenige zu sein, die etwas mitzuteilen hat, wortlos die Bekundung des Mitgefühls vielleicht. Denn von der Freude der beiden, die biblisch sogar das Kind in Elisabeths Leib ansteckt, ist überhaupt nichts zu sehen, nur Ergebenheit in den fremden, bestimmt höheren Willen, der durch sie geschieht. Sagt nicht der Engel auf die Frage Mariens, wie sie unberührt ein Kind empfangen soll, daß die Kraft des Höchsten sie «überschatten», also in den Schatten, ins Dunkle stellen werde?

Das ist richtig, glaube ich. Natürlich bilde auch ich mir gern ein, daß die Wahrheit schön ist, schaue lieber auf die berückende Advocata oder den Beau, zu dem Velasquez den Erlöser erklärt, bin, wenn man so will, ganz katholisch darin, mir den Glauben zurechtzulegen, bis er gefällt. Und weiß doch, daß die Wirklichkeit eine andere ist, habe es oft genug bei Menschen beobachtet, durch die fremder, vielleicht höherer Wille geschah. Tiefe Furchen hatten sie im Gesicht, so jung sie auch sein mochten, ihre Mimik war verzerrt, nicht selten hing die Zunge aus dem offenen Mund, oder sie fuhren wie besessen mit dem Kopf vor

Mariotto Albertinelli (1474–1515), Heimsuchung. 1503. Öl auf Leinwand, 232,5 x 146,5 cm. Uffizien, Florenz

und zurück, wenn sie nicht gar Fallsüchtigen gleich auf dem Boden sich wälzten. Am meisten indes irritierten mich die Augen, die mehr gesehen hatten als ich: Sie waren leer. Auch Elisabeths Pupillen haben sich so weit nach oben verdreht, daß sie, statt auf Maria, ins Schwarz ihrer eigenen Lider blickt. Daß es leuchtet, das Schwarz, kann nur gewußt, aber unmöglich geglaubt werden.

PETRUS

Auf die Frage, warum er sich weigere, die Meisterwerke Raffaels und der Antike auch nur zu studieren, soll Caravaggio in eine Menschenmenge gedeutet haben: Dort habe ich Vielfalt genug. Unter seinen Gemälden in Rom beeindrucken mich zuerst die Kreuzigungen, Verbrennungen, Ermordungen und Martyrien, am tiefsten die Grablegung Christi, Judith und Holofernes sowie die Kreuzigung Petri, die mich vielleicht deshalb noch ein wenig mehr schockiert, weil sie mir nicht in einem Bildband oder einem Museum begegnete, sondern in einer Kirche, wo sie in genau der Nische hängt, für die Caravaggio das Gemälde im Jahr 1600 schuf, ein paar Meter entfernt vom Campo dei Fiori, auf dem Anfang desselben Jahres Giordano Bruno verbrannt worden war, und man zufällig auf sie stoßen kann, vor dem Gottesdienst oder nach dem Shopping in der Fußgängerzone, zwischen Meßdienern, die schwatzend etwas von hier nach dort tragen, und Ausländern in kurzen Hosen, die beim Vorübergehen einen Blick in die Nische werfen, in der Petrus gekreuzigt wird.

Wie plastisch das Gemälde ist, wie geradezu aggressiv es ins Auge springt, läßt kein Bildband erahnen. Als Abbild ist es flach, in der Cerasi-Kapelle in Santa Maria del Popolo, verstärkt wohl auch dadurch, daß man es nur von unten aus einem seitlichen Winkel, also eingeschränkter Perspektive betrachten kann, hingegen lebendiger als das Leben selbst oder sagen wir YouTube. Öffentliche Hinrichtungen von Mördern, Häretikern, Lutheranern und Juden waren unter Papst Clemens VIII. ein beinah wöchentliches Spektakel in Rom. Wie oft wird Caravaggio in der Menge gestanden haben? Im Internet kann heutzutage jeder beobachten, welche Gesichter Menschen machen, wenn sie hingerichtet werden. Welche Vielfalt.

Die Muskelfasern, die Falten, die die Kleidung der vier Personen und rechts unten das bläuliche Tuch werfen, die Barthaare, Brustwarzen und Bauchfalten Petri, seine dreckigen Fingernägel und die beinah schwarze Fußsohle, die der untere Scherge links unten dem Betrachter genau auf Kopfhöhe hinhält, der ausgeleuchtete Hintern des Schergen, der dadurch nicht schöner wird, die Maserung des Holzes, der Glanz auf dem Nagel und der Schaufel, die physische Anstrengung, die eine Kreuzigung für die Henker bedeutet, der Brotberuf, der sie nun einmal gewesen sein wird – alle Welt rühmt heute Caravaggios derben Realismus, an genau dem sich die Kritiker früher stießen: Er wolle nur beweisen, schimpfte Jacob Burckhardt, «daß es bei all den heiligen Ereignissen der Urzeit eigentlich ganz ordinär zugegangen sei». Das stimmt natürlich, denn es geht außerhalb von Heilsgeschichten und Romanzen immer ordinär zu; man könnte sogar sagen, daß das Ordinäre als ein Kontrast gerade dort am stärksten hervortritt und für die allermeisten Zeitgenossen alles andere überdeckt, wo sich das Heilige oder die Liebe tatsächlich ereignen. Bei der Kreuzigung Christi hat es schließlich auch keine Filmmusik gegeben, sondern werden die Jugendlichen wie auf dem Ballermann gejohlt und fahrende Händler ihre Äpfel angepriesen haben. Der Vorwurf kehrt sich gegen seinen Urheber, denn er zeigt, wieviel mehr Caravaggio vom Heiligen begriffen hat als Jacob Burckhardt.

Aber was das Bild ausmacht, ist mehr als seine ergreifende Natürlichkeit, und damit meine ich nicht einmal die Symbolik, etwa die Anordnung der vier Personen zu einem Kreuz, ihre Verschlungenheit wie zu einem einzigen Körper, die Plazierung von Rot, Grün, Blau und Gelb an je einem Ende der Balken, oder die Komposition aus Licht und Schatten, ist mehr als seine ästhetische und religionshistorische Finesse, die man vierhundert Jahre später nachlesen kann. Ich meine den Blick Petri, zu dem man zweitausend Jahre später nichts nachlesen muß. Er stirbt wie ein Mensch: ratlos, einsam, überrascht.

Caravaggio (1573–1610), Die Kreuzigung Petri. Um 1604. Öl auf Leinwand, 230 x 175 cm. Santa Maria del Popolo, Cappella Cerasi, Rom

«Der Fels» bedeutet Petrus übersetzt, er wurde gerettet, als er Jesus übers Wasser entgegenlaufen wollte,

und war bei dessen Verklärung gegenwärtig. Weil er unter allen Aposteln die glühendste Leidenschaft besaß, enthüllte ihm Jesus nicht, wer der Verräter war – Petrus hätte den Verräter nämlich mit seinen Zähnen zerrissen. Schon dem Diener des Hohenpriester schlug er das Ohr ab, als Jesus verhaftet wurde. Dabei fühlte Petrus selbst sich nicht würdig genug, Jesus auch nur die Füße zu waschen. Nicht weniger als dreimal verleugnete er Jesus, wird von den Evangelien auch sonst als wankelmütig beschrieben, von Paulus als Heuchler kritisiert und von Jesus selbst sogar als «Satan» beschimpft, «denn du meinst nicht, was göttlich, sondern was menschlich ist» (Markus 8,33), weinte ob seiner Schwächen, seiner Furchtsamkeit, seiner Zweifel so oft, daß sein Gesicht von Tränen ganz ausgebrannt schien, und war dennoch der Fels, auf dem Jesus seine Gemeinde bauen wollte, «und die Pforten der Hölle sollen sie nicht überwältigen» (Matthäus 16,18). Er war der erste Apostel, der Christus auferstanden sah, und hielt die Predigt am ersten Pfingsttag, bekehrte mit dem Hauptmann Cornelius den ersten Nicht-Juden, wurde in den Kerker geworfen und wieder freigelassen. Er heilte vor der Tempelpforte einen Lahmen und in Lydda einen Gichtbrüchigen. Andere Kranke genasen allein durch seinen Schatten. In Jaffa erweckte er Tabita vom Tod. Nach der Enthauptung Jakobus' des Älteren wurde er erneut in den Kerker geworfen, ein Engel erschien, die Ketten fielen, Petrus schritt ungehindert von Wächtern ins Freie und mußte am Haus der Maria, der Mutter des Johannes Markus, zweimal klopfen, weil die Magd zwar seine Stimme erkannte, aber ihren Ohren nicht traute. Er führte die Gemeinden in Jerusalem und begründete die Mission. Er soll, hier hört die Bibel auf und beginnt die Legende, bei Mariens Himmelfahrt anwesend gewesen sein und mit Paulus ihre Bahre getragen haben. Er soll – wieder seine Wunderkräfte – die Hände des Hohenpriesters geheilt haben, die gelähmt an der Bahre hingen, weil er versucht hatte, das Begräbnis zu verhindern. Nach katholischer Lehre reiste er später nach Rom und bekehrte die Menschen zur Anrufung Christi. Das war kein gewöhnlicher Mann, der unter Nero zum dritten und letzten Mal in den Kerker kam, das war selbst in den Relationen der Apostelkataloge, die ihn sämtlich an erster Stelle aufführen, ein Mensch, wie er übermenschlicher nur ein Messias sein kann, seine Beharrlichkeit trotz der Schwäche, sein Glaube trotz der Furchtsamkeit, seine Überzeugungskraft trotz der Zweifel. Die junge Gemeinde mahnte er, die Verfolgungen freudig zu ertragen, da das Leiden der Gläubigen Gott ehre. Noch in der letzten Entscheidung bewies er unerhörte Demut, indem er aus Ehrfurcht bat, nicht wie Jesus gekreuzigt zu werden, sondern mit dem Kopf nach unten. Und doch starb er, starb selbst Petrus einen gemeinen Tod.

Bei Caravaggio weint Petrus nicht, er klagt nicht, winselt erst recht nicht um Gnade, aber auch auf YouTube wahren Menschen Haltung, die unterm Galgen oder vor Gewehrläufen stehen. Selbst ein Tyrann wie Saddam Hussein hat Haltung bewahrt, wie niemand es ihm zugetraut hätte, und mit fester Stimme Gott und das Volk angerufen, als sich die Klappe unter seinen Füßen öffnete. Man kann auch kein Anzeichen erkennen, daß Petrus an Gottes Barmherzigkeit zweifeln würde. Was geschieht, muß geschehen, daran scheint er nicht zu rütteln, zumal er sein Ende lange vorher bereits kannte, sogar «mit welchem Tode er Gott preisen würde», gegürtet nämlich und mit ausgestreckten Händen (Johannes 21,19). Und doch hat Petrus Angst. Das zeigt er nicht den Schergen, aber in seinem Gesicht zeichnet sich das Entsetzen ab, der offene Mund. Er bereut bestimmt nicht, Gott mehr gehorcht zu haben als den Menschen, aber vielleicht bereut er ein wenig seinen Mut, sich mit dem Kopf nach unten kreuzigen zu lassen, die Schmerzen müssen ihn jetzt schon zerreißen, ihm schwindelt, wie an den Augen zu erkennen ist, und gleich schießt ihm auch noch alles Blut in den Kopf. Wahrscheinlich wird er sich übergeben müssen, Herr Burckhardt. Er ist überrascht, das ist vielleicht der stärkste Eindruck; trotz aller Einsicht, allen Wissens und eines Glaubens, der buchstäblich Berge versetzt, kann nicht einmal er es fassen, jetzt sterben zu müssen, so sterben zu müssen, deshalb wohl hebt er noch den Kopf, um sich zu versichern, daß es tatsächlich ein Nagel ist, der seine Hand durchbohrt. Es ist zugleich ein letztes, instinktives und sinnloses Zucken, um der Schwerkraft zu entgehen. Petrus, der Fels, ist ein Mensch. Diese Wahrheit offenbar werden zu lassen, die jeder weiß und nirgends steht, genügt kein Naturalismus, kein Video und nicht einmal das Auge. Du mußt sie erlebt haben.

HIERONYMUS

Plötzlich bin ich mir nicht mehr sicher, ob der heilige Hieronymus den Stein wirklich gegen die eigene Brust schlägt, wie der Audioguide des Vatikanischen Museums behauptet. Schon richtig, da ist etwas Dunkles auf der linken Brust, das ein Bluterguß sein könnte, aber vielleicht auch nur der Schatten der davorgehaltenen Hand – wäre die Stelle nicht blutig oder bis an die Knochen wund, wenn sich Hieronymus in der Wüste Chalkis immer wieder, seit Jahren gegen die Brust schlüge? Zudem ist der Arm gerade ausgestreckt, nicht leicht gekrümmt, damit die Faust auf die Brust treffen kann. So, wie Hieronymus den Stein hält, will er ihn eher fortschleudern, nicht gegen etwas Bestimmtes, einfach nur fort, ziellos und verdrossen. Schließlich wirkt auch der Ausdruck seines Gesichts, das allein scharf gezeichnet ist, alles andere als bußfertig. Ärgerlich, erschöpft, ungeduldig hat er den Mund weit geöffnet, die Stirn gerunzelt, die Pupillen in den Himmel oder ins Nichts verdreht. Als ob er jenes Etwas abwehren wollte, ist der andere, der linke Ellbogen nach außen gekehrt und die Hand schützend vor die Brust geführt. Selbst der Löwe, der wie ein Haustier zu Hieronymus' Füßen liegt, brüllt erschrocken oder drohend auf.

Der Löwe? Der Löwe taucht doch erst in Bethlehem auf, fällt mir ein, nicht schon in der Wüste, wie der Audioguide behauptet. Und in der Wüste Chalkis war Hieronymus auch nicht lange, und schon gar nicht war er dort alt. Etwas stimmt nicht auf dem Audioguide – oder an dem Bild?

Er hätte es gut haben können, seine Eltern wohlhabende Leute in der alten römischen Provinz Dalmatien, die ihn zur Ausbildung in die

Hauptstadt schickten, besorgte sich die teuersten Lehrer Roms, umgab sich mit einem Freundeskreis sehr cool, tat auch Sündhaftes oft, wie er später gestehen sollte, ohne in die Details zu gehen. Bereits dreißig, zweiunddreißig Jahre alt, war er noch ohne Beruf, brachte auf Nachfrage nicht einmal einen Berufswunsch vor: nicht unbedingt ein Taugenichts, dafür war er zu gebildet, auch zu brillant, aber wohl doch ein Flaneur. Mit einem der Freunde wanderte er durch Gallien, eine Vergnügungsreise wohl. Aus Gründen, die er später ebenfalls nicht recht aufdecken wollte, reifte unterwegs der Entschluß, allem Vergnügen zu entsagen und Mönch zu werden. Mönch zu werden, das aber war im vierten Jahrhundert nach Christi Geburt ein Entschluß von ungleich größerer Radikalität als heute und vielleicht eben deshalb eine regelrechte Mode unter jungen Europäern; konkret bedeutete es, die Heimat, die Familie, die eigene Sprache und Kultur für immer zu verlassen, in den Orient zu ziehen, als Eremit der Wüste zu trotzen und schließlich zu sterben, ohne daß jemand da wäre, der einen begräbt. Kein Hippietrip also, einen *loneley planet* gab es ja noch nicht, sondern mehr Überlebenstraining ohne Coach; und Frieden bescherte das Retreat schon gar nicht, durfte es nicht bescheren, diente es doch der Buße und bestand seine Praxis daher aus einer Strafe nach der anderen.

Hieronymus reiste nach Dalmatien zurück, um der Familie seinen Entschluß zu verkünden, fand vier andere Männer, die genauso radikal leben wollten, und machte sich mit ihnen auf den Weg, der sich als Horrortrip erwies, durch Thrakien, durch Bithynien, durch Galatien, Kappadokien und Kilikien, bis sie endlich in Antiochia eintrafen, dem heutigen Antakya im Südosten der Türkei. Vollends entkräftet starben zwei Gefährten, die beiden anderen kehrten um. Auch Hieronymus, der nun völlig vereinsamt war, erkrankte lebensbedrohlich am Fieber.

Im Ringen, ob er weiter in die Wüste ziehen solle, überfiel ihn ein Traumgesicht: Er sah, daß er vor einen Richterstuhl gezerrt und seiner weltlichen Neigungen angeklagt wurde – allein schon, daß er immer noch weltliche Bücher las! Der Richter entschied, Hieronymus aufs schwerste zu züchtigen. «Jetzt begann ich so jämmerlich zu rufen: Erbarme dich meiner!, daß man meine Stimme unter den Geißelstrichen heraushören konnte. Da warfen sich endlich die Umstehenden dem

Richter zu Füßen und legten Fürsprache ein. Er möge Nachsicht haben mit meiner Jugend und mir Gelegenheit geben, meinen Fehltritt zu bereuen. Sollte ich je wiederum die Lektüre heidnischer Schriften betreiben, dann möge er mich in Strafe nehmen. Ich selbst fing an, Seinen Namen anzurufen und zu schwören: Herr, wenn ich jemals weltliche Bücher besitze und zur Hand nehme, dann will ich dich verleugnet haben. Nach diesem Eide wurde ich entlassen und kehrte zur Welt zurück.» Als er erwachte, habe er blaue Flecken an den Schultern gehabt und noch die Schläge gespürt, heißt es in Hieronymus' Bericht.

So zog Hieronymus also in die Wüste Chalkis im Osten Syriens, die von Antiochia am nächsten lag, fand eine Höhle, richtete sich ein und begann mit den harten Bußübungen. Nur mit grobem Sackleinen bekleidet, habe er viele Tage geweint und sich bis zur Ohnmacht mit einem Stein auf die sündige Brust geschlagen, berichtete er selbst. Wie gesagt, wurden es so viele Tage allerdings nicht: Hieronymus mußte erkennen, daß ihm das Zeug zum Einsiedler fehlte, wurde von sexuellen Begierden gequält und sah sich dauernd von einem Reigen schöner Mädchen umgeben. Auch sehnte er sich nach seinen Freunden, nach Geselligkeit und wurde ihm der verdreckte, von der Sonne verbrannte, vom Hunger ausgedörrte Körper zuwider. Lediglich drei Jahre hielt es Hieronymus in der Wüste aus.

Zerknirscht kehrte er nach Rom zurück und ließ sich zum Priester weihen, machte allerdings zur Bedingung – seit wann knüpft ein Kandidat Bedingungen an seine Weihe? –, keine Seelsorge treiben zu müssen. Sein Ideal blieb die Einsamkeit und Entsagung des mönchischen Lebens, über das er mehrere Bücher schrieb, nur daß er selbst nie mehr als Eremit lebte. Der Aufstieg Hieronymus' erst zum führenden Propagandisten der Askese, dann zum berühmtesten Gelehrten seiner Zeit, beinah zum Papst und postum zum Kirchenvater, diese beispiellose katholische Karriere begann, nachdem er seinem Ideal untreu geworden war. Ob er deswegen ein so schonungsloser Geistlicher war, schonungslos nicht nur gegen sich, sondern mehr noch gegen andere, wie seine Zeitgenossen beklagten? Denn so hoch seine Gelehrsamkeit gerühmt wird, so schwierig scheint sein Charakter

Leonardo da Vinci (1452–1519), Der heilige Hieronymus in der Wildnis. Um 1480. Holz, 103 x 75 cm. Pinacoteca Vaticana, Rom

gewesen zu sein. Selbst die Hagiographen vermerken, daß er ein ausgesprochener Choleriker war, eitel, ehrgeizig und mißgünstig. «Ich habe niemals die Irrlehrer geschont, und es war mir ein Herzensbedürfnis, die Feinde der Kirche möchten auch meine Feinde werden», schrieb er und meinte mit den Feinden der Kirche die Kirchenleute selbst, die er mit Schmähungen überzog. Selbst den heiligen Ambrosius beschimpfte er als «häßliche Krähe» und «laut krächzenden Raben». Seine Unnachgiebigkeit in theologischen Fragen ist ebenso Legende wie seine Besessenheit von der Virginität – hätte die Christenheit auf Hieronymus gehört, wäre sie mangels Kindern ausgestorben.

So wütend er das Menschliche, Allzumenschliche seiner Mitchristen anprangerte, verkehrte er selbst doch mit römischen Matronen und wurde seine Tugendhaftigkeit mit dem kuriosen Argument gelobt, daß sie ihm als Kenner der weiblichen Schönheit besonders schwergefallen sei. Den Mitchristen ging seine Tugendhaftigkeit immerhin so sehr auf die Nerven, daß sie ihn mehrfach aus der Stadt vertrieben und einmal sein Haus niederbrannten. «Ich weiß keinen unter den Lehrern, dem ich so feind bin, als Hieronymo», bekannte Luther und klagte, daß der Kirchenvater immer nur von «Fasten, Speise, Jungfrauschaft» rede. Statt seine Tugendhaftigkeit mit dem Argument zu loben, sie sei ihm schwergefallen, ist der Rang seiner Schriften daran zu zeigen, daß er trotz seiner unübersehbaren, in den Hagiographien auch gar nicht erst geleugneten Charakterschwächen schon zu Lebzeiten als Heiliger verehrt wurde.

Als Abt eines Klosters verbrachte Hieronymus die zweite Lebenshälfte in Bethlehem und machte sich dort eben den legendären Löwen zum Freund: Das wilde Tier soll zahm geworden sein, nachdem der Heilige es von einem Dorn befreit hatte. Nur geschah das wohlgemerkt nicht in der Wüste Chalkis, in die Leonardo da Vinci den greisen Hieronymus angeblich plaziert, sondern in Bethlehem, einer frommen Kleinstadt, an stillem, aber nicht völlig abgeschiedenem Ort, während eines gelehrten, aber durchaus auch geselligen Lebens, mit einem asketischen, aber nicht nur aus Askese bestehenden Alltag. Als Abt eines Klosters wird seine Kleidung jedenfalls nicht aus grobem Sackleinen bestanden haben. Tatsächlich zeigen die meisten Künstler – Bosch, Correggio, Dürer oder da Messina – den büßenden Hieronymus mit seiner Amtsrobe, die er auf dem Boden abgelegt hat: Nach der Buße wird er sie wieder anziehen und in die Stadt zurückkehren. Der Audioguide, der auch im Vatikan fehlbar ist, scheint die Kirche übersehen zu haben, die in der Felslücke schimmert. Es muß die Geburtskirche sein.

Je länger ich das Gemälde betrachte, desto mehr meine ich in der Haltung des Hieronymus eine Pose zu erkennen, womöglich sogar das Zitat einer antiken Statue, die eher einen Kämpfer als einen Büßer darstellt. Zwar bleibe ich dabei, daß er den Stein jedenfalls nicht heftig gegen die Brust geschlagen hat, angesichts des Armes, der ausgestreckt ist, auch nicht zu schlagen vorhat. Aber ist es wirklich Ärger, Erschöpfung, Ungeduld, die sein Gesicht ausdrückt? Er könnte die Hand auch vor die Brust geführt haben, um mit den Fingern auf sich zu zeigen, stolz auf den Schmerz, den er sich zufügt. Leonardo hat wie gesagt nur das Gesicht scharf gezeichnet, dazu noch den Schulterbereich, den Unterschenkel, ein kräftiger Unterschenkel übrigens, zu muskulös für einen Hungerkünstler, als der Hieronymus gilt. Daß alles andere wie durch eine unscharfe Linse gesehen ist, erklärte der Audioguide damit, daß Leonardo unzufrieden mit dem Bild gewesen sei und es deshalb unvollendet gelassen habe. Mag sein, aber jetzt ist das Bild, wie es ist, und hat seine eigene, vielleicht sogar vollendete Wahrheit, die unklaren Verhältnisse auf der Brust, der muskulöse Schenkel, das leidende, vielleicht allzu ostentativ leidende Gesicht. Vom Heiligen hat Leonardo da Vinci den Moment eingefangen, in dem er behauptet, einer zu sein. Der Löwe hat's gemerkt.

URSULA I

Von Ursula muß gesagt werden, daß sie bestimmt nicht so ruhig war, wie es das Bild und damit die Nachwelt behauptet, als ihr der Engel in Köln ankündigte, bei ihrer Rückkehr gefoltert, geschändet und zum Schluß geschlachtet zu werden, sie und alle ihre Gefährtinnen, elftausend an der Zahl und allesamt Jungfrauen, so heißt es in den Berichten, aber es heißt schließlich auch «Krone des Martyriums empfangen», wenn die Berichte Menschenschlachtung meinen. Ohnehin läßt das Bild und damit die Nachwelt nichts von der Besessenheit erahnen, mit der Ursula allein aus der Bretagne zog, um ihren Vater vorm Zorn des englischen Königs zu retten, erst zehn Freundinnen und dann elftausend Jungfrauen um sich scharte, sie zum Christentum bekehrte und im Kriegsdienst ausbildete, Goldlöckchen, Pausbäckchen, Stupsnäschen, ja, das hat sie auf dem Bild, dazu das notorische Schmollmündchen, aber nichts von der Glut, nichts von Gewalt, nichts von ihrem unfaßbaren, überirdischen oder, das trifft es genau: übersinnlichen Sex-Appeal, wegen dem ihre Erscheinung, nein, nicht einmal das, wegen dem das bloße Hörensagen von ihrer Erscheinung Könige, Königinnen und Königssöhne in ganz Europa, den Papst und viele Bischöfe gleich Sirenen in Bann zog, daß sie alles stehen und liegen ließen.

Meister der Ursula-Legende (tätig in Köln um 1486–1515), Ein Engel erscheint der Heiligen Ursula. Um 1492–1496. Öl auf Leinwand, 124 x 114 cm. Wallraf-Richartz-Museum, Köln

Auf Königreiche verzichteten sie, auf Götzen oder Papsttum, nur um mit Ursula zu sein, Ursulas Glauben zu folgen, Ursulas Mission zu dienen, obwohl nicht einmal die schönsten, kühnsten, klügsten Jünglinge im Traum hoffen durften, Ursula je zu besitzen. Was das betrifft, war sie ent-

schlossen wie in allem und impfte jeder einzelnen ihrer elftausend Jungfrauen ein, daß sie sich niemals und niemandem hingeben durfte, keinem Mann, niemals, hört ihr?, niemandem, so muß sie gesagt haben, in welcher Sprache auch immer, bretonisch oder germanisch, auf Latein oder im Alt- beziehungsweise Mittelhochkölsch jener Jahre, niemals, sonst sind wir ausgeliefert, verloren, verraten. Wie sie es untereinander hielten? Nun, «sie fuhren zusammen und trennten sich wieder», heißt es in den Berichten, sie «bekriegten sich oder täuschten Flucht vor, übten sich in jeder Art von Spielen und ließen nichts weg, was ihnen einfiel, bald kehrten sie mittags, bald auch spät abends zurück» – kein Wunder, daß alle Männer wild waren auf sie, die sich ihnen zu Tausenden und Abertausenden entzogen (und nur die Religion bot damals einen Grund), kein Wunder auch, daß andere sie nicht leben ließen, keine einzige von ihnen.

Ursula, Ursula – ob der Name damals schon so harmlos und hausbacken klang wie heute für uns oder jedenfalls mich, der als Abiturient eine Ursula sehr mochte, die Geige spielte? Ursula, Ursula – von ihr muß man sagen, daß sie sehenden Auges in die Katastrophe zog, sehenden Auges ihre Freundinnen mitnahm und dabei so überzeugte, daß die Freundinnen wohlgemerkt sehenden Auges mitkamen. Sie hat sie alle eingeweiht, elftausend junge Mädchen, alle wußten, was geschehen würde, und alle billigten es, vielleicht, daß der Tod sie gleich Sirenen in Bann zog – und was wäre dann mit ihrem Leben, was für eines wäre ihr Leben gewesen? Ursula, Ursula – wesentlich ist die Frage, wie der Engel sich fühlte, als er die Prophezeiung überbrachte. Und in welcher Sprache er sprach. Wesentlich zu wissen wären die Worte, mit denen Ursula das bevorstehende Martyrium den Jungfrauen erklärte, ohne daß sie verzagten. Wesentlich sind ebenso die Hände, die Hände des Engels, die viel älter wirken als sein Gesicht, und die Hände Ursulas, die viel größer und kräftiger sind, als es dem übrigen Körper entspricht, ja, vor allem die Hände Ursulas, die nehmen mich gefangen. Sie sind nicht harmlos, das sieht man, diese Hände packen an, und sie wissen, wo und wie kräftig. Und ähnlich sind die Hände des Engels nicht ohne Gefühle noch ohne Geschichte. Es sind Hände, die vieles getan haben, und in den seltensten Fällen gern.

So muß man von dem Maler der Ursula-Legende annehmen, daß er mehr von Ursula wußte, als er auf seinem Bild verriet, mehr auch vom Wesen der Engel, die gefühllos hoffentlich nur tun. Vielleicht war es nicht die Schicklichkeit, die den Maler Ursula so malen ließ, wie man die Frömmigkeit der Frauen wohl zu malen pflegte, ihren Blick, der demütig zur Seite geht, ihre Stirn eines Säuglings, als verstünde der Maler Unberührtheit im Wortsinn. Vielleicht war es das Bewußtsein, daß weder die Schönheit Ursulas sich darstellen ließ noch ihre oder die Empfindungen des Engels, wenn er ihr die Zukunft eröffnet. Dann wären die Empfindungen eben deshalb erfragbar, weil die Gesichter uns (vielleicht wirkte das Bild in seiner Zeit anders) oder jedenfalls mir (bestimmt sehen meine Augen nicht genug) alle Empfindung verbergen. Von Ursula zeigt der Maler, was ihre Zeit, wir oder jedenfalls ich, für den Ursula eine Geigenspielerin ist mit fremden Regeln des Anstands und komischen Hosen, an ihr nie begreifen.

URSULA II

Seit Caravaggios *Martyrium der Heiligen Ursula* restauriert wurde, sind die Gesichter gut zu erkennen und ist vor Ursulas Bauch eine Hand aufgetaucht, die das Unglück vergeblich abzuwehren versucht, die rechte Hand eines Soldaten, der seit der Restaurierung außerdem einen rötlichen Hut sowie in der linken Hand eine Lanze hält, so daß er überhaupt als Soldat, als doch wohl feindlicher heidnischer Soldat zu identifizieren ist, der den Mord dennoch zu verhindern versucht. Seit es restauriert wurde, ist das Martyrium wieder ein Unglück für alle Beteiligten mit Ausnahme vielleicht für Ursula selbst, die sich den Pfeil wie ein Amulett anschaut oder wie einen Gast. Sie ist das genaue Gegenteil des Kölner Goldlöckchens, Pausbäckchens, Stupsnäschens und Schmollmündchens, eine ganz weltliche Erscheinung, die die Frage nicht der Einbildung überläßt, warum Könige, Königinnen und Königssöhne in ganz Europa, der Papst und viele Bischöfe ihr erlagen und sich elftausend Jungfrauen ihr anschlossen, die zusammenfuhren und sich wieder trennten, um noch einmal den sprechenden Wortlaut der Überlieferung anzuführen, sich in wohlgemerkt jeder Art von Spielen übten und nichts, aber auch gar nichts wegließen, was ihnen einfiel, bald mittags, bald auch so spät abends zurückkehrten, daß die Männerwelt heute noch ausrasten würde.

Die Jungfräulichkeit interessiert Caravaggio nicht, nicht die der Elftausend, die nur Einbildung sind, wie die Kunstgeschichte in jedem Katalogtext zu versichern sich beeilt, als hätte es der Kölner jemals wörtlich geglaubt, und nicht die Jungfräulichkeit Ursulas. Zugegeben, eingestanden, vorausgeschickt, daß es nur *meine* Einbildung ist, um keinen Rüffel der Fachwelt zu riskieren, die Einbildung des Vaters, der seine Kinder schon vor jeder Abreise zu vermissen beginnt – aber könnte Ursula mit dem gewölbten roten Umhang über dem Bauch nicht schwanger sein? Dann würde sie mit ihren fleischigen Händen, die kontrapunktisch den Sex-Appeal noch steigern, nicht an die Wunde greifen, was sie bei genauerem Hinsehen gar nicht tut, sondern nach dem Kind tasten, ob es noch lebt. Und der Soldat hielte seine Hand nicht zu tief, um den Pfeil abzuwehren, sondern instinktiv vor ihren Bauch. Seit *Das Martyrium der Heiligen Ursula* restauriert wurde, steht sein Mund offen und blickt er nicht mehr resigniert, weltlicher oder überweltlicher Herrschaft ergeben, sondern ist genau in dem Moment dargestellt, der Blutstrahl erst wenige Zentimeter lang und also erst zehntel Sekunden unterwegs, bevor er resignieren könnte oder, wahrscheinlicher, zusammenbricht, womöglich dem Herrscher an die Kehle springt, dem weltlichen oder dem überweltlichen.

Der Bärtige hinter Ursula sieht Caravaggio nun noch ähnlicher, wenngleich ohne die kaum vernarbten Wunden, die sein Gesicht entstellten, seit ihn die maltesischen Verfolger am 24. Oktober 1609 in Neapel überfallen hatten. Er als einziger erfaßt bereits, als habe er es vorausgesehen, was Ursula widerfährt, Orsola, Orsola, wie es im damaligen Italienischen vielleicht fremd und geheimnisvoll klang und jedenfalls nicht so hausbacken wie heute im Deutschen, mehr noch: er stöhnt auf, der Bärtige ohne Narben, als sei *er* getroffen, nicht Orsola, oder als sei der Pfeil durch Orsola und das dann wahrscheinlich doch gemeinsame Kind auch in sein Herz gedrungen. Wünschte Caravaggio sich mit ungefähr vierzig Jahren etwa keine Kinder? Ich mit ungefähr vierzig Jahren kann mir das nicht vorstellen, da die zweite Tochter gestern ihre ersten zwei Schritte allein lief, und heute morgen waren es bereits drei. Caravaggios Martyrium – zugegeben, eingestanden, vorausgeschickt: ein Martyrium nur in seiner eigenen und der Einbildung seiner Nachwelt – vollendete sich wenige Wochen, höchstens drei, vier Monate später am 18. Juli 1610. Daß er sich wirklich heimgesucht sah, ist auch nach neuesten Erkenntnissen unzweifelhaft.

Folgende Seiten: Caravaggio (1573–1610), Das Martyrium der Heiligen Ursula. 1610. Öl auf Leinwand, 154 x 178 cm. Palazzo Zevallos Stigliano, Neapel

Seit es restauriert wurde, zeigt sich auf dem *Martyrium der Heiligen Ursula* schon farblich kein Verlöschen mehr, keine Ergebung, kein Abschied, vielmehr Aufschrei und Wut, nicht des Unrettbaren, noch nicht, vielmehr des Flüchtlings, des darbenden, angefochtenen, tausendfach geärgerten, aber noch schnell schlagenden Herzens. Die Szene ist jetzt wie von einer Laterne fahl erleuchtet und nicht mehr wie in einem Studio an einzelnen Spots, und das Poröse, das beinah Skizzenhafte tritt so deutlich wie auf den anderen Bildern zutage, die Caravaggio während seiner vierjährigen Irrfahrt durch halb Italien bis nach Malta und zurück nach Neapel hinterließ. Die Farben sind so wenig, als habe er nur eine winzige oder unvollständige Palette mitgeführt, und statt monochrom wie Seide sind die Flächen grob wie die Erde, auf der Caravaggio oft schlief. Das Flüchtige der Linien und Grundierungen, das seinem eigenen Status entsprach, erzeugt jene Wirkung, die Youtube manchmal im Gemüt hinterläßt, wenn jemand bei einem großen Unglück, einem Mord oder einer Hinrichtung Aufnahmen mit seinem Handy gemacht hat, oft, aber nicht notwendig heimlich. Notwendig ist das Flüchtige, ohne das Heiliges noch nie darstellbar war, obschon Caravaggios früherer Realismus den Gegenbeweis liefert. Kurz nach dem *Martyrium der Heiligen Ursula* brach er erneut auf, wurde erneut verhaftet, verlor sein Gepäck mitsamt jenen Gemälden, die er deshalb nicht hinterließ, und der Palette, wanderte närrisch geworden am Strand oder, wie neueste Erkenntnisse enttäuschen: ritt bequem auf der Via Aurelia Richtung Rom in der Hoffnung, daß der Papst persönlich ihn begnadige, erkrankte und starb einen gewöhnlichen Tod, was auch nach neuesten Erkenntnissen elendig ist.

Als wir in Neapel eintrafen, hofften wir nicht, das *Martyrium der Heiligen Ursula* sehen zu können, das mich schon aus Lokalpatriotismus so sehr interessierte. In den Büchern stand nur etwas von Privatsammlung, der Kunstführer enthielt keinen Hinweis, auch unsere Gastgeberinnen wußten nichts. Nur weil wir trotz des strömenden Regens die Bushaltestelle suchten, statt für ein paar Euro ein Taxi den Berg hinauf zum Capodimonte zu nehmen, entdeckten wir im Schaufenster einer Bank den Hinweis, daß hier nach vielen Jahren erstmals wieder das letzte Bild Caravaggios der Öffentlichkeit zugänglich gemacht werde, wie der Geschäftsbereich Kunstförderung protzig verkündete, obwohl den neuesten Erkenntnissen zufolge noch zwei Werke folgten. Seit *Das Martyrium der Heiligen Ursula* restauriert wurde, übertrifft Ursula an Schönheit sogar die *Madonna der Pilger*, der sie nicht mehr nur wegen ihrer fleischigen Hände gleicht. Vielleicht malte Caravaggio aus der Erinnerung und dem Schmerz das frühere Modell noch einmal, wegen dem er sich 1605 mit einem Notar auf der Piazza Navona geprügelt hatte, ein Traum von einer Frau, mit der vielleicht nicht der Papst, aber Könige, Königssöhne und auch Caravaggio gern ein Kind gezeugt hätten.

Selbst der behelmte Soldat rechts ist nicht mehr nur Rüstung, seit *Das Martyrium der Heiligen Ursula* restauriert wurde. Er scheint nicht zu begreifen, daß sie in ihrem Eigensinn tatsächlich bis zum Äußersten gegangen ist, statt sich wie jeder vernünftige Mensch dem weltlichen Herrscher zu fügen, schon gar wenn sie im Bauch ein Kind getragen hätte. Schimpft der Soldat mit ihr, wie ich mit meiner Frau oft schimpfe, weil sie sich nicht genug um sich selbst sorgt, hat er ihr eine Frage gestellt? Wenn sie gleich zu Boden stürzt, wird er sie auffangen.

Seit *Das Martyrium der Heiligen Ursula* restauriert wurde, ist schließlich der Mörder als Liebender erkennbar, in Raserei versetzt, da die Geliebte ihn abwies. Ist Ursula Sinnbild des Göttlichen, zerstört er es, weil er zu sehr begehrt. Zugleich wird seine Hand von Gott geführt, der ihm eine Ursula zugeführt hat, Orsola, schöner als eine Madonna, mit der sogar ein anderer, der überweltliche Herrscher ein Kind zeugte, wenn das nun keine Einbildung ist. Es soll nicht sein! ruft das Bild, eine solche zu töten, es soll nicht sein, was sich nicht mehr verhindern läßt.

BERNHARD

Schon halb überzeugt, daß das Bild den Sinn der Überlieferung ins Gegenteil verkehrt, wirft der katholische Freund die Frage auf, ob Pietro Perugino sich der Doppel-, gut, gut: der Eindeutigkeit, der absolut augenfälligen Anzüglichkeit der Blicke, Gesten und Körperhaltungen nicht nur Mariens, sondern auch der beiden Engel bewußt war, die vor Bernhard treten, als hätten sie zuvor eine Wette abgeschlossen, ob er, ob selbst so ein Heiliger sich verführen ließe. Verführen? Ja, bumsen, nichts anderes, überzeugte ich den Freund halb.

Mariens Finger, um nur eines meiner Argumente zu nennen, der rechte Zeigefinger, den die Kunstgeschichte als «anleitend, lehrend» deklariert, ist keineswegs gestreckt, sondern eben so weit gebogen, daß sich im Gelenk die Krümmung schon andeutet, durch die der Finger zu Maria selbst zeigen und also sagen wird, komm doch, komm doch, dann werden deine Augen aufgetan, zumal Daumen und Mittelfinger bereits einen Kreis bilden, dessen Obszönität zu übersehen, ausgerechnet in Italien zu übersehen, man entweder blind oder ein Protestant sein muß. Und erst die andere Hand Mariens – als ob sie vor ihrem Leib «ruht» oder ganz praktisch den Mantel «hält», wie die Kunstgeschichte abwiegelt. Erstens scheint der Mantel hinter der Hand verknotet zu sein wie bei den Engeln und wie es überhaupt üblich war, auch auf so vielen anderen Bildern dokumentiert, damit beide Hände frei blieben; zweitens und wesentlicher noch: Selbst wenn Maria ihren Mantel festhalten müßte, warum hält sie ihn ausgerechnet dort, wo kein Mann und erst recht kein Heiliger hinblicken soll, drückt auch noch mit den Fingern auf die Stelle knapp oberhalb oder am Rande der Scham, je nachdem wie breit die Scham Mariens – wenn schon, ist es nicht Maria! rief der Freund dazwischen –, die Scham meinetwegen der Frau ist, der Verführerin, einer Gestalt des Teufels womöglich, ihr Körper leicht verdreht, die Füße im Ausfallschritt, die Hüfte leicht gekippt, ihr Geschlecht dem armen Bernhard geradezu entgegengestreckt.

Den eigentlichen Kern der Überlieferung, den die beiden vorbildlichen Werke des Matteo di Pacino und des Filippo Lippi ins Zentrum ihrer *Vision des heiligen Bernhard* rücken, daß Maria nämlich eine Botschaft diktiert, die Bernhard in seinem Buch mitschreibt, ignoriert Perugino einfach. Weder hat Bernhard eine Feder in der Hand, noch steht Mariens Mund offen, als würde sie sprechen, und ihr Zeigefinger weist auch nicht ... ach, lassen wir den Zeigefinger, den Finger Mariens hatten wir schon. Betrachten Sie lieber noch ihr Gesicht, forderte ich den Freund auf, als er noch nicht halb überzeugt war, betrachten Sie die Augen Mariens – nein, eine Teufelin ist sie nicht, vielleicht nicht Maria, aber keine Teufelin –, die Augen der Schönen sind so verklärt, daß eher sie eine Vision zu haben scheint als der heilige Bernhard, den Perugino als die Nüchternheit in Person darstellt. Ist sie verliebt? In Trance? Oder führt sie nur unbeteiligt, ihrer Verführungskraft bewußt, die Wette aus, ob er, ob selbst so ein Heiliger sich verführen ließe.

Dazu muß man wissen – und Perugino wußte es mit Sicherheit –, daß es zu Bernhards versuchter Verführung eine Vorgeschichte gibt. Nicht einmal Hieronymus, ja, wohl kein andrer Heiliger der christlichen Geschichte hatte so sehr mit seiner sexuellen Begierde zu kämpfen. Ich zitiere einfach mal den Anfang eines Absatzes aus der *Legenda aurea*, um einen Eindruck von der Dramatik dieser Anfechtungen zu geben: «Einmal hielt Bernardus seine Augen eine Zeitlang auf eine Frau gerichtet; aber alsbald errötete er und trat als furchtbarer Rächer gegen sich selbst auf: Er warf sich in einen eiskalten Teich und blieb dort so lange, bis er fast erschöpft war und sich von der Glut fleischlicher Lust abgekühlt hatte. – Etwa zu derselben Zeit legte sich ein Mädchen auf Eingebung des Dämons hin nackt in das Bett des Heiligen, während er schlief. Als er sie wahrnahm, überließ er ihr friedlich und ruhig den Teil des Bettes, wo er gelegen hatte, kehrte sich auf die andere Seite und schlief weiter. Da hielt sich jene Elende zurück und wartete, dann aber begann sie ihn zu streicheln und reizte ihn zur Begierde. Da aber Bernardus unbeweglich blieb, schämte sie sich schließlich – mochte sie auch sonst noch so schamlos sein –, erhob sich und entfloh, von großer Angst und Bewunderung zugleich verwirrt.»

Und wie gesagt, das ist jetzt nur der Anfang eines Absatzes, der noch zweieinhalb kleingedruckte Seiten mit ähnlichen Szenen weitergeht. Um so eifriger, ja eifernder unterwarf sich Bernhard der Askese, die man sich nicht etwa wie heute als bloße Diät vorstellen darf; Askese, das bedeutete in den mittelalterlichen Klöstern, sich täglich aufs Heftigste zu geißeln, bedeutete rasenden Hunger, lebensbedrohlichen Durst, konsequenten Schlafentzug und auch Selbstverletzung. Wegen der mangelnden, einseitigen, zumeist rohen Nahrung litt Bernhard unter ständigem Brechreiz, so daß sein Mundgeruch den anderen Mönchen schon unangenehm wurde, vor allem, wenn sie miteinander im Chor sangen; dennoch verzichtete er auf kein Gemeinschaftsgebet und ließ sich an seinem Platz in der Apsis einen Behälter in den Boden graben, um sich auch während der Messe übergeben zu können. Wäre der Bischof nicht eingeschritten, als der junge Mönch sich bis zur Bewegungsunfähigkeit entkräftet hatte, und hätte ihm nicht befohlen, die Askese abzumildern, Bernhard wäre vermutlich gestorben. Am Ende war er so immun gegen alle Sinneseindrücke, daß er Butter nicht von rohem Tierfett unterschied und es ebensowenig bemerkte, als er aus Versehen Öl statt Wasser trank – «und das wurde erst bekannt, als ein Bruder sich wunderte, daß seine Lippen voller Öl waren». Diese Vorgeschichte müsse er bedenken, sagte ich dem Freund – Perugino bedachte sie wie gesagt bestimmt –, um den Ehrgeiz der drei jungen Frauen verständlich zu finden, die sich vor dem heiligen Bernhard aufgestellt haben, wohlbeschaffen bis hinab zu den auffallend nackten Füßen. «Ihr haltet vielleicht eure Keuschheit für eine Kleinigkeit – ich aber nicht!», gestand Bernhard später selbst in einer Predigt vor den Mönchen in Clairvaux: «Ich weiß es nämlich, welche Gegner sie hat und wieviel Kraft es braucht, um denen widerstehen zu können.» Und tatsächlich fällt die Vision Mariens genau in die Krisenzeit, die den Bischof zum Eingreifen zwang.

Pietro Perugino (um 1448–1523), Die Vision des Heiligen Bernhard. 1489/90. Kastanienholz, 173 x 170,7 cm. Alte Pinakothek, München

— Aber dann wäre es nicht Maria, wirft der Freund wieder ein.

— Vielleicht war es gerade deswegen Maria, erwidere ich.

Es wird nicht ihr Motiv gewesen sein, aber wäre ihr die Verführung gelungen, dann hätten viele tausend oder Hunderttausende Menschen überlebt, war doch Bernhard nicht nur der Großmeister des inneren Kampfes, als den ihn die Christen bis heute verehren, sondern zugleich der wichtigste, wortmächtigste Prediger des zweiten und besonders blutigen Kreuzzugs. Es heißt, daß sechs von sieben Männern, denen er auf Marktplätzen in halb Europa predigte, sich anschließend zum Kriegsdienst verpflichteten – sechs von sieben! Was für eine Ausstrahlung, eine Überzeugungskraft, ein rhetorisches Feuer dieser Mann gehabt haben muß. So wie Bernhard einen ganzen Tag den Genfer See entlangritt, ohne ihn zu bemerken – abends sprachen die Gefährten vom See, und Bernhard fragte sie, wo eigentlich dieser See sei –, so hat auch Ajatollah Chomeini während seines vieljährigen Exils in Nadschaf nicht ein einziges Mal den Euphrat beachtet, der einen Häuserblock entfernt entlangfloß – und wird bis heute eben sein Desinteresse an allen irdischen Dingen gerühmt. Es ist diese, für sich betrachtet gewiß bemerkenswerte oder sogar bewunderungswürdige Abwesenheit menschlicher Regungen, die absolute Immunität gegen die kleinen, unwichtig scheinenden Eindrücke, überhaupt gegen alle Gefühle und erst recht persönlichen Belange, die zur größten Unmenschlichkeit zu befähigen scheint. Als Chomeini 1977 in Paris die Nachricht von der Ermordung seines ältesten Sohnes überbracht wurde, fragte er ohne jede erkennbare Regung im Gesicht, was es sonst Neues gebe. Einen «verfrühten Großinquisitor» hat man Bernhard außerhalb der Kirche ob der Gnadenlosigkeit genannt, mit der er Andersdenkende wie Abaelard oder Wilhelm von York als Abtrünnige verfolgte und nicht nur wie andere zum Krieg gegen die Ungläubigen, sondern dezidiert auch zu deren wahllosen Niederschlachten, ihrer Ausrottung «im Erbland der Gerechten» aufrief: «Ein Ritter Christi, sage ich, tötet mit gutem Gewissen, noch ruhiger stirbt er.»

— Der Kirche ist Bernhard dennoch heilig geblieben, murmele ich wie nebenbei.

— Na, er war auch ein bißchen ein verfrühter Calvinist, entgegnet der Freund, der den Vorwurf herausgehört hat, und verweist auf die Einschränkung der geistlichen Musik, die Bernhard in der ohnehin schon vergleichsweise schmucklosen Liturgie der Zisterzienser durchsetzte, den Widerwillen gegen jedwede ästhetische Zier. Bildern habe der Heilige schon dreihundert Jahre vor Calvin mißtraut.

Ich bin mir nicht sicher, ob das eine Apologie sein soll, und fände sie gegebenenfalls wenig befriedigend, frage aber auch nicht nach. Lieber kehre ich zu unsrem Bild zurück: Wenn eine der drei Schönen, dann ist wohl eher die mittlere von ihnen verliebt, die Jüngste, die nicht auf Maria – es ist nicht Maria! beharrt der Freund –, sondern schmachtend auf Bernhard blickt, einzig auf Bernhard, während das größte Geheimnis die Frau ganz links zu bergen scheint, die mit dem breiten Gesicht und dem vielleicht kessen, vielleicht berechnenden, jedenfalls selbstsicheren Ausdruck des Mundes. Wenn jemand, hat sie den Plan ausgeheckt, diese Spitzbübin, Bernhard vom Lesepult wegzulocken, und die in der Mitte, die Verliebte, die wollte nicht wahrhaben, wollte nicht glauben, daß er, daß selbst so ein Heiliger sich verführen ließe von Maria. Es ist nicht Maria! Was wohl in dem Buch steht, das die Spitzbübin in der Hand trägt, wird sie darin das Ergebnis der Wette verzeichnen, den gewonnenen oder verlorenen Einsatz, wie sähe der Einsatz aus? Etwas führt sie ganz sicher im Schilde, deren Blick in die andere Richtung geht, als schaue von dort jemand zu. Wennschon, wäre sie die Teufelin und trüge die Lilie zum Hohn, das Zeichen der Reinheit.

Aber nein, bleibt der Freund standhaft, es sind Engel, wennschon, ist auch Maria ein Engel, und Gott hat sie geschickt, Bernhard zu prüfen, dessen Heiligkeit sich erweist, indem er keine Sekunde wankt, nicht einmal bei einem Engel schwach wird, den Fingerzeig Mariens – ich denk', es ist nicht Maria! – so entschieden wie ruhig beidhändig abwehrt («demütige Geste des Empfangens», schwindelt die Kunstgeschichte dreist). Nicht einmal die beiden anderen Heiligen, die Perugino malt, immerhin die Apostel Philippus und Bartholomäus, wären so standhaft geblieben, wenden ihren Blick ab, schmachtend mit dem Kreuz Philippus, schamvoll mit dem Messer Bartholomäus. Ja, ist der katholische Freund plötzlich von etwas anderem überzeugt, Pietro Perugino war sich bewußt, was er malt und seine Vision des heiligen Bernhard frommer, als es die Kunstgeschichte lehrt. Aber Maria ist es nicht.

FRANZISKUS

Nirgends erwähnt gefunden habe ich, daß die oft gemalte Verzückung des heiligen Franziskus zugleich seine Stigmatisation ist. Führen die Maler das Empfangen der Wundmale vor, so Giotto oder Ghirlandaio, Cranach der Ältere oder van Eyck, dann leidet oder duldet Franziskus, wirkt er ungerührt oder tapfer, aber jedenfalls nicht lustvoll erregt; steht ihm hingegen die Lust ins Gesicht geschrieben, ebenfalls bei Giotto oder verschämt bei Guercino, zweifach bei Murillo und ganz unverblümt wieder bei Caravaggio, ahnt man höchstens oder kann aus der Vita des Heiligen schließen, daß kein anderer Vorgang gemeint ist als eben seine Verwundung, ein übergroßer, ja unmenschlicher Schmerz, wie ihn Jesus am Kreuz erlitten, das Durchbohren der Hände und Füße mit bräunlichen, also rostigen Nägeln, der Lanzenstoß in die rechte Seite, wenngleich nicht ausdrücklich erwähnt wohl auch die Dornen, die in den Schädel gedreht sind, der Schwindel und wie erst der Durst, die seelische Not, der Geifer der Leute und am schrecklichsten das Verlassensein von Gott. Allenfalls deuten die Löcher im Gewand des verzückten Franziskus auf die Passion hin, der Totenschädel oder die Geigenmusik, die der Engel, «eine wunderschön leuchtende Gestalt», unmittelbar vor der Stigmatisation tatsächlich so «übernatürlich liebreizend» gespielt hat, wie der Heilige selbst berichtete, «als wären alle Schönheiten des Paradieses in einen einzigen Ton geschmolzen». Wohlgemerkt im Schmerz – die Knochen zum Bersten gebracht von den eigenen, vor Qual kontrahierenden Muskeln, so fühlte es sich an – zitterte Franziskus' Seele «vor so tiefem Genuß, daß sie beinah aus meinem berauschten Körper getreten wäre». Und Franziskus fährt fort, daß die Seele wirklich ausgebrochen und emporgeschnellt wäre in den Himmel, hätte der Engel auch nur einen Ton weitergespielt. «Als ich wieder zu mir kam, schrie ich: Laß mich leiden und entsagen. Und ich sagte wieder: Ich ertrage es jetzt. Wenn ich eine solche Seligkeit genießen kann, während ich noch in Staub und Fleisch bin, wie wird es erst sein, wenn meine Seele diesen elenden Sack verlassen haben wird.»

Georges de La Tour malt keinen Engel und keine Löcher. Nichts deutet auf die Imitatio Christi, die er dennoch eindeutig meint, da er sich enger als alle anderen an die Vita des Heiligen hält, enger sogar als Giotto oder Ghirlandaio, Cranach der Ältere oder van Eyck, die ihr Bild tatsächlich Stigmatisation nennen, ob sie auch die «Begierde» und «Süße des Mitgefühls» verbergen, von denen schon der erste, von den Franziskanern selbst berufene Biograph Thomas von Celano spricht. Franziskus empfängt nämlich die Wundmale nicht im Freien, sondern in der kleinen Kapelle auf dem Berg La Verna, als er «überschwänglicher als sonst mit der Süßigkeit himmlischer Beschauung übergossen und von der Hochglut heiliger Begierden entflammt» ist, wie es auch in der berühmten *Legenda maior* des Bonaventura heißt, und Franziskus ist, anders als auf dem anderen Bild von Giotto oder verschämt bei Guercino, zweifach bei Murillo und unverblümt wieder bei Caravaggio nicht einsam während seiner Verzückung, sondern heißt seinen geistlichen Bruder Leo die Bibel vom Altar nehmen und im Namen der Heiligen Dreifaltigkeit dreimal nacheinander öffnen; als Leo jedesmal die Passion aufschlägt, erkennt Franziskus, «daß er, wie er Christus nachgeahmt habe in den Werken seines Lebens, nun auch vor seinem Hinscheiden aus dieser Welt ihm ähnlich werden solle in den Schmerzen seines Leidens».

Es gibt natürlich die Ekstase der heiligen Teresa, die sexuell noch expliziter ist nicht nur, weil Gian Lorenzo Bernini sie so explizit sexuell dargestellt hat. «Der Schmerz war so groß, daß ich stöhnte», berichtete Teresa von Avila selbst, «und zugleich überwältigte mich die Süße dieses unermeßlichen Schmerzes so sehr, daß sich niemals der Wunsch einstellte, er möchte enden, noch daß die Seele sich mit weniger begnügt als mit Gott selbst. Es ist dies

Folgende Seiten: Georges de la Tour (1593–1652), Die Verzückung des Heiligen Franziskus. Öl auf Leinwand, 154 x 163 cm. Musée de Tessé, Le Mans

kein leiblicher, vielmehr ein geistiger Schmerz, doch hat auch der Leib ein wenig Anteil daran oder sogar sehr viel.» So oft stand ich während des römischen Jahrs vor der lebensgroßen Skulptur in Santa Maria della Vittoria, und immer wollte ich Berninis verzückte, vor Wollust stöhnende, wenn nicht gar aufschreiende Teresa in das eigene Christentum aufnehmen. Es lag so nahe, da ich so lang schon über die Seligkeit nachdenke, sie zugegeben auch selbst suche, wenn Lust und Gebet, Sex und Gott sich eins fühlen und für die islamischen Mystiker auch eins sind. Wahrscheinlich war es das Naheliegende selbst, das mich jedesmal abhielt.

Daß Bernini Gebet und Gott nur als Vorwand zu nehmen scheint, um Lust und Sex darzustellen – gut, das allein würde mich nicht stören, ist Kunst eben darin groß, daß sie über des Künstlers Absicht hinausweist. Aber er macht die Verzückung der Teresa zu verführerisch, als daß sie noch wahr sein könnte, zeigt nicht nur die Heilige erregt, sondern will mehr noch den Betrachter erregen und verfehlt so den Moment, in dem das Ich sich im Verlust findet. Aus welchem Grund auch immer hat Gott gewollt, daß wir gerade dann am häßlichsten aussehen, wo wir vom Schönsten erfüllt sind, nicht nur die Gesichtszüge verzerrt und wie gequält, der ganze Leib verkrampft wie in einem Anfall. Die allerhöchste, leider so seltene, in manchen Traditionen rituell herbeigeführte und dann oft minuten- oder im Tantra sogar stundenwährende Ekstase mutet schon fast an wie Epilepsie, zitternd, zuckend und mit den Gliedmaßen um uns schlagend, als seien wir nicht mehr wir selbst und sind es vielleicht auch nicht. Allein, nicht bloß der Anblick! Die süße Geige, die wir zu hören glauben, das übernatürlich liebreizende Spiel ist für den Außenstehenden ein hemmungsloses Stöhnen und abstoßendes Keuchen und hilfloses Grunzen. Kein Wunder, daß Kinder schockiert sind, wenn sie zwei Erwachsene, gar ihre Eltern beim Liebesakt antreffen, wenn sie die Schreie auch nur aus dem Nebenzimmer hören. Sie haben recht, die Kinder, es hat etwas Tierisches, wie Bruder Leo ebenfalls merkt, der den Blick statt auf Franziskus oder die aufgeschlagene Bibel starr auf die Kerze richtet. Nicht auf Geheiß des Heiligen scheint er zu beten, vielmehr *für* ihn wie für einen Kranken. Franziskus selbst scheint die Entrückung nicht geheuer. Seine Lust ist gänzlich nach innen gekehrt, sein Vergnügen geradezu verschämt, als hätte einer gegen alle Absicht, zur unpassenden Zeit vor fremden Augen eine Erektion; die Schultern sind nach vorne gezogen und deshalb der Leib nicht wie Berninis Teresa nach außen, obszön zum Betrachter hin verdreht. Obwohl doch anders als bei Teresa, die den Schmerz bloß empfindet, mit der Herausbildung der Wundmale objektiv etwas Körperliches geschieht, wirkt die Verzückung gar nicht so sehr physisch oder läßt Franziskus das Tierische nicht heraus.

Nein, nicht nur Berninis Skulptur, bereits das Zeugnis der Teresa selbst schien mir, schien sogar einem wie mir bei aller Wahrhaftigkeit zu einseitig, um die Verzückung über ihre eigene, individuelle Erfahrung hinaus gültig zu bezeichnen – kein Wunder, daß es zwei Jahrhunderte später einen nicht mehr nur sexuell expliziten, sondern unverhohlen pornographischen Roman inspirierte, die erotische Beichte der *Thérèse philosophe*. Das mochte aus christlicher Sicht bösartig sein und entstellte Teresas Absicht. Und doch steht der Roman, der übrigens ziemlich intelligent ist, nicht ganz beziehungslos zu ihrer Erfahrung, an welcher der Körper sogar sehr viel Anteil hat. Einen pornographischen Franziskus hingegen kann es nicht geben, jedenfalls keinen ziemlich intelligenten.

Der Inbegriff des tätigen Frommen, der Nächsten- und auch Feindesliebe, eines kindlich Reinen, der die Sprache der Vögel versteht, eines Besitzlosen, der vom geschenkten Mantel nicht nur die Hälfte weiterverschenkt, des entschlossen Friedfertigen, der das Gespräch mit dem Sultan sucht – und in Ägypten findet –, um die Christen – vergeblich – vom Kreuzzug abzuhalten, hat Franziskus von Anfang an «in den Werken seines Lebens» Jesus nachgeahmt und nicht wie die katholischen Mystikerinnen zuerst in der Versenkung. Wichtiger als die individuelle Erfahrung Gottes und die eigene Vervollkommnung war ihm der Dienst an den Menschen. Daher betrieb er nicht Buße, um sich zu läutern, geißelte sich nicht, war er Asket aus Bedürfnislosigkeit, nicht zu einem höheren Zweck. Sein Schmerz ist kein geglaubter, ist auch nicht selbst zugefügt, also bei aller realen Erfahrung und meinetwegen Blut kein gewollter wie im Sadomasochismus. Franziskus' Schmerz geschieht ihm, ihm werden genaugenommen nicht Verletzungen, sondern Narben zugefügt, nicht Wunden, sondern Wundmale. Nicht nur hat er sie sich nicht gewünscht, er zeigt sie auch niemandem, schwört Leo ein, sein Geheimnis niemals zu enthüllen. «Es wäre ein Unrecht, stillschweigend zu übergehen, welch' dichten Schleier er über jene auch von den höchsten Geistern zu verehrenden Zeichen des Gekreuzigten breitete, mit viel Fleiß er sie verbarg», schreibt Thomas von Celano, der die Gefährten des Franziskus noch befragt hat. Überhaupt war der Heilige bestrebt, sich die Verzückung nicht anmerken zu lassen, die ihm die Zwiesprache mit Gott jedesmal bereitete: «Endlich war es auch seine Gewohnheit, so verstohlen, so langsam zum Gebet aufzustehen, daß keiner der Genossen es merkte. Abends aber, wenn er das Lager aufsuchte, machte er Geräusch, sogar fast Lärm, damit alle merkten, daß er sich niederlegte.»

Weil nur wenige Menschen sie mit eigenen Augen gesehen haben, beeilten sich aufgeklärte Zeiten, die Stigmata zu bestreiten. Dabei spricht gerade das Geheimnis, das der heilige Franziskus um sein Leiden machte, für die Echtheit seiner Verzückung. In den erotischen Romanen, die den Schmerz heutzutage zelebrieren, wird man das Ich, das sich verliert, nicht wiederfinden.

PETRUS NOLASCUS

Schön für den heiligen Petrus Nolascus, daß ihm der Apostel und Namensvetter leibhaftig erscheint, um ihn über eine abgesagte Reise nach Rom hinwegzutrösten und zur apostolischen Arbeit in Spanien zu ermuntern, wie die Tafel neben dem Gemälde informiert, ganz wunderbar, weil es selbst einem Heiligen nicht alle Tage passiert, daß der Apostel persönlich, der noch dazu ein Namensvetter ist, aus dem Himmel herabschwebt, um das Wort an einen einzelnen Gläubigen zu richten. Noch dazu aus dem vergleichsweise geringfügigen Anlaß einer abgesagten Pilgerfahrt und allgemeinen Ermunterung. Noch dazu am Kreuz. Und Petrus Nolascus, der seine Erwählung zum Heiligen vermutlich eben der Erscheinung des Apostels und Namensvetters verdankt, ist wirklich ergriffen, ist sich der Erhabenheit des Moments, der Gnade einer solchen Auszeichnung vollkommen bewußt, wie man seinem ernsten, angespannten Gesichtsausdruck ebenso wie den Händen ansieht, die die Erscheinung des Apostels und Namensvetters gleichsam physisch ergreifen, ja einfangen, um sie den Rest des Lebens im Herzen zu tragen, so herrlich ist das für den heiligen Petrus Nolascus und wäre es für jeden anderen Gläubigen gewesen. Nur Petrus selbst, der Apostel, der seinem doch viel unbedeutenderen oder jedenfalls unbekannteren Namensvetter erscheint – hat denn nie jemand auf ihn geachtet, sich die Frage gestellt, ob er die Begegnung für eine ebensolche Gnade hielt? Doch, Francisco de Zurbarán muß sich die Frage gestellt haben und gab eine Antwort, die ihn weniger rechtgläubig erscheinen lassen

Folgende Seiten:
Francisco de Zurbarán (1598–1664), Der Apostel Petrus erscheint dem heiligen Petrus Nolascus. 1629. Öl auf Leinwand, 179 x 223 cm. Museo del Prado, Madrid

könnte, als es seinem Ruf im Spanien des frühen siebzehnten Jahrhunderts entsprach.

Der Apostel, wie Zurbarán ihn malt, schwebt aus den Wolken herab, ja, aber doch wohl kaum aus dem Himmel, in seinen wäßrigen, aus den Augäpfeln beinah herausquellenden Pupillen das nackte, unverstellte Entsetzen, der Bart struppig, die wenigen Haare wenn nicht von der Schwerkraft, dann vom Schrecken abstehend, die Lippen über der Zahnlücke ein wenig geöffnet, ohne daß daraus je wieder ein Wort hervortreten könnte, schon gar kein Wort an einen Namensvetter, der ihn überhaupt nicht interessiert, den er gar nicht beachtet, wahrscheinlich nicht einmal wahrnimmt. Zurbaráns Apostel ist erkennbar in einer anderen, in seiner eigenen Gegenwart, auch wenn man ihn auf die Erde gezerrt hat, hängt verkehrt herum bereits seit zwölfhundert Jahren am Kreuz, ohne zu sterben, ohne zu vermodern, ohne zu vergehen, wird nicht einmal bewußtlos, kann nicht einmal schlafen, seine Wunden nicht verheilt, sondern auf ewig ausgeblutet: das Schlimmste, was einem Menschen, noch dazu einem Apostel widerfahren kann. Wahrscheinlich kann er nicht einmal mehr kotzen, Herr Burckhardt.

Stellte ich mir Jesus oder Maria oder einen der Apostel oder überhaupt einen Gerechten nach der Auferstehung vor, dann immer erlöst, mild, gütig und so leicht, daß er oder sie deshalb über dem Boden schwebt. Zurbaráns Apostel schwebt ebenfalls, sein Körper eine Elle über dem Boden von Wolken umhüllt, aber nicht weil er sich leicht fühlt, sondern weil er verkehrt herum ans Kreuz genagelt ist, auf dem er wie auf eine Rakete gebunden durchs All fliegt, von Gott vermutlich zu diesem und jenem Heiligen verschickt. Nicht einmal die gefallenen Engel Harut und Marut verbrachten die Ewigkeit in so verheerender Lage, verkehrt herum zwar, aber nicht auch noch die Hände und Füße durchbohrt. Das ist die Hölle, nichts anderes, die Hölle selbst, in die Gott ausgerechnet den Apostel verbannt hat, und wenn selbst der Apostel verdammt ist, wie wird es dann erst anderen Menschen ergehen, wirklichen Sündern?

Allein, dieser heilige Nolascus, der mir immer unsympathischer wurde, je länger ich im Prado vor dem lebensgroßen Bild stand, ist so mit seiner tollen Vision beschäftigt, wahrscheinlich mehr von der eigenen Auszeichnung als der Erhabenheit des Moments ergriffen, daß er überhaupt nicht darauf achtet, welche Qualen der Apostel und Namensvetter erduldet und ob es wirklich so schön ist, so herrlich, seit zwölfhundert Jahren gekreuzigt zu werden, verkehrt herum noch dazu. Scheinbar ungerührt, jedenfalls ohne eine erkennbare Spur des Mitleids, der Anteilnahme, nur auf das eigene Erleben konzentriert, den Blick wie zur Meditation auf den Boden gerichtet statt auf den armen Apostel, breitet der Heilige seine Arme aus, das Gewand blütenweiß, an den kräftigen Händen die Fingernägel sauber geschnitten, die Wangen glattrasiert – vor dem Märtyrer ein Amtsträger.

An der quer gegenüberliegenden Wand des Saals hing ein ähnliches Gemälde Zurbaráns, diesmal vom gekreuzigten Christus, und zu dessen Füßen steht ein ungenannter Spender, ein Kaufmann wohl, der aber das Gesicht mit sattem, zufriedenem Ausdruck dem Betrachter zuwendet, so daß der Gekreuzigte im Hintergrund plötzlich wie eine Trophäe auf mich wirkte, eine Beute, der ausgestopfte Pelz eines erlegten Tieres. Und sind das die Heiligen, die Propheten nicht auch: Opfer?, aber nicht Opfer Gottes, vielmehr der Menschen, von Menschen umgebracht, für Menschen gestorben, von Menschen wie eine Trophäe herumgereicht, eingesetzt, verkauft, zum Vorwand für Kriege benutzt? Niemand fragt sich, wie es Petrus selbst geht, Jesus, Maria und allen anderen, die Gott gesandt und damit vielleicht geprüft, vielleicht verdammt hat, sonst hätten sie vermutlich nicht geschrieen, als ihnen die erste Offenbarung zuteil wurde, wären sie nicht wie vom Blitz getroffen gestürzt oder wie in einem epileptischen Anfall auf dem Boden gekrochen, um sich schlagend, wie es von den Propheten des Alten Testaments und ähnlich von Mohammed bezeugt wird. «Und als ich ihn sah, fiel ich zu seinen Füßen wie ein Toter», erinnert sich auch Johannes mit Schrecken daran, wie Gott in Gestalt des Sohnes vor ihn trat: «und aus seinem Mund ging ein scharfes, zweischneidiges Schwert» (Offenbarung, 1,16 f.).

Jesus ist im selben Saal des Prado noch auf einem weiteren Bild gekreuzigt zu sehen, jetzt mit einem Maler zu seinen Füßen, entweder Lukas, so heißt es auf der Tafel neben dem Gemälde, oder in bitterer Selbsterkenntnis Zurbarán selbst, der begeistert darüber, ein so spannendes, ausdrucksstarkes und noch dazu lebendes Modell gefunden zu haben, am Kreuz hochblickt, die Palette bereits in der Hand, statt dem Gemarterten zu helfen, ihm Wasser zu reichen, Hilfe zu rufen, damit jemand die Nägel aus seinen Händen und Füßen zieht, und wenn es keine Hilfe gibt, wenn Gott auf Erden nicht einmal seinem eigenen Sohn hilft, dann die Hände vor Verzweiflung in den Himmel zu strecken oder auf den eigenen Kopf zu schlagen, weil Gott dann auf Erden vermutlich niemandem hilft. Oder straft Er etwa nur diejenigen, die ihm am nächsten stehen, läßt zynisch den Amtsträger, den Reichen, den Künstler triumphieren? «This work subtly refers to the idea that art's greatest merit is its potential for use in the service of religion», heißt es auf der Tafel weiter, die ein anderes Gemälde meinen muß.

Petrus Nolascus wird nach seiner Vision zum Heiligen ernannt, dem Reichen doch wohl alle Schuld vergeben, dem Künstler Lohn und Beifall zuteil. Der Apostel hingegen wird ans Kreuz genagelt weiter durchs All schweben, wenn Gott ihn nicht wieder einmal auf die Erde herabschickt. Nicht leichtfertig sprach ich vom Kotzen – etwas unterscheidet den entgeisterten Ausdruck des Petrus von allen anderen Gemälden, die seine Kreuzigung zeigen: Schwindelig scheint ihm nicht mehr zu sein. Starr nach vorn gerichtet ist sein Blick, die Pupillen nicht unter die Lider gerutscht oder wie bei Caravaggio verdreht. Entweder hat er sich daran gewöhnt, daß er verkehrt herum leben muß, oder es gibt kein Oben, kein Unten mehr, wo der Apostel Petrus jetzt ist.

SIMONIDA

Die Frage ist, ob sie mich ebenso verzaubert hätte – und wenn ich schreibe: verzaubert, dann meine ich kein rauchspeiendes Piffpaffpoff, keine körperliche Umgestaltung, nicht einmal einen Gemütszustand, der anderen auffiele, nein, ich meine schlicht eine Anwandlung oder allenfalls ein Berührtwerden, aber ein Berührtwerden, das so konkret, mit den Sinnen erfaßbar ist wie ein plötzlicher Windstoß – die Frage ist, ob ich ihren Atem auch gespürt, auf ihren Atem auch geachtet hätte, wenn sie nicht blind gewesen wäre. Es war dunkel in der Kirche, beinah wie Nacht, die Fenster unterm hohen Deckengewölbe winzig, dahinter der frühmorgendliche Himmel von Sturmwolken verhangen, und noch dazu sah ich sie nur im Licht meines Handys, eines schon mittelalterlichen Modells, wie meine Tochter zu sagen pflegt, die über mein Faible für mittelalterliche Kirchen nur lacht, ohne Taschenlampe, versteht sich, das Display immerhin farbig erleuchtet. Mit dem Handy hatte ich vergeblich in die Kirche hinein- und dann auf die erstbeste Wand geleuchtet, einen Pfeiler oder einen Bogen nahe des Eingangs mitten im Raum, wo sie mich lange, lange bereits erwartet zu haben schien. Gleich der erste, flaue Lichtstrahl fiel auf ihr fast kreisrundes Gesicht, auf die schwarzen Flecken, die ich im ersten Moment für leere, gespenstische Augenhöhlen hielt, den kleinen, versonnen lächelnden Mund, die Bälle, die an oder von den Ohren herabhingen, riesige Ohrringe dann wohl, anschließend auf die Krone, die unglaublich schwer sein mußte, hinter ihrem Kopf der Heiligenschein, der einer auf- oder untergehenden Sonne glich, so gelb leuchtend und tief, bevor ich das Display des Handys über ihren Körper führte, ihr farbenprächtiges, so reich geschmücktes Gewand hinab und entlang ihres Armes schräg hoch bis zur Brust. Sie lädt mich ein, fuhr es mir durch den Kopf, während ich unter den mehrfarbigen, allesamt mageren Lichtstrahlen ihre erhobene Hand untersuchte; ihre ausgestreckten, mit den Fingerspitzen auf sich selbst zeigenden Finger laden mich ein, der sie endlich in der Finsternis entdeckt.

Natürlich wußte ich in der einen Hälfte des Gehirns, daß ich kein Entdecker war. Es war früh, es war ein Wochentag, es regnete stürmisch – die wenigen Menschen, die im Kosovo noch Kirchen besuchen, verbliebene Serben, Pilger und Mitarbeiter internationaler Organisationen, werden passablere Besuchszeiten bevorzugen. In der anderen Gehirnhälfte jedoch meinte ich, ins Jenseits geraten zu sein. Es war still, es war leer, es brannte keine einzige Kerze – und im Klosterhof nirgends ein Mönch oder eine Nonne zu sehen, hinter keinem Fenster Licht.

Wenn ich mir heute den Eindruck zu erklären versuche, einer lebenden Toten zu begegnen, dann hatte er auch mit der Lage des Klosters zu tun, mit seiner unmittelbaren Nachbarschaft, in der im Laufe von siebenhundert Jahren und erst recht in den letzten fünfzehn seit dem Unabhängigkeitskrieg kein Stein an seinem Platz geblieben war. Gračanica erhebt sich nicht wie die anderen serbischen Klöster des Kosovo aus einer alten Kulturlandschaft, wo schon die Anfahrt durch herrliche Natur andächtig stimmt. Dort steigern selbst die fremden Soldaten, die die Klöster bewachen, weil der neue Staat nichts Serbisches schätzt, die Erwartung, einen außergewöhnlichen Ort zu betreten, einen stillen, abgeschiedenen Tempel, der zugleich Weltkulturerbe ist; in den Klöstern selbst trifft man, wenn schon auf keine Touristen und nur sonntags auf Gläubige, doch auf Mönche oder Nonnen, die beten oder geschäftig auf andere Weise sind. Hingegen Gračanica liegt in einer Vorstadt von Prishtina, kaum bemerkbar an einer Ausfallstraße, umgeben von Neubauten mit Fassaden aus unverputztem Betonstein, schrillen Einkaufszentren, Schnellrestaurants, umgeben von Nachbarn, die dem Kloster nicht einmal mehr feindlich gesinnt sind; keine fremden Soldaten, das Hoftor nur angelehnt, jeder kann eintreten. So spektakulär der Kirchenbau mit seinen fünf Kuppeln und nicht gezählten Dachbögen zumal in einer gesichtslosen Vorstadt anmutet, es interessiert sich niemand dafür. Gračanica wirkt nicht wie ein

Königin Simonida. Um 1318. Fresko im Kloster Gračanica, Kosovo

Refugium, das vor dem Zeitenlauf geschützt werden muß. An einem verregneten Montagmorgen sieht es wie das Heilige aus, das vergessen worden ist.

Links neben der jungen Königin fiel das Licht des Displays auf einen weißbärtigen König, der ebenfalls zwei leere Höhlen im Gesicht zu haben schien. Wie auf einem surrealistischen Gemälde hielt der Alte die Kirche in Händen, in welcher er doch stand. Später sollte ich lesen, daß die junge Frau Simonida hieß und 1299 als Fünfjährige von ihrem Vater, dem byzantinischen König Andronicus II., an den vierzig Jahre älteren König Stefan Uroš III. Milutin verheiratet wurde, um die Freundschaft zwischen Byzanz und Serbien zu festigen. Der Alte neben ihr war also nicht ihr Vater oder Ahnherr, sondern ihr Mann. Weiter sollte ich lesen, daß Simonida zum ersten Mal als Achtjährige von Stefan vergewaltigt wurde und seither immer wieder, bis sie nach Byzanz floh, am Unterleib blutend; daß sie flehte und bettelte, in ein Kloster eintreten zu dürfen, aber ihr Vater sie zwang, zu ihrem Mann zurückzukehren, dessen Lust ihre Gebärmutter förmlich zerfetzt hatte; daß Simonida sechsundzwanzig Jahre alt war, als ihr Mann starb, kinderlos natürlich, in einem so malträtierten Leib wird keine Eizelle groß, und sie endlich ins Kloster eintrat, wo sie fünfzehn Jahre später starb.

Das Handy wie einen Kerzenleuchter vor mir her tragend, suchte ich die drei gesonderten Kapellen und nicht gezählten Winkel der Kirche ab. Kaum einer der Heiligen, Propheten, Apostel, die an die Wände gemalt waren, hatte mehr Augen im Gesicht. Die Kirche war gefüllt von einer Heerschar Blinder, blind Gemachter, als hätten sie mit der Ehe des heiligen Stefan schon zu viel Unheil auf Erden gesehen. Obwohl – noch hatte ich nicht gelesen, was für ein Heiliger der weißbärtige König war, welchem Martyrium er seine junge Frau ausgesetzt. Ich sah nur schwarze Flecken statt Augen und fühlte, daß ein Fluch über der Kirche lag.

— Das waren die Türken, sagte eine schwarzgewandete, bis übers Kinn und unter die Augenbrauen verschleierte Nonne, die ich später im Klosterhof doch noch traf: Die Türken haben die Augen ausgekratzt.

— Aber warum? fragte ich.

— Die Türken haben die Augen gegessen, sagte die Nonne, die ein paar Brocken Englisch sprach: *Turks eaten the eyes.*

— Wegen des Bilderverbots? fragte ich, aber war schon nicht mehr sicher, ob die Nonne mich richtig verstand.
— *They think eyes are medicine,* antwortete die Nonne: *They think magic.*

Mit einer Taschenlampe, die mir die Nonne ausgeliehen hatte, ging ich zurück zu dem Pfeiler oder dem Bogen und staunte, daß die Sonne hinter Stefan untergegangen war. Ich richtete den Lichtkegel auf Simonidas Gesicht und erkannte, daß einer der beiden schwarzen Flecken das Auge nur halb bedeckte – sie konnte sehen, sie konnte mich sehen! Dann entdeckte ich den dünnen Stab, den Simonida in der anderen Hand hielt, und glaubte an ihre Zauberei.

PAOLO DALL'OGLIO

SEPTEMBER 2012

Von einer auf die andere Sekunde werden der Fahrer und auf der Rückbank die beiden Nonnen nervös. Sie sagen erst gar nichts, ich merke es nur an den Hälsen, die sich zu den Fenstern strecken, des Fahrers Hals auch aus dem Seitenfenster hinaus, merke es an den furchtsamen Blikken und selbst am Atem, der das Pochen ihrer Herzen verrät. Etwas müssen sie gesehen haben, das sie beunruhigt, aber der Parkplatz des Klosters Mar Musa, auf den wir zufahren, ist leer, steil dahinter aufragend die kahlen, zerklüfteten Berge, um uns herum flaches, wie entkleidetes Land. Ich recke selbst meinen Hals aus dem Beifahrerfenster und entdecke unterhalb des Klosters, das zwei-, dreihundert Meter über uns in eine Senke zwischen lehmbraunen Felsen gemeißelt zu sein scheint, einige dunkle Gestalten mit weißen Tüchern um den Kopf. Und ja: Sie haben Gewehre, die Gestalten. Ich weiß, daß uns im Kloster drei Mönche erwarten – erwartet haben? Womöglich sind die Bewaffneten bereits ins Kloster eingedrungen. Wir hätten keine Möglichkeit, ihnen zu helfen, das ist auch mir klar, mitten in der syrischen Wüste, wo schon vor beinah zweitausend Jahren Eremiten die Welt flohen, ganz in der Nähe der heilige Hieronymus, mitten in einem muslimisch gewordenen Land, mitten in einem Krieg, in dem Armee und Aufständische je verschiedene Motive haben könnten, die Angehörigen eines christlichen Ordens zu entführen oder zu töten, vollständig schutzlos sie und in einer Rechtlosigkeit, in der Kriminelle eine noch größere Bedrohung sind.

— Es könnten auch Jäger sein, flüstert mir von der Rückbank eine der beiden Nonnen zu.

Der Fahrer hält direkt vor dem Tor und prüft bei laufendem Motor, ob das Schloß aufgebrochen ist. Nein, ist es nicht, beruhigt er uns: Das spricht für Jäger, erklärt die Nonne, Jäger aus der Umgebung, weil Kämpfer oder Räuber mit einem Wagen gekommen wären, um die letzten Habseligkeiten abzutransportieren. Dreimal ist das Kloster bereits überfallen worden, obwohl es schon beim zweiten Überfall kaum noch etwas zu stehlen gab, das Vieh, die Geräte, sogar viele Möbel geklaut. Ich weiß schon: Die Frage nach den Tätern oder gar der Polizei, nach Ermittlungen oder gar Schutz stelle ich besser nicht.

Der Gründer des Ordens, Pater Paolo Dall'Oglio, ist einer der wenigen christlichen Führer in Syrien, die die Massaker des Staates angeprangert und die Menschen verteidigt haben, die für Freiheit demonstrierten. Seine eigene Kirche beschwor er, ihr Schicksal nicht vom Schicksal des gesamten Volkes zu trennen: Hinge die Zukunft der Christen wirklich davon ab, daß sie sich mit der Ungerechtigkeit und der Unterdrückung gemein machten, sei ihre Zukunft schon vorbei. Vor kurzem ist Pater Paolo wegen seiner Kritik des Landes verwiesen worden.

Wenn ich etwas am Christentum bewundere, oder vielleicht sollte ich sagen: an den Christen, deren Glaube mich mehr als nur überzeugte, nämlich bezwang, aller Einwände beraubte, wenn ich nur einen Aspekt, eine Eigenschaft zum Vorbild nehme, zur Leitschnur auch für mich, dann ist es nicht etwa die geliebte Kunst, nicht die Zivilisation mitsamt der Musik und Architektur, nicht dieser oder jener Ritus, so reich er auch sein mag. Es ist die spezifisch christliche Liebe, insofern sie sich nicht nur auf den Nächsten bezieht. In anderen Religionen wird ebenfalls geliebt, es wird zur Barmherzigkeit, zur Nachsicht, zur Mildtätigkeit angehalten. Aber die Liebe, die ich bei vielen Christen und am häufigsten bei jenen wahrnehme, die ihr Leben Jesus verschrieben haben, den Mönchen und Nonnen, geht über das Maß hinaus, auf das ein Mensch auch ohne Gott kommen könnte: Ihre Liebe macht keinen Unterschied.

Gewiß findet sich der Gedanke, daß die Menschenkinder alle Brüder sind, «aus einem Stoff wie eines Leibes Glieder», wie es bei Saadi heißt, durchaus im Islam und geht das tätige Erbarmen zumal im Sufismus über die Grenzen der eigenen Gemeinschaft hinaus. Bezeichnend allerdings ist, daß selbst die Sufis die Hinwendung zum Fremden, zum Andersgesinnten, zu den Angehörigen anderer Gemeinschaften – und die sind mit der Feindesliebe schließlich gemeint, die nicht die Liebe des Schafes zum Schlachter ist – christlich konnotieren und ausdrücklich das Vorbild Jesu anführen. Auch wenn sie keine Christen sind, nehmen sie ihre Liebe als «christlich» wahr. Und doch bleibt ein Rest, der mir unerklärlich bleibt, auch theologisch, weil keine andere Religion einen so absoluten Anspruch – niemand kommt zum Vater denn durch diesen einen Sohn – und damit dezidiert ausschließenden Zug wie das Christentum aufweist. Die harten, unversöhnlichen Sätze, mit denen der Erlöser die große Mehrheit der Menschen verdammt, ihnen das ewige Höllenfeuer prophezeit, gehören genauso zum Evangelium wie seine Güte, die immer wieder verblüffend alles Lagerdenken aufbricht. Wäre ich mißtrauisch, dächte ich, die Christen wollten mit ihrer Liebe in dieser Welt darüber hinwegtrösten, daß in der anderen Welt nur sie selbst auf Gnade hoffen dürfen. Allein, ich bin nicht mehr mißtrauisch, sondern jedesmal dankbar, wenn ich Liebe erfahre, die keinen Unterschied macht.

Die Liebe, die Pater Paolo die acht Mönche und vier Nonnen seiner Gemeinschaft gelehrt hat, geht über das Universale hinaus und wendet es zurück ins Besondere, in eine Besonderheit: Es ist die Liebe zum Islam, die das Kloster Mar Musa kennzeichnet. Das klingt verrückt, ja, widersinnig, aber genau so sieht Pater Paolo die Aufgabe, die ihm vor beinah vierzig Jahren im Gebet offenbar wurde. In Rom geboren, trat er mit zwanzig in den Orden der Jesuiten ein und sah während eines seiner spirituellen Exerzitien das Wort «Islam» am Horizont geschrieben. Er war selbst überrascht, hatte keine rechte Vorstellung vom Islam und wußte nicht, was die Vision bedeutete. Jedoch der General des Ordens, mit dem er sich besprach, schickte den jungen Jesuiten nach Beirut, damit er Arabisch lerne und den Koran studiere. Paolo Dall'Oglio wurde Mitglied der jesuitischen Provinz des Vorderen Orients und promovierte über die Hoffnung im Islam.

Paolo Dall'Oglio, Screenshot von einem Fernsehinterview, Raqqa, Syrien, am 28. Juli 2013

28-7-2013 22:34:18

Anfang der Achtzigerjahre hörte Pater Paolo von einem verfallenen Kloster in der syrischen Wüste und machte sich auf, seine Exerzitien dort zu verrichten, im Sommer, zehn Tage lang. In den Gebeten und Meditationen spürte er, daß hier seine Bestimmung lag, in dieser Ruine. Zurück in der Stadt motivierte er andere Christen, mit ihm das Kloster wieder aufzubauen und mit neuem Leben zu füllen. Eine Gemeinschaft entstand, zunächst von Mönchen, später auch von Nonnen; die Freundschaft mit den Bewohnern der umliegenden Dörfer wuchs, regelmäßig fanden christlich-muslimische Seminare statt, junge Christen aus aller Welt, aber in noch größerer Zahl syrische Muslime nahmen die Einladung an, eine Zeitlang das klösterliche Leben und vor allem auch die klösterliche Stille mit den Nonnen und Mönchen zu teilen; erst ein kleines, dann ein großes Gästehaus wurde gebaut, weil die Besucherzahlen wuchsen, zuletzt auf fünfzigtausend pro Jahr. Ohne die katholischen Rituale zu verwässern, flocht Pater Paolo nach und nach Elemente aus der muslimischen, speziell sufischen Glaubenspraxis in den religiösen Alltag der Gemeinschaft ein, etwa das *dhikr*, die melodische Wiederholung einzelner Namen und religiöser Formeln. Auch berücksichtigte er im Katechismus oft die koranische Sichtweise, und im Ramadan fasteten die Ordensmitglieder wie selbstverständlich mit den Muslimen der umliegenden Dörfer. So wurde Mar Musa ein Ort nicht nur des Gesprächs, sondern des gemeinsamen Lebens und Betens der Religionen: «In der Liebe zum Islam, im Glauben an Jesus», wie Pater Paolo eines seiner Bücher genannt hat.

Bei laufendem Motor öffnet der Fahrer das Tor und winkt den Gestalten zuerst zu, bevor er hupt, um auf uns aufmerksam zu machen. Die Gestalten winken zurück und beginnen, den Berg herabzusteigen. Sie könnten uns täuschen, ist mein erster Gedanke, aber nun scheinen sich die Nonnen zu beruhigen, verlieren von Minute zu Minute die Angst, beraubt, entführt oder getötet zu werden. Und tatsächlich, es sind Jäger, beruhige auch ich mich, als ich die Gestalten endlich aus der Nähe sehe, Beduinen wohl, mit schwarz-weißen Tüchern um den Kopf, unrasierten, wie gegerbten, dabei sehr freundlichen Gesichtern. Die Nonnen laden sie ein, auf einen Tee, einen Imbiß mit ins Kloster zu kommen, gern auch für ein gemeinsames Gebet.

In geisterhafter, selbst von Vögeln nicht unterbrochener Stille steigen wir den Pfad zum Kloster hoch. Oben angekommen, geht es kaum lebhafter zu: Obwohl niemand da ist, den ich stören könnte, der Gästetrakt, der Versammlungsraum und die meisten Zimmer leer stehen, senke ich die Stimme, als ich die Mönche begrüße, flüstere fast. Der Natur so nah, fürchte ich wohl instinktiv, daß Gott gestört werden könnte. Dann trete ich auf die Terrasse und finde links und rechts schroffes Gebirge, das wie Klippen steil herabfällt, unter mir das bräunlich flimmernde Meer der Wüste, über mir der dunkelblau strahlende Himmel, im Nacken die Wärme der bereits westlichen Sonne. Mir ist, als stünde ich mitten in der Bibel, so erhaben und grandios, wie es dreidimensional nicht der größte Künstler gemalt und schon gar nicht Hollywood produziert haben könnte. Tauchte eine Menschengruppe am Horizont auf, ich hielte sie unbesehen für das Volk Israel, das von Gott verstoßen oder zurückgerufen wurde.

Ich ziehe meine Schuhe aus und trete durch einen niedrigen Eingang allein in die Kapelle, die um das Jahr 600 in den Fels geschlagen oder in eine Höhle gebaut worden ist. Der von winzigen Deckenöffnungen und sonst nur von Kerzen erleuchtete, nach oben gewölbte und mit orientalischen Teppichen ausgelegte Raum sieht auf den ersten Blick wie eine Moschee aus und ist doch zugleich urchristlich, wie die Nonne erinnert – im siebten Jahrhundert standen schließlich auch keine Bänke in den Kirchen und waren die Linien der sakralen Architektur rund. Die Wände sind vollständig mit berückend schönen, sorgfältig restaurierten und deshalb vielfarbig leuchtenden Fresken bedeckt – alle Wände bis auf eine, die bilderlos ist. *Bismi llâhi r-raḥmâni r-raḥîm* steht in arabischer Schrift darauf, die ersten Worte des Korans: Im Namen Gottes, des Erbarmers, des Barmherzigen, können hier die muslimischen Pilger genau in Richtung Mekka beten.

Pater Paolo ist sichtlich bewegt. Es ist der Abend des 28. Juli 2013, 22:34 Uhr, wie eine Zeitleiste auf dem Video verrät, die syrische Stadt Raqqa, die von Aufständischen beherrscht wird. Im Hintergrund sieht man eine Menschenmenge und syrische Fahnen, man hört einen Redner und chorisch gerufene Parolen, untermalt von Jubel, von Klatschen, von Autohupen. Pater Paolo, der im Vordergrund mit lauter Stimme in die Kamera spricht, damit ihn seine Zuschauer trotz des Lärms verstehen, beginnt mit dem islamischen Gruß und appelliert in perfektem Arabisch an die Einheit der Opposition und überhaupt aller Syrer. Daß diese Einheit nicht die Unterschiede der Volksgruppen und Religionen nivellieren darf, deutet er mit einem Wortspiel an: *Raqqa qimmati r-riqqa* – Raqqa sei der Gipfel der *riqqa*: der Sanftmut. So Gott wolle, werde von hier aus, vom sanftmütigen Raqqa, die Entstehung eines neuen, des endlich freien Syrien ausgehen, in dem alle Menschen ungeachtet ihrer kulturellen und religiösen Unterschiede friedlich zusammenleben. Bei den letzten Worten legt er die Arme erst an die Brust und wirft sie dann, wie von der allgemeinen Begeisterung angesteckt, in die Luft. Von links und rechts greifen Hände ins Bild und klopfen ihm auf die Schulter, man hört Klatschen und Hochrufe. Pater Paolo schaut sich lächelnd um, bevor das Video abbricht, das ich bei YouTube ein ums andere Mal anklicke, weil es das letzte Lebenszeichen von ihm ist.

Pater Paolo verkörperte die Utopie, die Syrien sein könnte, an manchen Orten, zu manchen Zeiten sogar war. Wahrscheinlich gibt es keinen Christen auf der Welt, der sich mehr für Muslime eingesetzt, ihnen mit größerer Loyalität, tieferem Verständnis und auch genauerer Kenntnis des Korans begegnet wäre als er. Die Nachfolge Jesu hat er so begriffen, daß er sein Leben dem Islam widmete, den er vor vierzig Jahren am Horizont geschrieben sah. Ich wüßte nicht einmal, welcher Muslim die Botschaft des Korans überzeugender und glaubwürdiger verträte als er. Als in Syrien die Revolution ausbrach, stellte Pater Paolo sich gegen die Amtskirchen, stellte sich gegen die Mehrheit der Christen im Land, die seine Sympathie für den Islam bestenfalls belächelten, größtenteils verachteten, und solidarisierte sich mit der Mehrheit des Volkes, die wegen ihres Strebens nach Freiheit unterdrückt, gefoltert, massakriert wurde. Pater Paolo hat eben nicht nur den Nächsten geliebt, sondern auch jene, die seinen Nächsten als Fremde, als Andersgesinnte, mindestens als Angehörige einer anderen Gemeinschaft und heute als Feinde gelten. Indem sie ihn entführt haben, ausgerechnet ihn, geben diese Muslime den Christen allen Anlaß, mehr noch: zwingen sie geradezu, den Islam als Feind zu fürchten.

Dabei hatte Pater Paolo selbst die Entwicklung prophezeit. Immer wieder hatte er in Briefen und Artikeln, nach seiner Exilierung auf Podien und vor Parlamenten die Weltgemeinschaft aufgefordert, die friedlichen Demonstranten und vor allem auch die sunnitischen Wohngebiete zu schützen, in die das Regime gezielt alawitische Milizen zum Morden schickte. Denn der konfessionelle Haß, den es deshalb systematisch schürte, diente dem Regime, sich selbst als die einzig denkbare Ordnungsmacht zu gerieren. «Der ethische Code Assads lautet schlicht: Entweder bleibt er an der Macht, oder das Land wird zerstört», sagte Pater Paolo nach Ausbruch der Revolution und rief die Vereinten Nationen auf, Beobachter zu schicken, nicht nur ein paar hundert, sondern fünfzigtausend, über das Land verteilt, damit die Massaker endlich aufhörten. Ansonsten werde sich der friedliche Aufstand für Demokratie in einen Krieg der Konfessionen verwandeln und der Extremismus unaufhörlich zunehmen, bis er die gewachsene Vielfalt der Kulturen in Syrien vernichte. Den stillen oder ausdrücklichen Pakt der syrischen Kirchen mit der Diktatur hielt er nicht nur für moralisch unverantwortlich, sondern auch für selbstmörderisch.

Pater Paolo hat auch das Recht der Menschen bejaht, sich notfalls mit Waffengewalt zu verteidigen, und mit angesehen, wie die Freie Syrische Armee mit eroberten Maschinengewehren und selbstgebauten Katapulten kämpfte, während die Islamisten, viele von ihnen Ausländer, Geld und die neuesten Waffensysteme aus den Golfstaaten bezogen, von den Verbündeten des Westens also. 2011 resümierte er bitter: «Von dem Moment an, als das syrische Regime und dessen Anhänger auf die islamistische Gefahr hinwiesen, die von den Aufständischen ausgehe, fühlte sich die internationale Gemeinschaft legitimiert, eine abwehrende Haltung einzunehmen, nach dem Motto: Wenn es keine Demokratie in

Syrien geben wird, gibt es auch keinen Grund, sich für eine Demokratie im Land einzusetzen. Wir stehen also vor einem Paradox, denn genau diese Haltung ist es, die die Bedingungen für das Erstarken des radikalen Islamismus schuf.» So recht er mit seinen Warnungen und Appellen behalten hat, dient Pater Paolo nun jenen als Beleg für ihre Rechthaberei, die auf die Freiheit der Syrer nichts gaben und mit dem Islam schon gar keine Hoffnung verbinden.

Pater Paolo war mulmig zumute, als er nach Raqqa fuhr. Freunde aus der Stadt, bei denen er stets gewohnt hatte, muslimische Freunde, hatten ihn gebeten, sich für zwei Verwandte einzusetzen, die vom «Islamischen Staat im Irak und in Syrien» entführt worden waren. Schon einmal hatte Pater Paolo erfolgreich mit Dschihadisten verhandelt, allerdings zu einer Zeit, als die Entführten noch zu zählen waren. Inzwischen hatte allein der ISIS in Raqqa 1500 Menschen in seine Gewalt gebracht, und zwar nicht etwa Soldaten oder Regierungsvertreter, vielmehr säkulare Oppositionelle, Mitglieder der Freien Armee, christliche Bischöfe, gemäßigte Islamisten. Bis heute greift der ISIS selten Regierungstruppen an, sondern reißt mit Gewalt die Kontrolle in jenen Gebieten an sich, die von anderen Rebellen bereits erobert worden sind. Umgekehrt greifen die Regierungstruppen so gut wie nie Stellungen des ISIS an, etwa ihr Hauptquartier im Zentrum von Raqqa, das jeder Einwohner kennt. Statt dessen kommen die Bomben in den Wohnvierteln herab. «Ohne die Dinge zu simpel darzustellen», meinte Pater Paolo in dem bereits zitierten Interview, «möchte ich behaupten, daß die Aktionen der islamischen Extremisten von Beginn an ins Kalkül des Regimes paßten, nach dem der gesamte Aufstand nichts weiter als von ausländischen Mächten geförderter Terrorismus sei».

Pater Paolo sagte den Freunden zu, nach Raqqa zu kommen, sofern der ISIS ihn als Verhandlungspartner akzeptiere. Daß auf ein Wort von Dschihadisten kein Verlaß war und Lüge, Verstellung, Betrug von ihnen sogar theologisch gerechtfertigt werden, wenn es ihrem Heiligen Krieg nützt, wußte er. Am Samstag, dem 27. Juli 2013, schickte er von Raqqa aus eine Mail nach Suleymania, wo die ausländischen Mitglieder der Gemeinschaft nach ihrer Ausweisung Zuflucht gefunden hatten, daß es ihm gut gehe und er morgen die Abgesandten des ISIS treffen werde. Er traf die Dschihadisten offenbar tatsächlich: Unmittelbar nach der Videoaufnahme, noch in derselben Nacht, wurde Pater Paolo entführt. Er hat den Gipfel der Sanftmut erklommen.

DEZEMBER 2013

Er kannte die Gefahr, sagt Schwester Carol, die mich vor Mar Musa beruhigt hat, daß die bewaffneten Gestalten einfach nur Jäger sein konnten. Ihm war vollständig bewußt, daß er sein Leben aufs Spiel setzte. Aber für einen wie ihn lag das Leben ohnehin in Gottes Hand – *liegt*, korrigiert sich Schwester Carol, weil sie nicht glauben kann, daß Pater Paolo tot ist, *liegt* das Leben in Gottes Hand. Es ist kurz vor Weihnachten, Rom, die katholische Universität Gregoriana, wo wir in einem der oberen Korridore zwei Stühle an einen langen, altmodischen Holztisch mit Lederbezug gerückt haben. In der Eingangshalle spielt jede Stunde eine andere Kapelle mit festlichen Melodien auf, mal klassisch, mal Jazz. Ständig gehen junge Geistliche, Novizen, Nonnen, Studenten hinter unseren Rücken entlang, mit Büchern und Rucksäcken beladen, alle geschäftig, die nichts von der Welt ahnen, in der wir gerade sind. Umgekehrt vergesse ich im Laufe des Gespräches mit Schwester Carol den Frieden, in dem alle anderen gerade sind.

In Suleymania ging Schwester Carol einmal allein in die Kirche und traf Pater Paolo ins Gebet versunken an. Kurz vor der Reise nach Raqqa war das, als er noch auf die Nachricht wartete, ob die Dschihadisten ihn als Vermittler akzeptierten. Sie spürte, daß etwas passieren würde. Aber er lächelte sie nur aufmunternd an, als er gebetet hatte. Er schien sich schon auf den Weg gemacht zu haben.

Ich dürfe mir Pater Paolo nicht als einen vergeistigten, weltabgewandten Asketen vorstellen, fügt Schwester Carol an:

— Er war, nein: ist ein Mensch, der mit ganzem Herzen liebt, den Menschen und der Welt also zugetan ist. Es war unglaublich, wie er zuhören konnte, und jedesmal die Verblüffung: daß er mehr hört, als man zu sagen geglaubt hat.

Ich frage, was Pater Paolo außerdem ausmache.

— Er hatte Hoffnung, erwidert Schwester Carol sofort.
— Deshalb das Thema seiner Dissertation?
— Ja, wir sprachen vor seiner Abreise nach Raqqa darüber. Er sagte, wenn wir, Christen und Muslime, keine gemeinsame theologische Hoffnung hätten, wäre der Dialog sinnlos. Deshalb hatte er die Sure 18, die von der Auferstehung spricht und jeden Freitag in den Moscheen rezitiert wird, in den Mittelpunkt seiner Dissertation gestellt. Bei jedem Menschen, der ihm begegnete, interessierten ihn dessen Möglichkeiten – also die Hoffnung, die er war.

Es habe da einen Jungen gegeben, aus der Gegend des Klosters, einen ziemlich ungezogenen Bengel, der sich seiner Diebstähle rühmte. Pater Paolo habe sich des Jungen angenommen, ihn im Kloster versorgt und ihn nach und nach so sehr ins Herz geschlossen, daß er praktisch zu seinem Adoptivsohn wurde. Irgendwann habe der Junge wieder angefangen zu stehlen, auch im Kloster selbst. Jeder andere hätte ihn aufgegeben, wäre beleidigt gewesen wegen des Verrats. Aber Pater Paolo habe dennoch an den Jungen geglaubt und sich weiter um ihn gekümmert.
— Er sieht den Menschen nicht nur, wie er sich in dieser Welt verhält; er sieht ihn, wie er vor Gott steht.

So hat Pater Paolo auch in Carol schon seine Schwester gesehen, als sie es noch nicht war: Sie ist Libanesin, im Bürgerkrieg mit allen Vorurteilen aufgewachsen, die Christen und Muslime gegeneinander hegten. Noch bevor die Waffen endlich ruhten, entschloß sich Carol, nach Europa auszuwandern. Denn wie immer der Frieden aussehen würde – klar schien, daß die Christen im Libanon ihre Dominanz nicht aufrechterhalten könnten. Politisch sah sie das ein, nur sie selbst, sie wollte als Christin nicht mit einer muslimischen Mehrheit leben. Nachdem sie in Deutschland studiert hatte, beschloß sie, ihr Leben Jesus zu widmen. Zur Vorbereitung auf die Weihe saß sie allein in der Kapelle, um die Gelübde der Armut, der Keuschheit und des Gehorsams niederzuschreiben. Ohne daß sie es merkte, schrieb ihre Hand ein viertes Gelübde. Als sie das Papier besah, las sie: «Herr Jesus, ich opfere dir mein Leben und mein Sterben auf für das Heil meiner muslimischen Brüder und Schwestern.»
— Das war ein Schock, sagt Schwester Carol, ich konnte das überhaupt nicht begreifen: ausgerechnet ich.

Damals beruhigte sie sich noch damit, daß ihr aufgetragen war, Muslime zu lieben, nicht den Islam selbst. Das schien ihr als Christin noch plausibel zu sein. Später stieß sie auf das Werk von Pater Paolo und beschloß, nach Mar Musa zu reisen. Nach der Abendmesse bat sie Pater Paolo um eine Widmung. «Für Carol», schrieb er der Unbekannten in sein Buch: «Liebe, Freundschaft und der gemeinsame Weg in Jesus, der dich zur Leidenschaft für den Islam führen wird und zu noch festerem Glauben an Jesus, den Erlöser aller Menschen.» Da war es nicht mehr nur die Liebe zu den Muslimen, mit der sich Schwester Carol beruhigt hatte; da hatte ihr Pater Paolo die Leidenschaft für den Islam prophezeit.

— Anfangs dachte ich, meine Berufung liege darin, eine Brücke zwischen Christentum und Islam zu bilden. Aber inzwischen ist der Islam zu meinem eigenen Leib geworden – der Leib der Christin, die ich nach wie vor bin. Der Islam ist für mich Bruder und Schwester, ist Freund und Mann, ist Vater und Sohn. Ich spüre mich mit seinem Schicksal total eins.

— Aber der Gedanke der Konversion kam dir nie, oder?

— Nein, nie. Vielleicht bin ich etwas, das es noch nicht häufig gibt.

Selbst auf manche Mitglieder der Gemeinschaft von Mar Musa wirke ihre Identifikation mit dem Islam extrem, um so mehr auf gewöhnliche Christen. Aber jene, die sie von früher kannten und über die Jahre ihren Weg verfolgten, hätten nie einen Zweifel geäußert, daß ihre Berufung von Gott komme.

Ich frage, ob der Krieg, der Extremismus und jetzt die Entführung Pater Paolos nicht ihre Liebe zum Islam in Frage gestellt hätten.

— Die Liebe ist ungebrochen, antwortet Schwester Carol, nur leide ich natürlich jetzt an der Situation, wie jeder gläubige Muslim auch, besonders am Bruderkampf zwischen Sunniten und Schiiten. Und gleichzeitig sorge ich mich um meine eigenen Glaubensgeschwister, für die der Krieg auf eine Katastrophe zuläuft, womöglich auf ihren völligen Exodus wie in den arabischen Gebieten des Irak.

Manchmal hadere sie mit Gott, wenn sie all das Leid sehe, das über das syrische Volk gekommen ist, aber dann ermuntere sie sich jedesmal, die Realität anzunehmen, also auch die äußerliche Zerrissenheit ihrer eigenen Gemeinschaft, nur noch sechs Mönche und Nonnen verteilt auf zwei Klöster in Syrien, die ausländischen Geschwister in Suleymania, Pater Paolo entführt, sie und noch eine weitere Schwester in Rom. Tatsächlich empfinde sie die Einheit der Gemeinschaft stärker denn je und versuche immer, an die Kirche Jerusalems zu denken, die sich ebenfalls zerstreuen mußte. So viel Segen sei aus dieser Zerstreuung erwachsen, und das mache ihr Hoffnung, so wie schließlich auch Pater Paolo immer gehofft habe. Sie selbst nutze die Zeit des Exils, um den Islam nun auch wissenschaftlich zu studieren, und den Ordensmitgliedern in Suleymania habe der chaldäische Patriarch aufgetragen, die christlichen Flüchtlinge anzuleiten, mit den Muslimen wieder wie mit Brüdern und Schwestern zu leben, trotz der Bitterkeit, der Vertreibung und so vieler quälender Erfahrungen. In Syrien selbst beherberge die Gemeinschaft die Menschen aus den umliegenden Städten, die erst von Dschihadisten terrorisiert und danach vom Staat zurückerobert worden sind, allein in Nebek, 17 Kilometer von Mar Musa entfernt, zuletzt 335 Tote. Nur zwei der Toten seien Christen, fügt Schwester Carol hinzu und kann nicht fassen, daß ihre Glaubensgeschwister im Westen so oft nur auf die christlichen Opfer verwiesen.

— Vom Christentum habe ich gelernt, daß man niemals nur die eigenen Toten zählen darf, merke ich an.

Daß Pater Paolo lebt, ist mehr als nur ein Gefühl. Der ISIS scheint zumindest die prominenten Gefangenen bislang nicht umbringen zu wollen, hat auch keine Forderungen gestellt, kein Lösegeld gefordert, sie nicht zum Austausch angeboten. Offenbar betrachtet er die Entführten als Schutzschild, um andere Rebellengruppen von Angriffen abzuhalten. Außerdem hätten sich Entführte geäußert, die vom ISIS freigelassen worden sind, gerade erst am 30. November die Meldung eines Aktivisten aus Raqqa auf Facebook, wonach Pater Paolo im Gefängnis der Dschihadisten gesehen worden sei, es gehe ihm gut.

Schwester Carols Handy klingelt. Nachdem wir die ganze Zeit Deutsch gesprochen haben, höre ich auf dem Korridor der Gregoriana nun das weiche, dunkle Arabisch der Levante, und zwar ziemlich laut, weil unten wieder eine Kapelle Weihnachtslieder spielt. Pater Paolo ist im Herzen ebenfalls ein Araber, sagt Schwester Carol beinah stolz, als sie aufgelegt hat.

Wir stehen auf dem Dach des Klosters der Jungfrau Maria: Schwester Friederike, die vor genau zwei Jahren ebenfalls im Auto saß, Pater Jens Petzold, der die Gemeinschaft von Mar Musa in ihrem Exil in der Altstadt von Suleymania leitet, und ich – Zufall oder nicht, wir alle drei aus derselben westdeutschen Generation, politisch in der deutschen Friedens- und Umweltbewegung der frühen Achtzigerjahre sozialisiert. Vor ein paar Wochen hat der «Islamische Staat», wie sich die Dschihadisten inzwischen nennen, den halben Irak erobert, Millionen sind geflohen, die Christen und Jesiden vor allem in den kurdischen Teil Iraks, die Schiiten praktisch alle in den Süden. Auch das Maria-Kloster ist mitsamt den umliegenden Wohnhäusern übervoll mit Flüchtlingen; so viele sind es, daß auch das Kirchenschiff zur Hälfte mit Vorhängen abgetrennt wurde, damit dahinter ein paar Familien unterkommen. Jetzt ist es Abend, schon recht spät, eben haben alle dicht an dicht im Hof gegessen, danach abgeräumt und gespült, je nachdem, wer dran war. Anfangs taten sich die Männer schwer, sich an der Hausarbeit zu beteiligen, schmunzelt Schwester Friederike, deren Generation außer von Frieden und Umwelt auch von der Emanzipation bewegt war, aber inzwischen erledigen selbst die Paschas den Abwasch ohne Murren. Fast war es eine Ausflugsstimmung, so ausgelassen, an allen Tischen lebhafte Gespräche, das Klappern der großen Töpfe in der Küche, die schrillen Rufe derer, die mit dem Servieren dran waren – wer will noch mal, wer hat noch nicht? –, dazu die Kinder, die zwischen den Stühlen tobten. Jedem hier ist klar, daß er es in der Katastrophe noch vergleichsweise gut getroffen hat, ein Dach über dem Kopf, eine Matratze für jeden, ausreichend Essen, medizinische Versorgung, der administrative Apparat der Kirche und mit den Mönchen und Nonnen von Mar Musa sehr lebensnahe, zupackende Gastgeber, die ihnen vom ersten Tag an wie Geschwister waren.

Wie jeden Abend wurden nach dem Abwasch im Hof ein Beamer, ein Laptop, Lautsprecher und eine Leinwand aufgestellt. Aber der Film, der heute läuft, scheint nicht so recht zu interessieren, eine libanesische Komödie über ein muslimisch-christliches Dorf, in dem sich die Frauen zusammentun, um ihre Männer mit tausend Tricks davon abzuhalten, sich konfessionell zu keilen, ziemlich gut gemacht sogar und so witzig, daß ich selbst ein ums andere Mal kichern mußte. Aber klar, die Hollywood-Schinken finden natürlich mehr Anklang und sind auch thematisch unverfänglich. Die muslimisch-christliche Verständigung ist nicht besonders angesagt bei Christen, die gerade Hals über Kopf vor Muslimen fliehen mußten. Es waren nicht *die* Muslime, sagt Pater Jens und beteuerten auch die Flüchtlinge, als ich mit ihnen beim Abendessen ins Gespräch kam; es seien Ortsfremde gewesen, unter ihnen viele Ausländer, Nordafrikaner, Syrer, Tschetschenen, auch Europäer und sogar Chinesen. Aber sie raubten, vertrieben und töteten eben im Namen des Islams. Und nur sehr wenige muslimische oder, um genauer zu sein, sunnitische Nachbarn, mit denen sie bisher gut zusammengelebt zu haben glaubten, hätten den Christen zur Seite gestanden. Eher hätten sie sich ungeniert bedient.

Jetzt blicken Pater Jens, Schwester Friederike und ich vom Dach der Kirche auf den Hof, in dem sich die Flüchtlinge nicht für den Film interessieren. Lieber schwatzen sie, oft mit dem Rücken zur Leinwand, oder schauen wohlwollend den Kindern nach, die sich müde toben. Der Ton ist noch aufgedreht, so daß die arabischen Filmstimmen in den sternenübersäten Himmel steigen, die tumben Männerstimmen und die listigen, versöhnlichen der Frauen.

— Und wie denken sie nun über die Muslime? frage ich, obwohl ich die Antwort selbst weiß.

— Sie denken, die Muslime sind eben so, antwortet Pater Jens.

Natürlich halte er in den Predigten und Gesprächen zur Verständigung an, spreche über die Gründe der Gewalt und erinnere an das friedliche Zusammenleben der Religionen im Irak. Aber gegen ihn spreche nicht nur die frische und so traumatische Erfahrung der Flüchtlinge; gegen ihn sprächen auch die Prediger, die die Flüchtlinge im Radio hörten, regelrechte Haßprediger, sagt Pater Jens bestimmt.

Pater Jens, der im Hof noch mit jedem einen Schwatz gehalten hat, ist erschöpft. Genauso wie Schwester Friederike und alle anderen Geschwister hat er sich für die Gemeinschaft von Mar Musa entschieden, weil er die Abgeschiedenheit des klösterlichen Lebens suchte, den Ein-

klang mit der Natur und eben auch die Annäherung an den Islam. Aber nun ist er mitten in der Stadt gelandet und Herbergsvater für mehrere hundert Christen geworden, die er größtenteils auch mag, die ihre Dankbarkeit unentwegt zeigen, aber die ihm doch auch fremd sind – die altsyrischen Christen des Irak immer schon konservativ und verschlossen selbst gegenüber den Mitgliedern anderen Kirchen – und die mit seinem Anliegen nichts anfangen können. Die nordirakischen Diözesen haben die Gemeinden angewiesen, ausschließlich christliche Flüchtlinge aufzunehmen. In gewisser Weise kann ich das verstehen, die Kapazitäten sind nun einmal begrenzt, die Gemeinden schon mit den Hunderttausenden christlichen Flüchtlingen überfordert; aber da ich dieser Tage täglich sehe, in welcher Not etwa die Jesiden sind, die nur selten ein Dach über dem Kopf gefunden haben – und bald wird es Herbst und mit dem Herbst bitterkalt in Kurdistan –, da ich auch durch viele kurdische Dörfer gekommen bin, in denen die Menschen trotz ihrer eigenen Armut Flüchtlinge gleich welcher Religion in ihren schlichten Häusern oder ihren Dorfschulen beherbergen, bin ich doch traurig über den Unterschied, der offenbar gemacht werden muß.
— Gut, es wäre jetzt auch viel zu früh, die Begegnung mit den Muslimen zu suchen, sagt Pater Jens, der den Geist von Mar Musa noch so viel mehr vermißt als ich. Die Hinwendung zum Islam sei für ihn schließlich kein karitativer oder gar belehrender Akt gewesen; er hat sie als Geschenk erlebt, als Bereicherung seines eigenen Lebens und Glaubens.

Und Pater Paolo?

Weder gibt es ein neues Lebenszeichen noch einen Hinweis auf seinen Tod. Die Flüchtlinge, die erst seit ein paar Tagen oder höchstens vier Wochen hier sind, kennen oft nicht einmal seinen Namen.

JANUAR 2015

Unter den Texten Pater Paolos möchte ich einen Vortrag herausgreifen, den er zu Zeiten des Friedens vor seiner eigenen, ursprünglichen Gemeinschaft hielt, den italienischen Jesuiten. Darin verteidigt er etwas,

was abzulehnen wir alle gewohnt sind, die wir ebenfalls zwischen den Religionen zu vermitteln meinen: den Synkretismus. Seien die Religionen, alle Religionen, nicht ihrer Entstehung und ihrem Wesen nach zutiefst synkretistisch, fragte Pater Paolo seine Glaubensbrüder. «Könnte man überhaupt eine Kultur finden, die vollständig originär ist und nicht das Resultat von Gärungsprozessen, schmerzlichen Erfahrungen, Anstößen von außen, Übernahmen, wechselseitigen Befruchtungen?» Natürlich gebe es Formen des Synkretismus, die mit gutem Grund auf Skepsis stießen, da sie auf Gleichmacherei, Beliebigkeit, Austauschbarkeit, die oberflächliche Übernahme einer dominanten Kultur und schlechten Geschmack hinausliefen. Allein, die Reaktion auf solche Ausformungen einer banalen Globalisierung sei in vielen Fällen nicht minder fragwürdig, nämlich das krampfhafte Bemühen um Reinheit, um Ursprünglichkeit, um Abgrenzung, um eindeutige Identität.

Der Katholizismus verdanke seine Kraft und Dauerhaftigkeit eben dem Einverständnis, den anderen nicht trotz, sondern mitsamt seiner kulturellen, ethnischen und spirituellen Andersartigkeit als Bruder in Christus zu sehen; diese Vielfalt und Universalität mache die Kirche erst zu einer einheitlichen, lebendigen, mystischen und historischen Gemeinschaft. Im besonderen die ignatianische Spiritualität, die ihr Zentrum in der oft unvorhersehbaren Dynamik der Exerzitien habe, damit in der mystischen Beziehung zu Jesu, beruhe auf der Wandelbarkeit, immer neuen und kontinuierlich sich ändernden Erfahrung der göttlichen Inkarnation. Und dann führte Pater Paolo vor seinen italienischen Glaubensbrüdern ein arabisches Sprichwort an: *Laysa ḥarâman illâ l-ḥarâm* – Es gibt nichts Verbotenes außer dem Sündhaften selbst.

«Es geht um nichts weniger als die radikale Eingemeindung des christlichen Glaubens in ein muslimisches Umfeld», erklärte Pater Paolo: «Und mit radikal meine ich etwas, das über Folklore, Kleidung, Teppiche auf den Böden der Kirchen, nackten Füßen und dem regelmäßigen Gebrauch muslimischer Ausdrücke hinausgeht. Es geht darum, die Trumpfkarte im Schicksal derjenigen zu sein, die wir lieben. Es geht darum, als Samen auf die Erde geworfen zu sein, damit sie Frucht bringen möge, darum, Hefe zu sein, damit der Teig aufgehen möge für die Nahrung der Vielen. Es geht um den Versuch, den Islam mit dem Jesus von Nazareth zu vermählen, der in der Kirche lebt, und zwar just inmitten der dramatischen, widersprüchlichen und schmerzerfüllten muslimischen Welt von heute. Es geht um das Bemühen, die Segnungen zu erneuern, die Abraham für seinen Sohn Ismail erhielt, Segnungen, die in Mohammed aufs Neue erbeten, aufs Neue verkündet und aufs Neue verwirklicht worden sind, dem arabischen Propheten, dem Nachfahren Ismails.»

Gewiß würden seine christlichen Brüder fragen, wie sie sich zur strikten Ablehnung der Trinität, der Inkarnation, des Kreuzes verhalten sollten – und wie zur Reduktion der koranischen Lehre auf Gesetzesbestimmungen in vielen islamischen Institutionen, dem mitunter polemischen, aggressiven oder beleidigten Auftreten jener, die für den Islam sprechen? Nicht oder nicht nur mit rationalen Argumenten, beantwortete Pater Paolo die selbstgestellte Frage. Die Antwort müsse Liebe sein, christliche Liebe, wie es Pater Paolo an dieser Stelle selbst nennt. «Das christliche Herz besitzt Argumente, die die menschliche Logik nicht kennt, und sieht Veränderungen voraus, welche die Historiker und Exegeten nicht vorhersagen können.» Das Auftreten des Islams, das die Kirche seit vierzehn Jahrhunderten beunruhige und eine Serie existentieller Fragen über die göttliche Vorsehung in der menschlichen Geschichte aufwerfe, könne nicht simplifizierend im Schema des bloßen Gegensatzes gedeutet werden, sondern nur auf der Grundlage der Liebe, die allein fähig sei, die Gegensätzlichkeit statt durch Unterdrückung durch Freundschaft und allmählichen Wandel zu überwinden. «Wie können wir also, um bei dem Beispiel zu bleiben, auf die muslimische Ablehnung des Kreuzes reagieren? Mit steriler Polemik? Oder nehmen wir sie als Anlaß, selbst den Koran zu lesen und ihn mit vollem exegetischem Recht im Lichte des Zeugnisses und des Martyriums zu verstehen. Für einen Glauben, in dessen Zentrum eben dieses Mysterium steht, scheint es berechtigt, die Ablehnung Ismails als in mancher Hinsicht analog zur Ablehnung durch Israel zu erkennen.»

Es sei eine Tatsache, fuhr Pater Paolo fort, daß viele, auffallend viele Muslime sich in der christlichen Gemeinschaft von Mar Musa zuhause fühlen. Diese Sympathie und Annäherung beruhe nicht darauf, daß die Mönche und Nonnen Mimikry betrieben, ihre Überzeugungen leugneten oder gar in Konflikt mit dem Christentum geraten seien. An der katholischen Lehre hielten sie im besten Sinne orthodox, ungebrochen und mit ganzem Herzen fest. Nein, die Muslime fühlten sich im Kloster zuhause, weil es sich kulturell, sprachlich und symbolisch in ihre, die islamische Welt einfüge. Die Nonnen und Mönche von Mar Musa wünschten sich, an dieser Welt teilzuhaben und sie zu lieben, beginnend mit Mohammed selbst, Friede und Heil auf ihn und seine Gemeinschaft.

«Betrachte ich mich selbst als Muslim?» fragte Pater Paolo gegen Ende seines Vortrags, der von den Jesuiten ins Englische übersetzt und ins Internet gestellt worden ist. «Ich denke ja, vermittels der evangelischen Gnade und des Gehorsams. Ich bin Muslim aufgrund der Liebe Gottes zu den Muslimen und zum Islam. Ich kann nicht anders als Muslim sein auf dem Wege des Geistes, nicht des Buchstabens.» Bereits jetzt sehe er, daß das Mysterium des lebendigen Gottes mit Maria als Seiner Mutter in die religiöse Welt des Islams wirke. Er sehe, daß viele Muslime ihn, Pater Paolo, als das akzeptierten, was er sei, ein Mönch, ein Schüler Jesu, der in den Islam verliebt sei. Nicht, daß es den Muslimen leicht falle, seinen Glauben an den menschgewordenen Gott zu verstehen. Aber sie nähmen die Begegnung mit der Gemeinschaft von Mar Musa als Ankündigung der endgültigen Harmonie in Gott wahr. «Es wirkt auf uns nicht so, als hätten wir Christus verloren. Eher haben wir den Eindruck, daß wir für Ihn und in Ihm verloren sind.»

MAI 2015

Er lehrte uns Hoffnung, in dieser, aber auch auf die andere Welt.

III.
ANRUFUNG

BERUFUNG

Es könnte jeder sein, jeder der vier Männer, die um den kleinen Tisch sitzen, und ebenso der Junge. Es könnte jetzt sein, wie Caravaggio lehrt, indem er wie im heutigen Regietheater das biblische Personal in Kleidung seiner eigenen, Caravaggios, Gegenwart hüllt, der Apostel in Rüschen. Levi, wie Matthäus in den Evangelien von Lukas und Markus noch heißt, hat noch gar nicht gemerkt, daß der Unbekannte auf ihn zeigt, so vertieft ist er darin, die Steuern zu zählen, die er heute eingenommen hat, oder hat es gemerkt und schaut nur deshalb nicht auf, weil er es nicht wahrhaben will. Oder ist ein anderer Levi? Nicht einmal darüber wurden sich die Betrachter in vierhundert Jahren einig, hielten mal den Bärtigen, mal den Geldzähler für den künftigen Apostel, sahen die drei Zeigefinger mal auf diesen, mal auf jenen gerichtet. Offenbar hängt es vom Betrachter selbst ab und sollte ich mich daher fragen, warum ich vom ersten Blick an denjenigen für erwählt hielt, der am wenigsten auf den Erlöser achtet. Dessen Begleiter jedenfalls, Petrus, scheint die anderen Zöllner zu beruhigen, daß sie nicht gemeint sind. Sie können weiter Steuern eintreiben, Tag für Tag, ihre Familie ernähren, in dem sie andere Familien ausplündern, ein übliches Menschenleben führen. Nur zu Levi sagt Jesus: «Folge mir!» Kein Wort mehr steht in der Bibel über die Berufung des Matthäus, keine Begründung, keine Erklärung, vor allem kein Werben wie bei einer Mission, nur: «Folge mir!» Und Matthäus stand auf und folgte.

Der Bruch mit allem, was Levis Leben bis zu dieser Sekunde ausgemacht, ist in der Bibel so abrupt und

Folgende Seiten: Caravaggio (1573–1610), Berufung des Heiligen Matthäus. 1600. Öl auf Leinwand, 322 x 344 cm. San Luigi dei Francesi, Cappella Contarelli, Rom

umfassend, daß er, wenn nicht als Hypnose trivialisiert oder mit dem Begriff der Aura vernebelt, nur als ein Wunder zu verstehen ist. Allein, Caravaggio interessiert nicht das Wunder selbst, weil es nicht darstellbar ist oder wenn es dargestellt wird, schnell komisch wirkt oder jedenfalls unnatürlich, wie er selbst es ein einziges Mal, auf dem Bild vom ungläubigen Thomas gemalt hat, der seinen Finger in Jesu Bauch steckt, als sei darin Luft. Caravaggio interessiert allein der Mensch. Unter allen Malern hat er den schärfsten Blick dafür, was die Erscheinung des Himmlischen für die Irdischen bedeutet: Es zersprengt sie. Hat man sich einmal in seinen Bildern verloren, die nicht die Offenbarung zeigen, sondern vielfach die Qual derer variieren, denen offenbart wurde, mag man von «froher Botschaft» nicht mehr sprechen. «Wenn ihr wüßtet, was ich weiß, ihr würdet wenig lachen und viel weinen», sagt es der islamische Prophet, dem bei der Erscheinung des Engels der Schaum vor den Mund trat und der vor Schmerz wild um sich schlug, so daß ihn viele für besessen hielten, für einen Epileptiker oder für geisteskrank. «Ist mein Wort nicht wie ein Feuer, spricht der Herr, und wie ein Hammer, der Felsen zerschmeißt?» sagt es der Prophet Jeremia (23,29).

In der *Berufung des Heiligen Matthäus* fängt Caravaggio ein einziges Mal den Moment unmittelbar vor der Berufung ein, nicht das Berufensein selbst. Daß das Bild selbst nicht ahnen läßt, was gleich geschieht, macht die Situation aus. Wüßte man es nicht, könnte man sich unter allen fünf Menschen, die um den Tisch sitzen oder stehen, am wenigsten Levi vorstellen als den, der gleich mit glasigen Augen und weit geöffnetem Mund wie ein Mondsüchtiger dem Fremden folgt. Oder, weil der Geldzähler links gar nicht Levi sein muß: Vielleicht ist es genauer zu sagen, daß man es sich bei keinem von ihnen vorstellen kann. Das würde bedeuten, daß jeder Mensch erwählt werden könnte. Wirklich der? fragt der Bärtige, derweil der Brillenträger neben ihm die Münzen interessanter findet. Oder der Bärtige fragt, wie andere Betrachter meinten: Wirklich ich? Der Mann im Vordergrund mit Feder am Hut scheint gar nichts zu kapieren. Zu Jesus blickt er, weil der Junge ihn unterm Tisch gegen das Schienbein tritt: Ja und?

Betrachtest du nur die vier Männer und den Jungen, deckst meinetwegen Jesus und Petrus mit einem Blatt zu, könntst du dir alles mögliche vorstellen, was ihre Aufmerksamkeit geweckt hat, Randale am Nebentisch, einen Gastwirt, der die Zeche anmahnt, oder einen Vorgesetzten, der zum Dienst ruft, aber nicht, daß gerade der Erlöser vor sie tritt. Dafür ist das Staunen dann doch nicht groß genug, eigentlich nur ein Aufmerken, ein Was-ist-denn? Das würde bedeuten, das Wunder ist nicht der Auftritt des Erlösers; das Wunder ist, daß einer es bemerkt – und, wenn ich mich nicht täusche, ausgerechnet derjenige, der den Erlöser nicht einmal beachtet. Fassungslos werden die Männer erst sein, wenn ihr Kollege von der nächsten auf die übernächste Sekunde seine Familie, seinen Beruf und seine Weltsicht aufgibt.

So kalkuliert Caravaggio die zeitgenössische Kleidung oder die unklare Richtung der Zeigefinger einsetzt, so programmatisch hat er *Die Berufung des Heiligen Matthäus* als Teil eines Zyklus konzipiert, der in einem Seitenaltar der Kirche San Luigi dei Francesi in Rom hängt. Wie zur Warnung stellt das Martyrium auf der gegenüberliegenden Seitenwand dar, worauf die Berufung hinausläuft. Ursprünglich bestand der Zyklus nur aus den beiden Gemälden, die von der Figur des Heiligen bereits das Wesentliche aussagen: Wahllosigkeit und Opfer. Der Finger könnte auf jeden zeigen, immer. Die Tür hinter mir könnte aufgehen und der in der Tür steht mein Leben zersprengen, das Sehnsuchtsmotiv der deutschen Romantik: Nichtsahnend ging ich aus dem Haus, als plötzlich ..., nur daß die meisten von uns zu den anderen gehören, den drei anderen Männern und dem Jungen, die auf das Wunder schauen, ohne es zu bemerken.

GEBET

Als Kind dachte ich, Christen, alle Christen, beten mit gefalteten Händen und gesenkten Köpfen, und ich hatte immer Schwierigkeiten damit. Ein – ich kann nicht sagen entscheidender, aber doch unmittelbar mir einleuchtender, ja physisch evidenter Vorzug des Islams schien mir deshalb die Körperhaltung des Beters zu sein: aufrecht, die Brust geweitet, die Unterarme schräg ausgebreitet, die offenen Handflächen zum Himmel, der Blick nach vorn: Nur wer steht, kann sich niederwerfen. Ich erinnere mich, daß ich als Kind öfters im raschen Wechsel die christliche und die islamische Gebetshaltung ausprobierte, wie an einer Schnur gezogen den Kopf abwechselnd runter und hoch, die Hände abwechselnd vorm Bauch gefaltet und mit ausgestreckten Unterarmen nach oben geöffnet, und jedesmal erleichtert war, sozusagen dem überlegenen Verein anzuhängen oder das schönere Auto zu fahren. Das christliche Gebet, so dachte ich als Kind, tue mit den unwillkürlich nach oben gezogenen Schultern schon körperlich nicht gut, führe nach längerer Zeit auch zur Genickstarre, und überhaupt seien die Menschen doch nicht so unwürdig, daß sie Gott nur in Büßerhaltung ansprechen dürften (gut, gut, ob ich neunjährig schon existenztheologisch argumentierte, weiß ich nicht, aber Christentum und Islam habe ich tatsächlich gymnastisch exerziert).

Später sah ich Christen in allen möglichen Haltungen beten, die Brüder und Schwestern in Rom sogar mit aufrechtem Oberkörper, die Brust geweitet, die Unterarme schräg ausgebreitet, die offenen Handflächen zum Himmel, den Blick selbstbewußt nach vorn gerichtet, und verstand, daß der Unterschied zwischen den beiden Religionen nicht an einer gymnastischen Übung festzumachen ist. Und doch kennzeichneten die gefalteten Hände und der gesenkte Kopf natürlich weiterhin das christliche Gebet. Jedenfalls in der westlichen Welt beteten die allermeisten Christen so, ob in den Kirchen oder in der privaten Andacht, ob in meiner Umgebung oder in Filmen. Man muß nur bei der Bildsuche von Google «christlich» und «beten» eingeben, um gefaltete Hände und gesenkte Köpfe in Serie zu finden. Daß ausgerechnet die berühmteste Darstellung eines christlichen Gebets, Albrecht Dürers *Hände eines Apostels*, den Beter ganz anders zeigt, mit großflächig zusammengeführten Händen, fiel mir als Widerspruch nicht auf, aber der Bildsuche von Google ebensowenig. Wahrscheinlich stellte ich mir intuitiv den Kopf, den Dürer nicht gezeichnet hat, gesenkt vor, so daß die Gefahr der Genickstarre dem Christentum inhärent blieb.

Ich weiß nicht, wieviel Dutzende oder Hunderte Werke mittelalterlicher und frühmoderner Kunst der Christen ich unaufmerksam oder jedenfalls ohne Blick für die Gebetshaltung betrachtet hatte, bevor ich in Madrid vor Hans Memlings kleinem *Bildnis eines betenden jungen Mannes* stand. Der junge Mann führt seine Hände wie Dürers Apostel vor der Brust mit ausgestreckten, schräg nach oben weisenden Fingern zusammen, doch ist er keineswegs gebückt, hat den Nacken nicht gebeugt, nicht einmal den Kopf, gerader Rücken, blickt mit weit geöffneten Augen nach vorn: Demut setzt Würde voraus.

Das Deutsche assoziiert das Gebet schon sprachlich mit der Bitte, also einem Appell, einer flehentlichen Ansprache. Das ist im Arabischen und auch Persischen anders: Das informelle, persönliche Gebet, *du*ᶜâ, heißt übersetzt «Ruf», nicht «Bitte», und zwar ein Ruf, in dem von der Wurzel *d* – ᶜ – *â* lexikalisch ein «Herbeirufen», eine «Einladung» mitklingt, eine Geste des Aufmerkens und der Aufmerksamkeit also. Der junge Mann scheint nicht um etwas zu bitten, schon gar nicht zu flehen, bewegt die Lippen nicht und sieht auch nicht aus, als würde er in Gedanken etwas sprechen. Eher nimmt er den Moment wahr, trotz der geöffneten Augen nicht so sehr die räumliche Gegenwart als vielmehr das Dasein, Jetzt-Sein, So-Sein, nicht nur mit den Sinnen, sondern auch mit dem Herzen, ist hellwach für die äußeren ebenso wie für die inneren Zusammenhänge, ist weder abwesend noch versunken. Er sieht die

Welt, ja, aber er sieht sie in ihrem Zeichencharakter. Er ist der Aufnehmende, das ist das Entscheidende: Nicht er spricht zu Gott, sondern die Welt spricht zu ihm oder Gott. Darin unterscheidet sich das Bild auch von den Dürer-Händen, die ob ihrer Magerkeit, der Striemen der Armut und des Alters eine Bedürftigkeit anzeigen, insofern das Gebet doch wieder als Bitte nahelegen, als Appell. Memlings jungen Mann weist nichts als bedürftig aus: die prächtigen Goldnähte, übrigens herausragend gemalt, wie man erst aus unmittelbarer Nähe erkennt, die Goldschnüre und der schwarze Pelzumhang mit Armschlitz ebenso wie der Orientteppich auf der Balustrade sowie die Frisur deuten auf materiellen Reichtum hin, Hände und Gesichtshaut wirken gesund und wohlgenährt, der Blick ist gelassen, ruhig, ohne Arg. Die Bedürftigkeit, die sich darin zeigt, daß er die Hände dennoch für einige Sekunden oder Minuten schweigend zusammenführt, ist die des Menschen als solchem, der sich mit etwas Höherem oder, genauer gesagt: als ein Teil mit dem Ganzen verbunden weiß. Als ein Tropfen mit dem Meer, wie es die Mystiker lieber sagen.

Wie ich jetzt in Köln am Schreibtisch sitze, vor mir ein Bildband mit Porträts von Hans Memling, den ich noch vom Hotel in Madrid aus bestellt habe, aufgeschlagen das *Bildnis eines betenden jungen Mannes*, führe ich die Handflächen mit den ausgestreckten Fingern zusammen und erinnere mich sofort, wie ich es von Reisen nach Asien, aber zugegeben auch von den Pilatesstunden kenne, die ich regelmäßig besuche, weil mein Rückgrat leider nicht mehr ganz gerade ist – erinnere mich, daß die Gebetshaltung des jungen Mannes ebenfalls eine Art Energie im Körper erzeugt, mindestens im Oberkörper eine angenehme Spannung, die wach und aufmerksam macht, besonders wenn sich die beiden Handflächen bereits vor der Stirn begegnet und aneinandergepreßt bis zum tiefsten angenehmen Punkt vor der Brust gesunken sind. Ich möchte natürlich nicht behaupten, daß der junge Mann Yoga, geschweige denn Pilates praktiziert, sondern nur sagen, daß seine Gebetshaltung, selbst wenn er die Handflächen erst vor der Brust aneinandergelegt hat, offenkundig auf einem tiefen, vermutlich vorchristlichen Wissen um die Energiekanäle und Spannungs-

Hans Memling (um 1435–1494), Bildnis eines betenden jungen Mannes. Um 1485/94. Holz, 29,2 x 22,5 cm. Museo Thyssen-Bornemisza, Madrid

leitstellen innerhalb des menschlichen Körpers beruht, das mir anders zwar, aber gymnastisch genauso einleuchtet wie die ausgebreiteten Unterarme mit den nach oben geöffneten Handflächen. Warum nur begannen die Christen mit gefalteten Fingern zu beten, den Oberkörper gebeugt?

Weil die Bildsuche von Google überproportional die Gegenwart durchforstet und aus dieser ermüdend viele Schnappschüsse und Pressephotos zusammenträgt, schiebe ich die «größte Kunstsammlung, die man kaufen kann!» in den Computer, die ich – gern erwähne ich's nochmals, so froh bin ich über mein Schnäppchen – für nur 9,99 Euro aus der Konkursmasse eines Buchladens in der Kölner Ehrenstraße gehoben habe. Nach den Wörtern «Gebet», «betend», «betende» und «betender» suchend, komme ich zu dem wissenschaftlich zugegeben noch sehr vorläufigen Schluß, daß sich der Übergang von den aneinandergelegten zu den verschränkten Fingern im sechzehnten und siebzehnten Jahrhundert vollzogen haben muß, weil sowohl Tizian als auch Rembrandt beide Gebetshaltungen gemalt haben. Erst ab dem achtzehnten Jahrhundert – weil die CD-ROM lediglich vormoderne Kunst enthält, kann ich als Beleg allerdings nur das Gemälde eines Giovanni Battista Piazzetta, *Die heilige Ursula im Gebet*, sowie die Zeichnung eines Julius Schnorr von Carolsfeld anführen, *Jesus und die schlafenden Jünger am Ölberg* – erst ab dem achtzehnten Jahrhundert, im Zuge der Aufklärung also, sieht der Beter konstant so unterwürfig wie in der Bildsuche von Google aus. Hingegen alle älteren Beter, auf die ich beim Durchblättern stoße, haben die Hände mit ausgebreiteten Fingern vor der Brust zusammengeführt. Den eindrücklichsten Beleg jedoch liefert Hans Memling selbst, der wahrscheinlich mehr Beter gemalt hat als je ein anderer Maler, den betenden Gilles Joye, den betenden Meister der Ursula-Legende, den betenden Tommaso Portinari, die betende Maria Baroncelli, den betenden Willem Moreel, die betende Barbara van Vlaenderberch, den betenden Jacob Obrecht, den betenden Mann vor einer Landschaft, den betenden Maarten van Nieuwenhove, noch weitere junge Beter und unzählige betende Stifter: Und alle halten sie die Hände wie ich am Ende meiner Pilatesstunde, obwohl ihr Rückgrat gerade ist.

OPFER

Er hätte es getan. Lange fand ich das Ungeheure, das Abstoßende, das Bedrohliche des Glaubens – des Glaubens an nur einen Gott – im zweiundzwanzigsten Kapitel des ersten Buches Mose zwischen dem zweiten und dem dritten Vers. Richtig: nicht im zweiten, nicht im dritten, sondern im Abgrund an Gefühllosigkeit, der sich zwischen beiden Versen auftut. Der zweite lautet: «Und er sprach: Nimm Isaak, deinen einzigen Sohn, den du liebhast, und geh hin in das Land Morija und opfere ihn daselbst zum Brandopfer auf einem Berge, den ich dir sage werde.» Der dritte: «Da stand Abraham des Morgens früh auf und gürtete seinen Esel und nahm mit sich zwei Knechte und seinen Sohn Isaak und spaltete Holz zum Brandopfer, machte sich auf und ging hin an den Ort, davon ihm Gott gesagt hatte.» Und dazwischen: nichts. Kein Zögern, kein Nachfragen, keine Bekümmernis um den Sohn, kein Mitleid mit seiner Frau, keine Rücksicht überhaupt auf ein irdisches Urteil. Er hätte es ohne Wimpernzucken getan.

Nicht eigentlich der göttliche Befehl schockierte mich – die Offenbarungen sind wahrhaftig genug, die Gewalt des Schicksals zu konzedieren, das Gott genannt wird. Nicht die Fügsamkeit des Propheten irritierte so sehr, der als Mensch der Schwächere, der Unwissende, der Abhängige ist. Wenn etwas mich – nein, nicht bloß befremdete – mich von der Religion entfremdete, dann war es die Tilgung jedweder eigenen Regung, die zwischen dem zweiten und dritten Vers im zweiundzwanzigsten Kapitel des ersten Buches Mose geschieht. Ja: Gott befiehlt, der Mensch gehorcht. Aber dazwischen

Folgende Seiten: Caravaggio (1573–1610), Die Opferung Isaaks. 1602/03. Öl auf Leinwand, 104 x 85 cm. Uffizien, Florenz

öffnet sich der große, weite Raum der Entscheidung, die nicht blind sein darf, um Hingabe zu sein. Der Gesichtspunkt des Bundes, den die Ungläubigen und Frömmler schwerlich verstehen: Wer sich niederwirft, muß stehen, und wer zu Boden gestreckt ist, richte sich mit größerem Selbstbewußtsein wieder auf.

Noch häufiger als der Koran, der aus dem Mund Gottes gesprochen ist, erzählen die biblischen Bücher von dieser Dialektik und daß der Mensch nicht nur in Lobpreis, sondern auch in Klage zu Gott aufschreit. Es ist ein Liebesverhältnis, so glücklich, so grausam. Fehlte der Widerstand, der aufgegeben wird, wäre der Mensch nicht mehr als ein Hund, nein, eine Maschine, die auf Knopfdruck gehorcht. Nur stand solchem, meinem Glauben ausgerechnet der Stammvater entgegen, dem das Geschlecht Ismaels ebenfalls nachfolgt. Vielleicht hätte ich den Kadavergehorsam als eine extreme Spielart der Liebe annehmen können, wie ich den Sadismus im Buch Hosea oder die Erbarmungslosigkeit der Apokalypse annehme, wenn Gott Abraham nicht zum Vorbild für alle Gläubigen erklärt hätte. Was könnte Liebe weniger wollen, als dem eigenen Kind die Kehle durchzuschneiden? Hier ward das Gefühlloseste zum Inbegriff des Gottgefälligen erklärt. Erst Caravaggio brachte mich dazu, auch den Abgrund anzunehmen, der sich zwischen dem zweiten und dem dritten Vers auftut.

Sein Abraham ist ein Verwalter, nichts anderes, ein intellektuell immer schon beschränkter, im Alter erst recht verstockter Hausmeister Gottes, wohlgenährt der Leib, kräftig die Farbe seines Gesichts. An der Ordnung, die im Alltag ihren Sinn haben mag, hält er auch dann Punkt für Punkt fest, als sie durch eine Ausnahmesituation absurd, ja ganz offenkundig unmenschlich geworden ist. Er hört den Befehl, Isaak zu opfern – und drückt mir nichts, dir nichts den Schädel des Jungen auf den Stein, sauber geschnitten der Nagel des Daumens, der sich in die Wange quetscht. Mit der anderen, der rechten Hand führt er den Schaft des geschärften Messers ohne Zittern an die Kehle. Beinah ist er empört, da ihn im letzten Moment der Engel abhält, versteht es jedenfalls nicht, wirkt weder befreit noch erfreut. Nein, die Stirn in Falten gelegt, zögert er, will sichergehen, ob er das Erbarmen richtig verstanden hat, preßt die Lippen vielleicht darum aufeinander, weil er den Protest unterdrückt, der ihm nach dem Mordbefehl leider nicht in den Sinn gekommen ist. Der Engel muß ihm fest in den Unterarm greifen, damit Abraham das Messer nicht dennoch an den Hals des Jungen legt, das Wort allein genügt offenbar nicht. Doch nicht deinen Sohn! scheint er nicht fassen zu können, daß Abraham den Befehl tatsächlich ausgeführt hätte, und zeigt in Richtung des Schafs, das seine Kehle freiwillig zum Messer hin streckt. Ja, es war eine Prüfung, aber in Reife. Geprüft hat dich Gott, ob du seiner Nachfolge würdig bist.

Meine Deutung, ich weiß es, findet weder in der Bibel noch im Koran hinreichend Grund. Ich gründe sie auf die Liebe, die Gott in den gleichen Schriften und erst recht in seiner Schöpfung offenbart. Ich gründe sie auf die eigene Vaterschaft, die der göttlichen nachgebildet ist, auf die eigene Sohnschaft, die ich als unumschränkte Fürsorge erfuhr. Ich gründe sie auf die Finsternis, die Caravaggio diesem Vater, und aufs Entsetzen, das er diesem Sohn ins Gesicht gemalt hat. Deshalb mögen die Gelehrten noch so viele Verse auflisten, die direkt oder indirekt den Gehorsam des Stammvaters rühmen, ich behaupte weiter, daß die Geschichte von der Abschaffung des Menschenopfers erzählt, die für den Glauben an nur einen Gott unabdingbar war. Nicht, daß er es getan hätte – daß er es nicht tun durfte, ist ihr Kern. Es ist mein eigenes Christentum, wie ich davor schon zu meinem eigenen Islam gekommen bin. Ich gründe es auf den Sohn, weil er mich anschaut.

KIRCHE

Im dicken Kunstreiseführer stehen ganze elf Zeilen zur Dreifaltigkeitskirche oberhalb der Spanischen Treppe, Santissima Trinità dei Monti, von denen sechs die Fassade, die Treppe und das Gebäude daneben behandeln. Eine beschwingte Nonne, himmelblaue Tracht mit dunkelblauem Kopftuch, orthopädischen Sandalen und roten Wangen, Französin, keine dreißig, zeigte uns die anamorphotischen Fresken und in einem langgestreckten Flur die Sonnenuhr, die nach römischer, byzantinischer und arabischer Rechnung die Zeit nicht nur in Rom anzeigt, sondern auch in Island, Paris, Konstantinopel, Alexandria, Babylon und am äußersten Rand Sepahan, dem alten Isfahan. Da komme ich her! war ich versucht zu rufen. Es war kein Stoß Heimatliebe, der mich durchfuhr, eher das selbstverständlich irrige Gefühl, der Kirche und speziell der Seele ihrer Astronomen, die sich so viel Mühe gegeben hatten, mit der Mitteilung eine Freude zu machen. Womöglich war ich der erste Isfahani, der unter der Karte der einstmals bekannten Welt stand, schließlich ist der Flur gewöhnlichen Reisenden verschlossen und wird die Trinità dei Monti ohnehin nicht für besonders sehenswert gehalten, wenn sogar der dicke Kunstreiseführer nur elf Zeilen für sie übrig hat, davon sechs für die Fassade, die Treppe und das Gebäude daneben. Ich hätte zum Ausdruck gebracht oder bringen wollen, daß nach so langer Zeit, schätzungsweise fünfhundert Jahren, jemand durch den hinteren oder oberen, jedenfalls abgelegenen Flügel des Konvents von Trinità dei Monti geht, den es interessiert, wieviel Uhr es in Isfahan ist. Das wäre zwar ein bißchen geflunkert gewesen, denn ich bin schon nicht mehr selbst in Isfahan geboren, aber meine Eltern sind es, und um anderen eine Freude zu machen, ist Flunkern mehr als nur erlaubt, nämlich geboten.

Von den Bildern gefiel mir ein Detail aus dem turnhallengroßen Speisesaal der Mönche am besten, dessen Wände und Decke vollständig bemalt sind, ziemlich gräßlich bemalt, wenn ich ehrlich bin, spätes Barock oder frühes Rokoko, was weiß ich denn, wenn im Kunstreiseführer nichts steht und ich dem Vortrag der beschwingten Nonne immer weniger folgen konnte, weil ich Kopfschmerzen von der Grippe hatte, die aus Köln mitgereist war, die Nebenhöhlen zu, in den Manteltaschen die vollgerotzten Taschentücher, vom langen Stehen auch Probleme mit dem Kreislauf, die sich mit Dauergähnen ankündigten, und so dauergähnend und weitere Taschentücher vollrotzend, im Kopf das Pulsieren gegen die Schädeldecke, das ich von der Migräne kenne, blieb ich immun gegen ihr Entzücken über die Sommeridyllen, fetten Engel und heiteren Gelage. Nur ein Detail fesselte mich, in der Mitte der Querwand, also wo der Blick hinfällt: der Mundschenk vor dem Tisch, an dem Jesus Christus mit Maria speist. Der Rumpf des Mundschenks ist zu Jesus gerichtet, aber mit dem Kopf und der Karaffe wendet er sich zum Saal, wo die Mönche aßen – als würde er ihnen vom gleichen Wein ausschenken wie der Heiligen Familie, ja, als seien der Mönche fünftausend. Die Illusion wird durch den linken Fuß des Mundschenks verstärkt, der aus dem Bild zu treten scheint. Früher führte eine kleine Treppe hinauf zum Bild, schnappte ich von der schwärmenden Nonne noch auf, und es sah aus, als hätte der Mundschenk schon seinen Fuß auf die oberste Stufe gesetzt, um zu den Mönchen hinabzusteigen: «Und sie aßen alle und wurden satt», wie ihnen Markus 6,42 versprach.

Vielleicht ist es das Kind in mir oder meine Liebe zum Theater, warum mir so kleine Tricks am besten gefallen. Die Anamorphosen sind spektakulärer, doch der Mundschenk, der aus der Wand tritt, scheint als einziger eine Funktion zu haben, eine Botschaft auszudrücken, eine sehr katholische: Brüder, laßt es euch schmecken! Es ist Blut von Seinem Blute, und zwar nicht sakral aufgeladen wie nebenan in der Messe, nicht als Sakrament, Realpräsenz, Gott-Essen, vielmehr so sinnfällig wie augenzwinkernd. In einer anderen Kirche, in die mich der katholische Freund führte – ich glaube, es war Sant'Ignazio, aber im Kunstreise-

führer finde ich aufs Wesentliche wieder keinen Hinweis –, blickt man vom Eingang aus in das Schiff und meint, über dem Altar eine gewaltige Kuppel zu sehen. Wie zufällig ist von der Kirche auch ein Modell ausgestellt, das ahnen läßt, wie mächtig die Kuppel von außen wirkt. Dann geht man langsam nach vorn, schaut sich hier und dort noch um, bis man im Querhaus steht, einige Meter vom Altar entfernt. Man blickt hoch: Die Decke ist praktisch flach, nur minimal nach oben gewölbt, die Farbe grauschwarz. Es gibt die Kuppel gar nicht. Es gab ihr Modell, man hatte auch vorgehabt, sie zu bauen, aber dann stellte jemand fest, daß sie höher geworden wäre als der Petersdom. Außerdem wurde das Geld knapp. Dann hat man eben nur so getan, als hätte die Kirche eine Kuppel. Schöner hätte sie nicht werden können.

Die Dreifaltigkeitskirche selbst, räumte die beschwingte Nonne ein, weise keine architektonischen Eigenheiten auf. Der Teppich ging bei aller Besonderheit nicht als Kleinod durch, maschinengewebt, wie es sie ähnlich in den türkischen Billigläden meines Kölner Viertels zu kaufen gibt, und schon ziemlich fleckig. Ich hätte dennoch gern gefragt, warum er vorm Altar ausgebreitet war, doch wartete die beschwingte Nonne bereits mit weiteren Illusionen auf. In einem Seitenaltar ist das lichtumstrahlte Jesuskind so an die hintere Wand gemalt, daß es während der Messe vom Kopf des Priesters verdeckt wird und man den Eindruck haben könnte, sein, also des Priesters Kopf würde strahlen vom göttlichen Glanze. Ein einfacher, deshalb kein schlechter Trick, den zu erläutern man allerdings nicht fünfzehn Minuten gebraucht hätte. Jetzt wird sie wirklich ein bißchen pedantisch, flüsterte sogar der katholische Freund. Ich hingegen schaute schon gar nicht mehr zum Jesuskind hin.

In langen Abständen traten nacheinander Männer und Frauen in knöchellangen, weißen Gewändern aus einem Zimmer an der hinteren rechten Ecke des Querhauses hervor, die Frauen mit weißen Kopftüchern, und knieten sich auf den Teppichboden mit dem Rücken zu uns, links die Männer, rechts die Frauen. Sie schienen etwas zu murmeln, und manchmal beugte einer oder eine von ihnen den Kopf bis fast zum Boden. Andere wiegten den Oberkörper im Rhythmus der Worte, die sie rezitierten. Plötzlich war die Kirche eine Moschee, ich konnte es kaum fassen. Natürlich waren es keine

Eine Schwester der «Gemeinschaft von Jerusalem»

Muslime – Sufis haben oft solche Gewänder, weiß bis über die Knöchel, die Frauen ein Kopftuch, die Geschlechter Seite an Seite, wenngleich getrennt, links die Männer, rechts die Frauen –, es sah nur so aus. Es waren die Brüder und Schwestern der beschwingten Nonne, die sich alsbald von uns verabschiedete und schnellen Schrittes verschwand. Kurz darauf trat sie aus dem Zimmer an der hinteren rechten Ecke des Querhauses hervor, weißes Gewand und Kopftuch jetzt, konzentriertes, entrücktes Gesicht, und kniete sich zum Gebet auf den Teppich, das Gesicht zum Altar. Sie war die letzte.

Die vier Brüder und sieben Schwestern erhoben sich, die beiden Älteren mit einem Ächzen, das auch bei Freitagsgebeten zu vernehmen ist, und fingen an, im Chor zu singen, italienische, französische und lateinische Gesänge, wenn ich mich nicht täuschte, der Hall verwischte die Konsonanten, aus alter Zeit, das war klar, traurig und demütig im Tonfall, nicht viel anders als die sephardischen Lieder, die wir als Studenten in Kairo hörten, nur eben im Chor, Herzweh des Mittelmeeres. Niemand stand am Altar, alle beteten in gleicher Richtung. Als sich der Freund schon längst verabschiedet hatte, legte sich nach und nach meine Erregung über die Illusion, Muslime beten zu sehen; dafür fühlte ich um so stärker die Dankbarkeit, daß mich die katholischen Schwestern und Brüder an ihrem Gottesdienst teilhaben ließen. Die Kopfschmerzen waren, nun, nicht verflogen, das wäre geflunkert, aber immerhin rückläufig, und ich mußte auch nicht mehr die Nase putzen. Das ist kein Wunder, das behaupte ich nicht, trotzdem war ich glücklich, ich war in diesem Augenblick glücklich zu sein, wo ich war, zu hören, was ich hörte, zu sehen, was ich sah. «Wirket Speise, nicht, die vergänglich ist, sondern die da bleibt in das ewige Leben.» (Johannes 6,27)

Wenn der Prophet sagt, die Wege zu Gott seien so zahlreich wie die Atemzüge eines Menschen, und die Mystiker stets beteuern, die Sprachen, Bräuche und Traditionen, Gott zu preisen, seien so unendlich wie Er selbst – genau das war es, dieser Eindruck, daß die Wege in der Vielfalt zu dem Einen führen. Mein Großvater, der wie gesagt 1963 Europa bereiste, hätte sich sofort eine Ecke gesucht und seinen eigenen Gebetsteppich ausgebreitet. Später hätte er beschwingt mit der französischen Nonne geschwatzt. Die sieben Schwestern und vier Brüder versammeln sich jeden Tag drei Mal für insgesamt drei oder mehr Stunden, sonntags noch länger, nehmen sich auch vorher schon Zeit, um sich auf den beigefarbenen Teppichboden zu knien, bevor sie gemeinsam singen; mittags sitzen manchmal einige Besucher hinter ihnen auf den Bänken, die mit ihnen beten oder nur zuschauen, während der Woche morgens und abends fast nie; die Stunden vor dem Altar sind der Rhythmus, in dem sie ihr Tagwerk wiegen – das bedeutet es im Konkreten, kann es bedeuten, sein Leben geweiht zu haben.

Einerseits verstand ich bei dem Anblick, links die Männer, rechts die Frauen, daß es das Zölibat gibt, in Klöstern, meine ich, denn sonst würden die Geschlechterbeziehungen jede Ordnung, und mag sie noch so heilig sein, zuverlässig sprengen; andererseits würde mich die Verpflichtung zur Enthaltsamkeit abhalten vom Kloster und überhaupt davon, mein Leben auf diese stille, genügsame und fleißige Art zu verbringen, so konsequent wie sie, wenngleich in einer anderen Sprache, mit einem anderen Brauch, in einer anderen Religion. Ich bin also nicht in Versuchung geraten, mein Leben Gott zu widmen wie die sieben Schwestern und die vier Brüder, und doch war ich neidisch auf sie, die jeden Tag dreimal Lieder singen, die selbst einen Ungläubigen wie mich berücken. Dabei nehme ich gar nicht an, daß sie mich als ungläubig betrachten würden. An bestimmten Stellen des Gesangs – eine Regel fiel mir nicht auf – verbeugten sie sich alle, manche nur leicht, andere jedoch tief, die Hände auf die Knie gestützt. Die Illusion war perfekt. Es war keine Illusion. Es sind Schwestern und Brüder.

SPIEL

In so einem gläsernen Rohr, einem Rundumschaufenster sozusagen, das auf einem goldenen Podest steht, hätte ich als Kind einen seltenen Fund aus dem Wald aufbewahren mögen, einen Schmetterling, einen Kristall oder eine besonders schöne Murmel, so zwischen fünf und sechs sogar das Sammelbild eines Fußballspielers, das perfekt zwischen die beiden Scheiben der Lunula gepaßt hätte. Kaum gestehe ich meine kindliche Assoziation, fällt mir auf, daß der Deckel wie ein aufgeschnittener Ball, ich möchte sagen: wie ein Fußball aussieht und die sechs Apostel die Größe und Kniestellung von Tippkickfiguren haben. Nein, das meine ich nicht ernst, keine Sorge, sehe selbst ein, daß meine Vergleiche nicht einmal als Kindereien zu entschuldigen wären. Und doch kann ich mir nicht helfen: Für meine Begriffe hat die Monstranz, die ein Kölner Meister um das Jahr 1400 für die Gemeinde St. Kolumba angefertigt hat, mehr von einem Spielzeug als von einem Behälter, der sie ihrem Zweck nach ist, von einem besonders kostbaren Spielzeug wohlgemerkt, das von Vater zu Sohn weitervererbt wird. Die zinnenartigen Türmchen auf dem Deckel etwa muten so zweckfrei, so rein dekorativ an, daß ein Kind sie für seine Sandburg nicht origineller entworfen haben könnte, und wie erst die Münzen, die wie Goldmedaillen der Schulmeisterschaft herabhängen. Als Ganzes hat die Form auch etwas von dem Brummkreisel, der kreuz und quer durch mein Kinderzimmer rotierte.

Ich fürchte, die Monstranz, die durchs Spielzimmer kreiselt, mutet genauso ehrfurchtslos an wie das Sammelbild in der Lunula, die – o Gott, die Assoziation sollte ich lieber nicht auch noch erwähnen, aber wenn die Lunula nun einmal exakt so aussieht – die an den islamischen

Halbmond erinnert. Was soll ich denn tun, ich glaube nun einmal nicht an so etwas, und wenn ich überhaupt etwas zur Eucharistie zu sagen habe, was nicht despektierlich klingt, ist es das Staunen und intuitiv auch die Zustimmung, mindestens das Einverständnis, daß andere Menschen in einem Plättchen Brot tatsächlich den Leib Christi sehen, schmecken, zerbeißen, hinunterschlucken, verdauen, ausscheiden, und zwar nicht nur symbolisch, das wäre ja erst recht Firlefanz, insofern das offensichtlich Unglaubwürdige, ja Unmögliche auch noch durch einen billigen Kniff intellektuell sanktioniert wäre, vielmehr mit eigenen Augen, auf der eigenen Zunge, zwischen den eigenen Zähnen, durch die eigene Kehle, im eigenen Magen, durch den eigenen Darm: den Leib eines Menschen – eines Gottmenschen, gut, aber das macht es für den unbeteiligten Verstand noch weniger plausibel –, der vor zweitausend Jahren in Jerusalem starb.

Mir scheint, der Katholizismus macht sich keine Vorstellung davon oder hat verdrängt, wie abwegig für Juden und Muslime, zu einem gut Teil selbst für Protestanten alles ist, was ihn vom Monotheismus unterscheidet. Halt!, bestünde der katholische Freund darauf, daß er selbstverständlich nur an einen Gott glaubt. Das stimmt, riefe ich zurück, aber es stimmt für meine Begriffe, die mit dem gleichen Recht, nicht mehr, nicht weniger, Gültigkeit beanspruchen wie seine, es stimmt nur im Kern, im Grundsatz, im Ursprung: Fast alles, was um den Kern des Eingottglaubens herumgelegt, an Grundsätzen ergänzt, bereits in den ersten Jahrhunderten hinzugefügt wurde, weist mindestens Spuren, wenn nicht offenkundige Züge des Heidnischen auf. Jetzt klingt es doch wieder despektierlich, ich merke es selbst, aber so ist es nicht gemeint, oder anders gesagt: So, wie es gemeint ist, würde ich es für einen guten Teil der islamischen, speziell der iranischen Volksfrömmigkeit ebenfalls sagen. Die Heiligenverehrung, der Märtyrerkult, der schiitische Erlösungsgedanke, die Fürbitten, die Amulette, die ekstatischen Rituale sind mit einem strikten Monotheismus nicht wirklich vereinbar, nicht einmal der Satan, als wäre er nur bildliche Verkörperung des Bösen; für manche Sufis waren nicht einmal Himmel und Hölle, obwohl sie im Koran so eindrücklich beschrieben werden, mit Gottes Allgegenwart vereinbar. Prinzipien, wenn sie nur abstrakt sind und nicht sinnlich, also auch mit

Augen, Zunge, Zähnen, Kehle, Magen, Darm erfahrbar, genügen den wenigsten Menschen, um ihr Leben danach auszurichten, und wenn doch, wird es oft gefährlich wie im Fundamentalismus, der zum Ursprung zurückzukehren meint, zum Kern, zum Grundsatz, obwohl darin – für meine Begriffe, gut, gut, nur für meine – erst recht eine Anmaßung, ja eine Selbstvergötterung liegt.

Nun ist der Katholizismus gerade keine oder nicht nur Volksfrömmigkeit, sondern hat sich zu einem intellektuell hoch anspruchsvollen, bis in die Nuancen begründeten, eben nicht nur erlebten, sondern durchdachten, dogmatisch fest verankerten und zivilisatorisch erst recht grandiosen Glaubensgebilde mit einer strengen theologischen Hierarchie entwickelt. Zu einem Glaubensgespinst? An Wunder glauben viele, wenn nicht die meisten Konfessionen, aber nur der Katholizismus, weil er sich so vernünftig, geordnet, wissenschaftlich gibt, erzeugt in mir jenes ungläubige Staunen, das Caravaggio dem Thomas ins Gesicht schrieb. Denn es hat durchaus einen Sog, einen Sog selbst für einen Anders- oder Ungläubigen wie mich, wenn so viel zeremonieller, bis in die unscheinbarsten Bewegungen geordneter als in jedem volkstümlichen Ritual, seit so viel längerer Zeit, an so viel mehr Orten, von so viel mehr Menschen täglich oder einmal die Woche oder sei es nur noch jährlich im Weihnachtsgottesdienst das Unmögliche mit völliger Selbstverständlichkeit für tatsächlich erklärt wird: «Nehmet, esset; das ist mein Leib.» (Markus 14,22) Nur vermittelte sich der Sog mir nie durch die Objekte, so prächtig auch immer, so wenig wie durch Räume, berückend schöne Kirchen, herrliche Altäre; ich erlebte ihn nur als Zeuge des Vorgangs selbst, des Ernstes und der Feierlichkeit, der Spannung vorher und des Friedens danach, erlebte ihn konkret wie einen Windhauch oder einen wärmenden Sonnenstrahl, obwohl ich es nicht glauben kann. Die Behälter sind nur Behälter. Wenn es die Menschen sind, die das Brot in Fleisch verwandeln, den Wein in Blut, können auch nur sie mich überzeugen.

Monstranz. Köln, um 1400. Silber, vergoldet, Email, Bergkristall, Edelsteine, Perlen, Münzen, Höhe 88,5 cm. Kunstmuseum Kolumba, Köln

Allerdings sah ich die Behälter auch immer nur aus der Ferne, bin ich als Anders- oder Ungläubiger doch schon dankbar, überhaupt einer Messe beiwohnen zu dürfen, und setze ich mich, um den gebührenden Ab-

stand zur Kommunion zu wahren, gewöhnlich in eine der letzten Reihen. Erst jetzt, da ich im Museum einmal auf die Gebrauchsgegenstände achte, geht mir auf, daß jedenfalls die Monstranz, in der die Gemeinde St. Kolumba seit dem fünfzehnten Jahrhundert die Hostie anbetete, mehr ist als nur ein Behälter. Von Romano Guardini gibt es ein Buch, in dem er die Liturgie ausdrücklich als Spiel würdigt, vergleichbar dem Spiel des Kindes oder dem Schaffen des Künstlers. Die Opferhandlung und das geistige Mahl könnten so viel schneller vollzogen werden, um ihren Zweck zu erfüllen, die Weihungen mit so viel weniger Worten vor sich gehen, die Sakramente als schlichte Handreichung gespendet werden – wozu das große Aufgebot eines Hochamtes, wozu all die Gebete und Gebräuche, die penible Ordnung der Geräte, Gewänder, Bewegungen, Farben, Abfolgen und Zeiten? «Die Liturgie hat keinen ‹Zweck›», bemerkt Romano Guardini, «kann wenigstens vom Gesichtspunkt des Zweckes allein nicht begriffen werden.»

Wenn ich die Tochter beobachte, die selbstvergessen ihre Sammelbilder ordnet, wenn ich mich selbst beobachte, wie ich nächtens über einer Satzstellung oder einer Absatzmarke brüte, obwohl ich sicher bin, daß keinem einzigen Leser, nicht einmal einem Redakteur oder Lektor der Unterschied auffällt, könnte ich mich ebenfalls fragen: Wozu das alles? Und weiß doch genau, daß der Sinn ihrer und meiner Handlung darin besteht, die Frage nach dem Zweck als unwichtig oder jedenfalls nachrangig zu erweisen. Gilt das nicht ebenso für andere, selbst alltägliche Handlungen? Ja, für meinen Begriff des Heiligen durchaus. Deshalb wetterten manche Sufis gegen Paradies und Hölle, damit niemand mehr Gott liebe, Gott diene, um Lohn zu erwerben oder Strafe abzuwehren. Gott lieben, Gott dienen wir aber, wo und wodurch immer wir jemanden um seiner selbst willen lieben, eine Sache um ihrer selbst willen tun.

Und so stelle ich mir vor, daß der Kölner Goldschmied, der um 1400 herum den Auftrag der Gemeinde St. Kolumba erhalten hatte, genau wußte, daß niemand je die Feingliedrigkeit jener Apostel bemerken wird, die hinter Säulen versteckt sind, oder die Äderchen auf den Flügeln würdigt, auf denen die Lunula schwebt, weil selbst die Gläubigen die Monstranz nicht aus nächster Nähe zu sehen bekommen und auch der Priester während der Prozession an anderes denkt, an anderes denken muß als an die kunsthandwerkliche Pracht. Schon gar nicht ist auf dem Photo zu sehen, welche Mühe sich ein Kölner Goldschmied um 1400 herum mit den Äderchen der Flügel gemacht hat, die zu einem Schwan oder einem ähnlichen Tier gehören, was einem nur auffällt, wenn man an die Monstranz unmittelbar herantritt, und an den Schwan oder das ähnliche Tier klammern sich winzig klein drei eben Entschlüpfte, die nun wirklich nicht notwendig sein können, damit das Brot als Fleisch angebetet wird. Aber überzeugend sind sie schon.

WISSEN

Ich hätte gedacht, daß unter den Touristen wenigstens einer wäre, der vor dem Grab Petri innehält, wenn schon niemand mehr in Anbetung auf die Knie sinkt wie ich, der ich bei der zweiten Fatiha so tue, als bände ich mir nur die Schnürsenkel zu. 137 Meter unter der Kuppel des Petersdoms und genau fünf Meter unterm Altar stehen wir, durch automatische Glastüren schalldicht abgeschlossen von der übrigen Unterwelt, in einem Gang, ja, einer regelrechten Gasse, einer Totengasse, die Mauern beider Hand aus Backstein, darin eingelassen stuckverzierte Fenster und Eingänge, durch die man Familiengrüfte voller Sarkophage und Urnenfächer betritt. Die vornehmeren Grüfte weisen sich durch eine Vorhalle aus, in der die Sklaven bestattet wurden. Es ist schummrig und feuchtwarm, 85 Prozent die Luftfeuchtigkeit, wie der Priester mitteilt, der uns durch die Nekropole führt – damit die Gräber auch weitere zweitausend Jahre so gut erhalten bleiben, fügt er zur Erklärung hinzu und grinst triumphant.

Während die heidnischen Inschriften durch ihre strenge Ordnung und ausgefeilten Schriftzeichen hervorstechen, sind die christlichen knapp gehalten und wirken fast nachlässig, wie dahingekritzelt. Ob mit dem Glauben an den einen Gott auch die Vergänglichkeit des Leibes eingesehen wurde? *Bene merenti,* heißt es bei den Christen bündig: «wohlverdient», noch lakonischer: *deposito,* «verstorben», oder *dormit in pace,* «schläft in Frieden», statt des später üblichen *requiescat in pace,* «er ruhe in Frieden». Ein Witwer erinnert bis heute an die Schönheit und Unschuld einer Aemilia Gorgonia, die im Alter von achtundzwanzig Jahren, zwei Monaten und achtundzwanzig Tagen viel zu früh starb, und ein Flavius Istatilius Olympus war «ein guter Mensch, zu allen freundlich, auf seinen Lippen stets einen Scherz».

Die Böden sind mit Mosaiken bedeckt, die Wände rot, weiß, grün und azurblau bemalt, viele Motive griechisch oder ägyptisch, weil die römische Gesellschaft multikulturell war, wie der Priester mehrfach betont; bärtige Satyrn, die leichtbekleidete, vollbusige Mänaden jagen, der bocksbeinige Pan, der die Flöte bläst, in anderen Grüften Menschen zusammen mit ihren Hunden pharaonisch plattgedrückt und vor uns die Wand, hinter der Petrus begraben sein soll, in einer Nische ein flacher Glasbehälter von höchstens zwanzig Zentimeter Länge, der einige weiße Teilchen birgt, Knochenteilchen dann wohl. Das ist alles? ruft einer der Touristen schnippisch, als sei nicht bloß die Glaubwürdigkeit des Priesters, sondern der Kirche hinfällig, der katholischen Kirche jedenfalls, sollten die restlichen Knochen Petri verloren sein. Hinter der Wand befinden sich noch achtzehn weitere Glasbehälter! setzt der Priester wieder das Grinsen eines Siegers auf. Dann läßt er die archäologischen Indizien, die auf die Echtheit des Petrusgrabes hindeuten, wie Pfeile auf die Touristen regnen:

Erstens an einer Mauer aus dem dritten Jahrhundert Anrufungen Christi, Mariens und des heiligen Petrus; zweitens hinter der Mauer ein Fach mit Gebeinen aus dem ersten Jahrhundert, die zum Skelett eines einzigen Mannes gehören; drittens das berechnete Alter des Verstorbenen von sechzig bis siebzig Jahren, die robuste Statur und die leicht überdurchschnittliche Größe von 1,66 Meter; viertens die fehlenden Füße, die bei der Abnahme vom Kreuz von den römischen Soldaten einfach abgeschlagen worden sein könnten; fünftens die mutmaßliche Verehrung des Korpus, da in golddurchwirktes Purpurtuch gehüllt; sechstens die Inschrift *Petros Eni*, «hier ist Petrus», siebtens, achtens, neuntens schreibe ich nicht mehr mit – und nicht einmal der Priester unterbricht für einen Moment die Führung, um ein Gebet zu sprechen oder sich zu bekreuzigen, was ich ihm nun nicht abnehmen kann. Er spricht von Indizien, wo die Schiiten den Glitzerpalast gebaut hätten ohne zu fackeln, mit silbernem Gitter um den Sarkophag, auf dem ein grüner Seidenvorhang alle

Folgende Seiten: Caravaggio (1573–1610), Der ungläubige Thomas. Um 1603. Öl auf Leinwand, 107 x 146 cm. Bildergalerie im Park Sanssouci, Potsdam

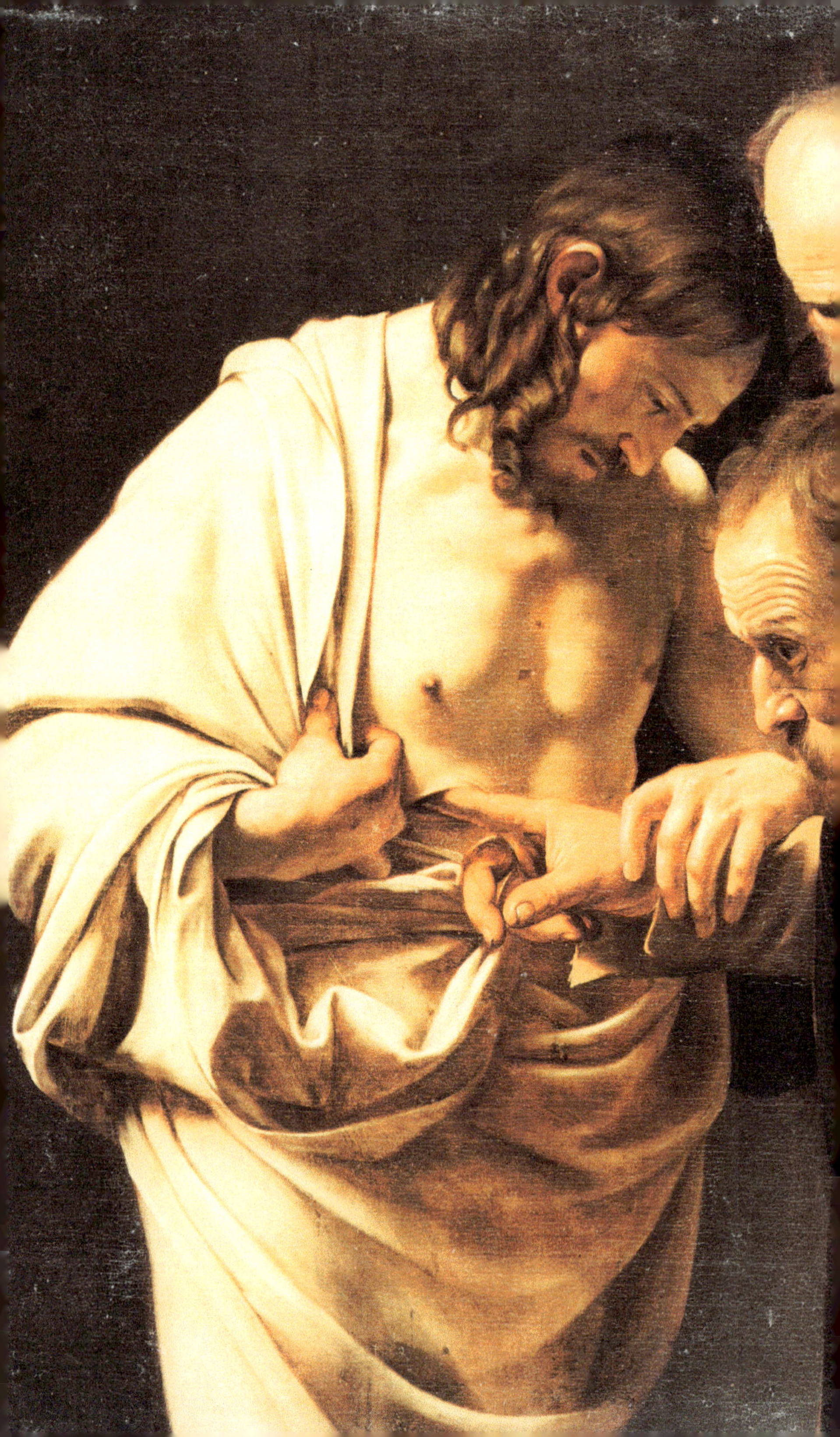

Zweifel bedeckte – schon wirkte allein das Betreten Wunder! Solchen Budenzauber meinte Großvater allerdings nicht, als er sich in seinen Erinnerungen gegen die neue Mode wandte, die Wunder, mit denen Gott seine Propheten versah, mit einer wissenschaftlicher Erklärung, gar einem Beweis zu versehen. Es genüge doch, die Schöpfung zu betrachten, die Einzigartigkeit eines jeden Menschen und Tieres, einer jeden Pflanze, um Wunder genug zu entdecken, die Wunder der Zivilisation, der Sinne, des Genusses, die Wunder der Liebe: «Wie kann die Wissenschaft erklären, daß nicht einmal die Handflächen zweier Menschen sich je gleichen? Wie kann sie erklären, was ein einzelner Mensch zu erschaffen und welch überwältigende Gefühle er für einen zweiten Menschen zu hegen vermag?»

Im Vatikan wird Gottes Spur petrographisch analysiert, forensisch vermessen und die Wahrscheinlichkeit von wissenschaftlichen Experten bis auf die Prozentzahl beziffert: Wahrheit wird hier nicht behauptet, sie wird mit Spaten und Computer ergründet, Archäologie zur Grundlage der Exegese erklärt. Wie kein anderer religiöser Ort der Welt, den ich je besucht habe, strahlen noch seine Hinterhöfe Seriosität aus, die Bibliotheken, Archive und das Mosaiklabor mit Büros, in denen die Menschen weiße Kittel über ihren Priestergewändern tragen, die glattrasierten, meist gescheitelten Theologen in den blitzblanken Straßen und langen Korridoren mit dem Ernst und der Beflissenheit von Ameisen. Der abwegigste Glauben wurde zum gewissenhaftesten.

— Unwiderlegliche Beweise, daß Petrus hier ruht, gab es nicht, gibt es nicht und wird es niemals geben, erklärt der Priester in aller Deutlichkeit. Auch wenn vieles dafür spreche, fehle doch der Eintrag im Einwohnermeldeamt. Dann feixt er, als habe er den Touristen einen Kinderglauben genommen.

Aber hätte die Sorgfalt, mit welcher der Priester das Für und Wider abwägt, ob hinter den Steinen wirklich Petrus begraben liegt, nicht dennoch Großvaters entschiedenen Zuspruch, ja seine Bewunderung gefunden, die sofort in die Scham über die eigene Leichtgläubigkeit übergegangen wäre? Allein schon die Tafel am Eingang des Petersdoms, die seit Petrus alle 267 Pontifikate ohne Unterbrechung bis heute auflistet und dabei auch Fragezeichen vermerkt, ist religionsgeschichtlich einzigartig, nehme ich an. Solche Dauer, nicht imaginäre, behauptete oder rekonstruierte, sondern wirkliche, bis in die Jahreszahlen, womöglich sogar Tage dokumentierte Kontinuität, spräche allein schon für die katholische Kirche, selbst wenn sie nicht auch noch petrographisch analysiert, forensisch vermessen und die Wahrscheinlichkeit von wissenschaftlichen Experten bis auf die Prozentzahl beziffert würde. Würde sie es selbst auch heftig bestreiten, hat die Kirche damit, in gewisser Weise, den geringgeschätzten Apostel Thomas rehabilitiert oder jedenfalls ernstgenommen, der die Wahrheit mehr als nur glauben, nämlich wissen, also durch die eigene Erfahrung bestätigt sehen wollte.

Es ist das Johannesevangelium und nur das Johannesevangelium, das Thomas zum Ungläubigen stempelt: Nur der johanneische Thomas bezweifelt, daß Jesus den verstorbenen Lazarus zum Leben erwecken könne, und sieht diesen in den sicheren Tod ziehen: «Laßt uns mitziehen, daß wir mit ihm sterben!» (11,16) Nur der johanneische Thomas reagiert auf die Ankündigung Jesu, bald zu sterben, mit ratloser Verzweiflung: «Wie können wir den Weg wissen?» (14,5) Nur der johanneische Thomas versäumt die Begegnung des auferstandenen Jesus mit den Jüngern und mißtraut anschließend ihrem Bericht: «Es sei denn, daß ich in seinen Händen sehe die Nägelmale und lege meinen Finger in die Nägelmale und lege meine Hand in seine Seite, will ich's nicht glauben.» (20,25) Und nur der johanneische Jesus kehrt zurück, um Thomas zu tadeln, der nicht an die Auferstehung glaubte: «Reiche deine Finger her und siehe meine Hände, und reiche deine Hand her und lege sie in meine Seite, und sei nicht ungläubig, sondern gläubig! Thomas antwortete und sprach zu ihm: Mein Herr und mein Gott. Spricht Jesus zu ihm: Dieweil du mich gesehen hast, Thomas, so glaubtest du. Selig sind sie, die nicht sehen und doch glauben.» (20,27–29)

Nimmt man das Thomasevangelium zur Hand, das der katholische Freund wie die anderen Funde von Nag Hammadi für eine stets abzuwehrende Versuchung hält, stellt sich der Widerspruch zu Johannes anders dar – dann ist Thomas nicht einfach nur schwer von Begriff, sondern vertritt emphatisch, daß Gott erfahren, also geschaut, erlebt und also mehr als nur geglaubt, nämlich erkannt werden könne. Denn das göttliche Licht, das schon vor der Schöpfung existierte, leuchtet für den

Jesus des Thomasevangeliums in jedem Menschen, in jedem Wesen und selbst der unbelebten Materie: «Ich bin das Licht, das über allem ist. Ich bin das All. Das All ist aus mir entsprungen, und das All erstreckt sich zu mir. Spaltet ein Holz – ich bin da! Hebt den Stein, und ihr werdet mich dort finden.» (77)

Das Johannesevangelium, das sich in Konkurrenz zum anfangs wohl ähnlich verbreiteten Thomasevangelium herausbildete – beide siebzig, achtzig Jahre nach Christi Tod oder noch später –, kritisiert, ja verspottet geradezu den Anspruch, Gott wissen zu können. Nachdem er Thomas ins Lächerliche gezogen hat, bekennt Johannes explizit, daß er schreibe, «damit ihr *glaubet,* Jesus sei Christus, der Sohn Gottes, und damit ihr *durch den Glauben* Leben habet in seinem Namen». Dabei geht es Thomas nicht um einen schlichten Gegensatz von Wissen und Glauben, schon gar nicht um einen petrographisch analysierbaren, forensisch zu vermessenden und von wissenschaftlichen Experten zu hundert Prozent für wahr befundenen Beweis. Es geht darum, daß die Wahrheit nicht etwas Äußerliches oder Höheres, von uns schlechthin Unterschiedenes ist, an das man unbesehen glauben müsse, allein auf das Wort und damit die Autorität seiner Ausleger vertrauend. «Wenn die, die euch leiten, euch sagen: ‹Seht, das Reich ist im Himmel›, so werden die Vögel des Himmels euch zuvorkommen. Und wenn sie euch sagen: ‹Es ist im Meer›, so werden die Fische euch zuvorkommen. Das Reich ist vielmehr innerhalb von euch und außerhalb von euch. Wenn ihr euch erkennt, dann werdet ihr erkannt werden.» (Thomas 3)

Gern empföhle ich dem katholischen Freund, die drei ersten Evangelien einmal so zu lesen, nur versuchsweise, als gäbe es das Johannesevangelium nicht. Es bliebe dann wenig, was Bibel und Koran definitiv trennte, eigentlich nur die Kreuzigung, an der sich die sufische Literatur freilich nie groß gestört hat. Und ersetzte man das Johannesevangelium – nur versuchsweise – durch das Thomasevangelium, stellte sich also vor, die Anhänger des Thomas hätten sich behauptet statt der Anhänger des Johannes, dann wäre mein eigenes Christentum mehr als eine Chimäre. Denn plötzlich erschienen auch die anderen Evangelien anders, die vom Menschensohn sprechen und sehr wohl vom Gott in uns selbst. «Da er aber gefragt ward von den Pharisäern: Wann kommt das Reich Gottes? antwortete er ihnen und sprach: Das Reich Gottes kommt nicht mit äußerlichen Gebärden; man wird auch nicht sagen, hier! oder: da ist es! Denn sehet, das Reich Gottes ist inwendig in euch.» (Lukas 17,20 f.) Die heutigen Bibeln, auch die revidierte Lutherübersetzung seit 1984, deuten die Stelle johanneisch, wenn sie das Reich bloß *mitten unter euch* lokalisieren, also in dem Raum zwischen den Menschen, in dem Jesus weilt. Indes Luther selbst ahnte noch, daß *entos hymon* ein Innen meint: innerhalb oder eben «inwendig» im Menschen, wie er es übersetzt hat. Ich möchte ja nicht, daß der katholische Freund das Johannesevangelium aufgibt, aber ihn doch überzeugen, den Thomas (und mit ihm den Verfasser des gleichnamigen Evangeliums) nicht einfach als ungläubig abzutun, als so tumb, wie selbst Caravaggio ihn malt, und daß die Apokryphen nicht bloß negativ eine Versuchung sind, sondern den Glauben auch weiten können – und damit vergrößern!

Wie kam ich eigentlich darauf? Richtig, weil ich auf die Wahrheit kam, nach der am Petrusgrab mit Spaten und Computer gesucht wird. Ist es nicht genau das, was das Johannesevangelium dem Thomas vorwirft, wenn es nur die zehn anderen Apostel für selig erklärt, die unbesehen glauben? Mag Thomas selbst auch mit Erkenntnis etwas anderes gemeint haben als Archäologie, so hätte Großvater dennoch gestaunt, mit welcher Sorgfalt der Priester das Für und Wider abwägt, ob hinter den Steinen wirklich Petrus begraben liegt; ja, und das Staunen wäre in Bewunderung übergegangen, und mit der Bewunderung für eine so sorgfältige Untersuchung hätte sich wieder die Scham über die eigene Leichtgläubigkeit eingestellt, die Leichtgläubigkeit der Schiiten, die ohne zu fackeln einen Glitzerpalast bauen mit silbernem Gitter um den Sarkophag, auf dem ein grüner Seidenvorhang alle Zweifel bedeckt. Aber dann hätte ich Großvater an seine eigenen Worte erinnert, daß es genüge, die Schöpfung zu betrachten, die Einzigartigkeit eines jeden Menschen und Tieres, einer jeden Pflanze, um Wunder genug zu entdecken, die Wunder der Zivilisation, der Sinne, des Genusses, die Wunder der Liebe. «Wer sucht, soll nicht aufhören zu suchen, bis er findet. Und wenn er findet, wird er bestürzt sein. Und wenn er bestürzt ist, wird er erstaunt sein. Und er wird König sein über das All.» (Thomas 2)

Bei Caravaggio schaut nicht nur Thomas, sondern schauen auch zwei weitere Jünger nach dem Loch in Jesu Seite und sind sehr interessiert, ihre Stirn vor Anspannung und Neugier ebenfalls gerunzelt. Und Jesus wirkt keineswegs zornig oder genervt, als würde er die drei gleich zu Ungläubigen erklären. Seinen Umhang wie einen Theatervorhang zur Seite schiebend, führt er selbst Thomas' Finger in die Wunde und scheint er genauso interessiert zu zeigen, daß Gott inwendig in uns ist.

TRADITION

KEIN GRÖSSERES STAUNEN

Bevor ich die Kirche betrete, muß ich mich beim Nordatlantikpakt anmelden. Zwei italienische Soldaten, die sich in einem Container langweilen, verlangen nach meinem Ausweis und fragen, zu wem ich möchte. Dann telefonieren sie mit jemandem, einem der Mönche, nehme ich an, nicken mir zu, nehmen meine Personalien auf und händigen mir eine Besucherplakette aus, die ich sichtbar an die Jacke stecken soll. Es ist Sonntagmorgen kurz vor acht, und ich bin zu spät; der Fahrer hatte Schwierigkeiten, das Kloster Dečani im Westen des Kosovo zu finden, das trotz seines Status als Weltkulturerbe nicht ausgeschildert ist. Die neue Nation, in der allerorten amerikanische Flaggen wehen, scheint nicht eben stolz auf ihr ältestes Erbe zu sein. Auf der Zufahrt gibt es Straßensperren und einen Nato-Panzer; wenn die Militärposten auch verlassen wirken, laden sie dennoch nicht zum Besuch ein.

Durch einen Torgang, der zwei, drei Meter durch die Ummauerung führt, betrete ich den Innenhof: gepflegter Rasen, zweigeschossig die Mönchszellen ringsum, in der Mitte die Kirche, die durch ihre Größe, die Harmonie ihrer Proportionen, vor allem aber durch die zwei verschiedenen Marmorsteine besticht, aus denen sie vor siebenhundert Jahren erbaut wurde, hellgelber Onyx, wie der Abt später erklären wird, und rötlicher Breccia. Ich wundere mich, in einem historischen Kerngebiet der orthodoxen Kirche und unweit des Amselfeldes, auf dem sich mehrfach das Schicksal der Serben entschied, romanische Farben und Formen anzutreffen. Der Abt wird erklären, daß der Eindruck nicht täuscht: Der Meister, dem der heilige König Stefan Uroš III. Dečanski den Bau der Kirche anvertraute, stammte aus Italien. Ob das auch die italienischen Soldaten draußen im Container wissen? Ob es sie interessiert?

Dieser Stefan hat eine bewegte Geschichte: Ein Kind noch, wurde er den Tataren als Geisel überlassen und später, zu Recht oder zu Unrecht, beschuldigt, den Vater vom Thron stürzen zu wollen (jenen Stefan Milutin, der die achtjährige Simonida vergewaltigt hatte). Stefan III. wurde geblendet, nach Konstantinopel verbannt und daselbst eingekerkert. Sieben Jahre später rehabilitierte ihn sein Vater und setzte ihn als Thronfolger ein. Bevor er gekrönt wurde, nahm Stefan seine Augenbinde ab – und konnte wieder sehen. Vielleicht aus Dankbarkeit, vielleicht aufgrund seiner besonderen Freude an Farben und Formen wollte Stefan Gott und den Menschen eine besondere Herrlichkeit errichten. Auf der Suche nach dem idyllischsten Ort durchstreifte er das Gebirge, das sich über der großen Ebene des Kosovo erhebt, und entdeckte in einer Senke zwischen zwei bewaldeten Bergen einen Fluß und ausreichend breite Wiesen, fand das Klima angenehm und eine Landschaft, die anmutiger nicht sein konnte. Von weither verpflichtete er einen berühmten Baumeister und besorgte ihm gleich zwei Arten des edelsten Marmors, damit sich kein Auge mehr mit der Eintönigkeit abfände.

Ich stelle mir vor, wie vor siebenhundert oder meinetwegen auch nur hundert Jahren die Reisenden die Ausläufer des Gebirges erreichten, nicht nur körperlich erschöpft, sondern müder der Ebene noch, durch die sie Tage und Wochen gestreift. Als sie das Kloster endlich von weitem sahen, ahnten sie noch nicht, welchen Anblick die hohen Mauern gleich dem Schleier einer Prinzessin verbergen. Endlich öffnete sich das schwere Tor. Die Reisenden gingen oder ritten durch den zwei, drei Meter langen Gang, fast einen Tunnel, und erblickten erst jetzt die Kirche, ganz plötzlich also und aus unmittelbarer Nähe. Sie müssen auf die Knie gesunken sein vor Begeisterung und Ehrfurcht. Solche Formen – jedes Fenster symmetrisch mit einem, aber immer nur einem einzigen Gegenüber, die gefächerten Dächer wie zwei Dreifaltigkeiten, der kreisrunde Glockenturm mit der silbernen Kuppel. Und vor allem: das Spiel der bei-

Kloster Visoki Dečani im Kosovo, in den Jahren 1328–1335 erbaut von Fra Vita

den Marmorsteine mit ihren unendlichen Schattierungen. Die Frage, was zu einer Kirche hinzieht, Tages- und Wochenreisen über Felder, ist in Dečani nicht nur theologisch zu beantworten. Es muß auch der Durst nach Schönheit gewesen sein. Wie schade, denke ich, daß man heute so schnell hier ist, vergleichsweise schnell jedenfalls, von Belgrad bis Prishtina sieben Stunden voller Schlaglöcher, weil Serbien die Verbindung zur verlorenen Teilrepublik so mühsam wie möglich gestaltet, und von Prishtina eine Stunde länger als vorgesehen mit dem Taxi, weil der neue Staat nicht den Weg zum serbischen Kloster ausschildert.

Dann erinnere ich mich an die Anreise, überhaupt an den Balkan, soweit ich ihn seit ein paar Tagen bereist habe. Als Fremder möchte ich nicht respektlos klingen, und doch muß ich, wenn ich meinen Eindruck von Dečani schildere, auch von der ästhetischen Ödnis berichten, die diesen Teil der Welt wie eine schwere, tödliche Dürre überzieht. So praktisch wie ihre Jogginganzüge sind die dreigeschossigen Giebelhäuser, die die Kosovaren heute bauen: immer nach dem gleichen, womöglich aus dem Internet heruntergeladenen Muster mit Satellitenschüssel, aber ohne Putz, der graue Betonstein also roh. Wie die Restaurants fast nur Fastfood anbieten, laufen im Radio ausschließlich heimische Instantvarianten der westlichen Populärmusik, bei denen es auf nichts anderes als die Eingängigkeit des Refrains ankommt. Weil niemand hinzuhören scheint und die Fahrer selten reagieren, wenn der Empfang gestört ist, nehme ich an, daß die Musik eben dazu da ist, den Geschmackssinn zu betäuben. Als hätten die Kosovaren noch mehr als andere Völker des Balkans jedes Formgefühl verloren, von dem die Überreste der Altstädte doch eine Ahnung geben, reduziert sich alles Neue auf nackte Funktionalität. Wie es beim Wohnen nur um Bequemlichkeit zu gehen scheint, geht es beim Essen nur ums Sattwerden und bei der Musik nur um die Vertreibung der Stille. Besonders Prishtina, wo die Unabhängigkeit den Kapitalismus entfesselt und einen ungeregelten Bauboom ausgelöst hat, ist ein heilloses Gepansche.

Es ist ja nicht einmal die Häßlichkeit selbst. Die Wohnsiedlungen des Sozialismus oder die Fußgängerzonen deutscher Kleinstädte können es an Geschmacklosigkeit durchaus mit Prishtina aufnehmen. Es ist eben das, was viele Kosovaren als Freiheit genießen, wenn sie mit Stars &

Stripes wedeln, nämlich die absolute Beliebigkeit der Form: Alles ist möglich, und je mehr Geld da ist, desto billiger wird der Zauber. Entsprechend leistet sich die größten Phantastereien der Staat, wenn er sich eine Geschichte bis hin zu Bill Clinton konstruiert: Weil dessen Einsatzbefehl den Serben eine weitere Niederlage auf dem Amselfeld bescherte, winkt er nun so groß und rund wie Mickey Mouse im Disneyland, nur daß seine Kulisse aus Plattenbauten besteht. Hier werden nationale Wahlen mit dem Versprechen gewonnen, für die Eröffnung des ersten McDonalds zu sorgen.

Wer sonst nur fernsieht, mag sich an den discobeleuchteten Brunnen oder den blendend weißen Denkmälern freuen, die so kitschig wie ein Fantasyfilm sind. Aber wer noch in irgendeiner Tradition steht, egal welcher, wird registrieren, daß er Ausschau hält nach einem Gegenstand, auf dem das Auge ausruht, einem Klang, der das Gemüt erfrischt, oder einer Speise, deren Zubereitung länger als fünf Minuten dauert. Nein, der Anblick der Kirche, die der heilige Stefan Uroš III. Dečanski vor siebenhundert Jahren errichten ließ, kann auch vor hundert Jahren kein größeres Staunen hervorgerufen haben.

ALLES IST EIN ZEICHEN

Als ich die Kirche betrete, höre ich das Gebet nur, stets den Wechsel zwischen der Litanei eines Einzelnen und dem Gesang vieler. Allein, wo sind die Mönche? Es dauert ein paar Sekunden, bis mir aufgeht, daß ich im Narthex stehe, im Vorraum also, den byzantinische Kirchen gewöhnlich haben, schmaler allerdings. In Dečani ist der Vorraum groß genug, um einen Pilgerzug aufzunehmen, ja, in früheren Zeiten zu beherbergen, im Winter vor allem, wenn die Zellen alle belegt waren und die Zelte zugig. Ich stelle mir vor, daß die Pilger, die vielleicht nicht an allen Gebeten der Mönche teilnahmen, die Messen noch heute fünf, sechs Stunden täglich und vor siebenhundert Jahren vielleicht länger – daß sie zu manchen Gebetsstunden im Narthex hockten, lagen oder auch aßen, dösten, träumten oder flüsternd plauderten. Dann hatten sie doch immer die Litanei im Ohr, diesen zärtlich wiegenden, demutsvollen Gesang, wie ich vor auch schon einem Vierteljahrhundert in Kairo die Koranrezitation der Moschee, deren Lautsprecher am Balkon meines Schlafzimmers hing. Es geschieht etwas mit einem, im Dösen, Flüstern oder Träumen manchmal sogar mehr, als wenn man über die Worte nachdenkt. Die alte Architektur jedenfalls sieht den Zwischenzustand vor, in dem man Weltliches verrichtet und am Heiligen zugleich teilhat. Genausogut ist der Narthex nur ein weiterer Schleier, mit dem alle Schönheit zugleich abweist und aufreizt. Denn auch der Naos, den ich durch einen engen Bogen betrete, der eigentliche Haupt- oder Gemeinderaum, verbirgt mehr, als er preisgibt.

Der Altar steht in allen orthodoxen Kirchen hinter einer weiteren Tür, welche nur die Priester öffnen dürfen; in den armenischen Kirchen, die ich aus Isfahan kenne, ist es gar ein roter Theatervorhang, hinter dem sich Brot und Wein ohne Publikum verwandeln. Das Bewußtsein, ästhetisch höchst subtil, daß nur diejenigen das Heiligste berühren dürfen, die sich ihm versprochen haben wie eine Frau ihrem Mann – entsprechend festlich ist der rot-weiße Überwurf, den die beiden Priester über ihrem schlichten Gewand tragen –, jene weise Scheu vor der Unmittelbarkeit ist also der gesamten Ostkirche eigen. Allein, in Dečani ist der Naos selbst noch einmal durch eine Mauer in Chor und Gemeinderaum getrennt, wenngleich nur schulterhoch. Im Dunkel, das die Kerzen und die bemalten Glasfenster weniger vertreiben als vielmehr verzaubern, steht die Gemeinde um den Chor herum, der den Mönchen vorbehalten ist. Einige Gläubige sitzen auch, vor allem die Älteren, versunken auf den wenigen Holzbänken, die sie von den Kirchenwänden heruntergeklappt haben, die Männer rechts des Eingangs, die Frauen links. Sie hören das Gebet, sie sehen es kaum, wie man Gott im Alten Testament hört, aber kaum sieht.

So wird das Mysterium des Heiligen anschaulich im konkretesten Sinn: Von den schwarzgewandeten Mönchen sind nur die Köpfe mit den brustlangen Bärten zu erkennen, manche barhäuptig, die Haare hinten zusammengebunden, manche mit der hohen Mütze, über der ein großes Tuch liegt. Mal sind die Köpfe still, seltener bewegen sie sich von hier nach da wie Spielfiguren auf einem Brett. An bestimmten, mir der Sprache wegen unverständlichen Stellen bekreuzigen sich die Gläubigen mal auf diese, seltener auf jene Weise. Mal zeichnet der Zeigefinger die Längsachse bis zum Bauch, seltener bis hinunter zu den Knien, so daß aus der Bekreuzigung eine Verbeugung wird.

Die Verabredungen, die die Gläubigen einhalten, sind freilich nichts gegen die Aufführung im Chor, die sich mir dann doch zeigt, weil ich wie ein Bub auf Zehenspitzen über die Brüstung luge, ein Teil der Aufführung jedenfalls, denn was im Altarraum geschieht, den nur die Priester betreten dürfen, bleibt selbst den Mönchen verborgen. Es ist eine bis in die Schrittfolgen und Kadenzen komponierte, seit tausendfünfhundert Jahren tradierte und in Dečani seit siebenhundert Jahren unverändert aufgeführte Symphonie aus Gesten und Gängen, Melodien und Texten, Solopartien und Chorgesängen, Rasseln und Glockenklängen, aus Lichteffekten, die durch das Herumtragen und Schwenken der Kerzenständer erzeugt werden, und genau dosierten Duftstößen von Weihrauch. Als solle es das Gefügtsein der göttlichen Schöpfung beweisen, darf an dem Ritual nichts zufällig sein. Konzentrierte, Form gewordene Theologie: Alles daran ist so notwendig, wie auf der Welt alles notwendig ist, jedes Wort, jeder Schritt, jede Handreichung, jeder Klang, jeder Duft und jede Kerze, die entzündet und wieder gelöscht wird, alles ist ein Zeichen, wie auf der Welt alles Zeichen ist, wenn wir es auch nicht immer verstehen. Vielleicht nicht einmal die Mönche, schon gar nicht die gewöhnlichen Gläubigen, werden die Bedeutung eines jeden Details kennen, wie erst ein Fremder, ein Anders- oder Ungläubiger wie ich.

Überhaupt ist es vielleicht nicht so wichtig, wie die meisten meinen, ob wir, ob also der Mensch versteht. Wichtig ist, daß es geschieht – daß sich das Brot und der Wein an bestimmten Stunden des Tages, der Woche, des Monats, des Jahres in Gott verwandelt. In Dečani lerne ich, was Gottesdienst wörtlich heißt: Nicht der Mensch wird angesprochen, sondern konsequent Gott jener Dank dargebracht, der das fleischliche Opfer abgelöst hat. Anders als in der mystischen Versenkung ist das persönliche Erleben nicht entscheidend. Deshalb können nicht nur die Gläubigen, sondern ebenso die Mönche, wenn sie gerade nicht singen oder mit einer anderen Aufgabe betraut sind, mit ihrem Nachbarn flüstern, sogar lachen oder gähnen. Wie mir der Abt später erklären wird, gilt es sogar als höchster Zustand, im dauernden Gebet zu sein, außerhalb der Messe genauso Gott zugewandt, und dennoch in dieser Welt zu leben, also zu arbeiten, den Bedürftigen zu helfen, warum nicht auch zu lachen oder zu gähnen.

Weil Gott gedient wird, nicht dem Menschen, wird dem Gläubigen das Brot und der Wein nicht gereicht, sondern müssen sie den Mund mit einer Kniebeuge zum Löffel herabführen, den der Priester in Bauchhöhe hält. Auch wird die Kollekte, weil sie den Menschen zukommt, bei anderer Gelegenheit eingesammelt und ist die Predigt nur ganz kurz, kaum länger als eine Minute und ganz am Ende, in beinah läppischem oder jedenfalls alltäglichem Ton, ohne Mikrophon natürlich, so daß selbst die Einheimischen die Worte kaum verstehen. Schließlich haben sie auch nicht mitsingen dürfen, haben kaum etwas gesehen und mußten die gesamte Messe über stehen, sechs Stunden jeden Sonntag und an Festtagen vielleicht länger. Was für eine Zumutung! mag man in einer Zeit denken, in der sich alles und sogar die Gottesdienste auf den Zuschauer, den Konsumenten, das letztlich zahlende Publikum ausrichten. Was für ein Geschenk! denke ich, daß es ein paar Stunden am Tag nicht um uns oder um mich geht, uns Menschen, und bin um so mehr von den Eindrücken überwältigt, die meine Sinne durch die Beschränkung um so begieriger aufnehmen, den Duft, den genau bemessenen Lichteinfall, die vollkommene Harmonie der Stimmen und Instrumente, den gar nicht so großen, aber äußerst hohen Raum mit der himmelgleichen Kuppel, den schemenhaft zu erkennenden Malereien an allen Wänden. Noch während der Predigt, die vielleicht nur aus organisatorischen Hinweisen besteht, verlassen die ersten Gläubigen die Kirche, trotz der physischen Anstrengung heiter gestimmt, so scheint es, viele lächelnd, erhoben, obwohl sie doch von außen, von unserer freien Welt aus betrachtet, die im Kosovo heute so viel gilt, geradezu erniedrigt, als Konsumenten mindestens ausgesperrt worden sind.

Nach dem Gottesdienst essen die Gläubigen, die oft von weither angereist sind, mit den Mönchen zu Mittag. Die Speisen sind einfach, nahrhaft und aromatisch, Gemüse, Käse und Wein aus eigenem Anbau, dazu Suppe, Fisch und zum Nachtisch ein Pudding. Gesprochen wird nicht viel, unter den Mönchen fast gar nicht, jedenfalls nicht mehr als während des Gottesdienstes selbst. Dafür trägt ein Mönch am Stehpult laut aus der Bibel vor. Wie alle Verrichtungen des Tages, insbesondere der Dienst am Nächsten, werden auch die beiden täglichen Mahlzeiten als Gebetszeit gesehen. Daß ich mich weder vor noch nach dem Essen bekreuzige, registrieren die Gläubigen, ohne ein Mißfallen zu erkennen zu geben. Das Verhältnis zur muslimischen Mehrheit ist gespannt, man kann es leider nicht anders sagen, aber hinter den Klostermauern scheint man froh, scheinen manche der Mönche, die mir einen freundlichen Blick nach dem anderen zuwerfen, sogar geradezu begeistert, daß sich ein Anders- oder Ungläubiger für ihre Tradition interessiert.

Der Abt, Vater Sava, der mich nach dem Essen durchs Kloster und dessen kleine, mit Stacheldraht geschützte Ländereien führt, kennt die Gründe für die Spannungen zwischen den Völkern und damit auch zwischen den Religionen des Kosovo. Obwohl sein Kloster während des Krieges mehrfach angegriffen worden ist und die Mönche bis heute nicht im Nachbardorf einkaufen können, weil sie mit Pöbeleien oder gar physischen Übergriffen rechnen müssen, weckt Vater Sava mit keinem Halbsatz den Eindruck, als würde er Schuld nur der anderen Seite zuweisen. Er kennt die Geschichte der Kriege im zerfallenden Jugoslawien und weiß, wie sehr andernorts Muslime unter Serben gelitten haben. Im Kloster selbst hätten sie viele Muslime beherbergt, die aus Albanien geflüchtet waren. Von selbst spricht Vater Sava die orthodoxen Priester an, die im Krieg die Waffen der serbischen Soldaten segneten, wenn er auch betont, daß die Kirche als solche niemals den Krieg gebilligt habe, geschweige denn Grausamkeiten und Übergriffe. Aber hat denn die serbisch-orthodoxe Kirche sich distanziert von den Priestern, die Waffen segneten, hat sie auch nur ein Wort des Bedauerns etwa über Srebrenica geäußert? Vater Sava bittet mich, seine Antwort nicht aufzuschreiben.

Die Mönche und Nonnen im Kosovo werden von allen Seiten bedrängt. Die Nationalisten in Serbien reklamieren die Klöster als den mythischen Ursprungsort des eigenen Volkes und wettern gegen jedes Signal, sich mit der Unabhängigkeit des Kosovo abzufinden. Die meisten Kosovaren betrachten die Klöster nicht nur als einen Vorposten, sondern als Ausdruck des serbischen Nationalismus schlechthin, gegen den sie erfolgreich aufbegehrt haben. Dazwischen stehen Äbte wie Vater Sava, die sich mit den politischen Gegebenheiten arrangieren müssen, um den Bestand der serbischen Klöster im feindlich gewordenen Gebiet zu sichern. Wenn sie kosovarische Pässe annehmen, werden sie von Serben beschimpft. Wenn sie die kosovarischen Pässe verweigern, werden sie als Serben beschimpft. Und das ist nur das einfachste Beispiel für den Zwiespalt, in dem die Mönche stehen.

Dabei sind die serbischen Klöster im Kosovo für Vater Sava keine nationale Angelegenheit – ihr Bestand ist für ihn eine religiöse Notwendigkeit. Es sind die ältesten Klöster der serbischen Orthodoxie überhaupt; hier und nur hier wird bis in die Details derselbe Ritus praktiziert, der schon vor über siebenhundert Jahren mehr als siebenhundert Jahre alt war. Denn das ist das eigentliche Weltkulturerbe von Dečani und den anderen serbischen Klöstern im Kosovo, nicht der Onyx und nicht der Breccia, nicht einmal die Malereien, die alle Innenwände verzaubern. Es ist das Ritual selbst, der Vorgang an sich: Mir fiele überhaupt keine andere religiöse Praxis ein, die über so viele Jahrhunderte hinweg, in einer so phantastischen Differenziertheit praktisch unverändert existiert wie die orthodoxe Messe. Nur läßt sich diese Inszenierung einer göttlichen Schönheit außerhalb der klösterlichen Gemeinschaft unmöglich bewahren. Weder kann man den Ablauf in allen Einzelheiten aufschreiben noch gar die Messe in Seminaren lehren; die Worte und Gesänge, Gänge und Handlungen, Zeiten und Rhythmen bleiben nur dort erhalten, wo eine Gemeinschaft sie täglich viele Stunden einübt. Selbst die lateinische Messe, die mir so glanzvoll vorkam, ist im Vergleich geradezu schlicht, mutet mit ihren rascheren Abfolgen und harten Zäsuren beinah bürokratisch an. Und doch ist deren Beispiel lehrreich: Wo Tradition einmal unterbrochen wurde, schlägt ihre Wiederkehr allzu leicht in Ideologie um. Die Liturgie zu bewahren, sie zu schützen und zu pflegen, wo sie noch unverbrüchlich existiert, ist deshalb mehr als nur eine spirituelle Beglückung oder ästhetische Faszination. Es ist zugleich eine politische Aufgabe, wie die Kosovaren eines Tages begreifen werden, weil die Neo-Traditionalisten im Islam noch viel mehr Unheil bewirken als im Christentum.

JEDER TAG, JEDE WOCHE, JEDER MONAT UND JEDES JAHR

Nicht nur, weil er hervorragend Englisch spricht, wäre Vater Sava eine ideale Besetzung für den Konferenzbetrieb der interreligiösen Verständigung. Über die christliche Theologie hinaus ist er umfassend gebildet und interessiert sich insbesondere für den Sufismus, der auf dem Balkan bis heute die Frömmigkeit vieler Muslime durchdringt, damit ein Bollwerk gegen den Fundamentalismus bildet. Mag sein, daß Vater Sava in seinen moderaten, um Ausgleich und Verständnis bemühten politischen Urteilen nicht repräsentativ für seine Kirche ist. Um so mehr eignete er sich, um der serbischen Orthodoxie ein freundlicheres Gesicht zu geben, als sie es in Westeuropa, in der islamischen Welt, aber genauso unter den Intellektuellen und säkularen Kräften des eigenen Landes hat. Manchmal findet Vater Sava sich tatsächlich in einer Gesprächsrunde wieder oder steht auf einem politischen Empfang, aber nicht oft – so selten wie möglich, sagt er. Seine wichtigste Aufgabe sieht er im Kloster selbst. Die brüderliche Gemeinschaft zusammenzuhalten, den Ritus zu pflegen, den landwirtschaftlichen Betrieb mitsamt Weinbau und Schnapsbrennerei zu beaufsichtigen, sich um die Betreuung der Gäste zu kümmern, die Karitas zu organisieren, die sich für die Mönche von selbst versteht, und neben den langen Gebeten auch noch etwas Zeit für das eigene Studium zu finden – das sei wirklich Anspruch genug. Schließlich habe er sich bewußt für die klösterliche Abgeschiedenheit entschieden, nicht für einen diplomatischen Dienst.

— Wenn man ins Kloster eintritt, erinnert Vater Sava, weiß man ganz genau, was einen erwartet, dann hat jeder Tag, jede Woche, jeder Monat und jedes Jahr seine vorgeschriebene Form.

Die Mönche seien ja nicht nur unterschiedlich alt; sie kämen auch aus ganz verschiedenen, ja gegensätzlichen Welten, es seien Studierte unter ihnen, sogar Künstler und Rockmusiker, ehemalige Drogenabhängige, für die das Kloster Lebensrettung war, aber genauso einfache Männer, Handwerker, Bauern, Tagelöhner, und dann wieder solche, die schon in ganz jungen Jahren von ihrer Berufung gewußt hätten. In Dečani hätten sie immer noch etwas Zeit, den eigenen, sogar den früheren Interessen nachzugehen; der eine lese vor dem Abendgebet eben gern, der andere stehe länger im Garten oder mache Musik. Vielleicht eigne er sich, Vater Sava, mit seinen Fähigkeiten und Kenntnissen eben zur Leitung des Klosters, aber das sei auch schon alles.

— Aber das ist doch nicht nur eine Frage der Organisation, wende ich ein: Sie vertreten das Kloster doch auch nach außen.

— Ja, aber ich bin nicht dafür da, eine repräsentative Meinung wiederzugeben.

Gewiß hätten die Mönche unterschiedliche politische Ansichten, aber das wisse er gar nicht so genau, weil sie untereinander seltener über Politik redeten, als ich mir das von außen vorstellte. Mit manchen vermeide er vielleicht sogar das Gespräch, um es nicht zu einer Kontroverse kommen zu lassen. Wichtig sei die gemeinsame Grundlage, und das sei die Praxis, die festgefügte, Hunderte von Jahren alte, jeden Tag gleiche Ordnung ihres Lebens.

— So gefügt wie die Messe selbst? frage ich.

— Ja, ungefähr wie die Messe selbst, antwortet Vater Sava.

Wir stehen auf dem Rasen vor der Kirche. Die Besucher sind längst wieder nach Hause gefahren, viele von ihnen haben es weit. Draußen im Container langweilen sich die italienischen Soldaten noch immer. Vater Sava ist vielleicht vierzig, vielleicht fünfzig Jahre alt, also recht jung für einen Abt. Die Ehrerbietungen der Mönche und anderen Gläubigen, ihre Verbeugungen und Handküsse, die nicht ihm gelten, sondern der Institution, die er als Abt repräsentiert, nimmt er mehr hin, als daß sie ihm zu behagen scheinen. Er hat eine warme Stimme und ein erkennbar freundliches, ja sonniges Gemüt. Unter dem Gewand wölbt sich ein Bauch, der auch von den Genüssen des Lebens kündet, gutem Essen und Wein, nehme ich an. Ein Asket ist er nicht, weltfremd schon gar nicht.

— Für uns ist alles geregelt, sagt Vater Sava, und das ist unendlich befreiend. Wir wissen genau, wie heute unser Tag aussieht, morgen, übermorgen: Alles spielt sich in diesen Mauern ab, allenfalls noch auf den Feldern ringsum. Und wenn uns Gott aus dieser Welt abberuft, dann brauchen wir nur ein paar Meter weiter getragen zu werden. Schauen Sie, dort drüben: Der Friedhof liegt gleich auf der anderen Seite der Kirche.

Vater Sava findet das eine sehr schöne Aussicht.

LICHT

Am verlockendsten an den Fensterblicken ins Jenseits, die Hieronymus Bosch nebeneinandergestellt hat, ist das Licht, selbst das Höllenlicht. Damit meine ich auf der linken der vier Tafeln nicht das schummrige Rot der Wolkenlandschaft, in der Kobolde oder kindergroße Dämonen nach schlanken nackten Menschen greifen, einen bereits an der Hüfte gepackt und dessen Oberkörper nach unten gekippt haben. Das Rot, klar, ist vom Feuer, in das die Verdammten geworfen werden. Ich glaube, das Biest will den Menschen fressen oder ihm mindestens den Arsch abbeißen, der sicher nicht zufällig ins Licht gerückt ist, des Biestes Gesicht ein einziger, arschgroß geöffneter Mund, in dem es nichts als Beißzähne gibt. Wie Vegetarier sehen die Biester auf der linken Tafel jedenfalls nicht aus, ihre Münder schon mit zusammengepreßten Lippen so breit, daß sie beinah bis an die Ohren reichen. Und dann die Arme, insektenhaft in die Länge gezogen, und die Haare, die wie Insektenfühler direkt an den Mündern sprießen, horngroß und horndick, daß die Borsten auch stechen oder aufspießen könnten. Die Menschen entkommen ihnen schon deshalb nicht, weil sie in ihrer Schwerelosigkeit nirgends auftreten oder sich abstoßen können, schweben wie fortgepusteter Blumensamen hilflos in der Luft, genau gesagt den Wolken eben, in denen es kein Oben und kein Unten gibt. Denn anders als der Titel es besagt, zeigt Bosch gerade keinen «Sturz der Verdammten», sondern ihre Schwerelosigkeit, nein, nicht wie Blumensamen, vielmehr wie aus einem fliegenden Flugzeug geworfen, ohne daß ihnen die Gnade des Absturzes vergönnt ist.

Ich komme auf Flugzeuge, weil die Lichter auf der linken der vier Tafeln wie Scheinwerfer aussehen, Flugzeugscheinwerfer, die in die Wolken strahlen. Wer schon einmal nachts durch den bedeckten Himmel flog, wird die Spots vor Augen haben, die aus kurzer Entfernung die Wolken anleuchten, also nicht großflächig wie Sonne oder Mond. Oben rechts breitet ein angeleuchteter Mensch vor Verzweiflung die Arme aus und schreit, obwohl gar kein Kobold nach ihm greift. Was sind das nur für Lichter? Alles andere und erst recht die Aliens auf der zweiten Tafel von links sind ja nichts anderes als Phantasytrash, beziehungsweise sieht man, woher das Kino seine Phantasien hat, was den Trash auch nicht realer macht. Die Aliens, die ihre gezackten Flügel ausbreiten und mit ihren Hundeschwänzen wedeln, sind prophetisch, insofern sie den Comic vorausnehmen, aber bestimmt keine Prophezeiung.

Die Faszination, die von Hieronymus Bosch ausgeht, war mir immer suspekt oder ließ mich kalt, wunderte mich überhaupt darüber, daß das Christentum so viel mehr Mühe darauf verwandte, die Strafe an die Wand zu malen, als sich den Lohn vorzustellen, hervorstechend natürlich in der *Göttlichen Komödie*, die das Inferno ungleich farbiger beschreibt als das Paradies, obwohl es im Paradies viel bunter zugehen muß. Bereits das Evangelium geht kein einziges Mal näher auf den Garten Eden ein, während es die Hölle immerhin als äußerste Finsternis und als Feuerofen beschreibt, in denen – wohlgemerkt in beiden, im Hellen wie im Dunkeln – «Heulen und Zähneklappern» sein werde (Matthäus 8,12 und öfter). Man wird einwenden, daß immerhin das größte Wandgemälde der christlichen Welt, das wie zufällig ebenfalls in Venedig hängt, nichts anderes als das Paradies zeigt; allein, Tintoretto ist selbst die Verheißung so düster und beengt geraten, mit so unglaublich vielen Menschen auf vergleichsweise dann doch sehr kleinem Raum, daß ich mir schönere Orte ausmalen könnte, mehr noch: einem Eigenbrötler wie mir so ein Gedränge eher wie ein Alptraum vorkommt. Auch der Garten Eden, den sich Bosch auf der zweiten Tafel von rechts ausgedacht hat, sieht halt für mich wie das Siegerland aus, hügelig, bewaldet und diesig zudem.

Folgende Seiten: Hieronymus Bosch (um 1450–1516), Vier Tafeln mit Jenseitsdarstellungen: Der Sturz der Verdammten. Die Hölle. Das irdische Paradies. Der Aufstieg in das himmlische Paradies. Um 1490 oder später. Öl auf Holz, je 87 x 40 cm. Museo di Palazzo Grimani, Venedig

Da leuchtet mir die Zurückhaltung, die die Bibel selbst übt, schon eher ein; während sie am Paradies außer der üppigen Vegetation lediglich die Edelsteine hervorhebt, fügt sie dem Feuer und der Finsternis der Hölle kaum mehr als den «Abgrund» des Hiob hinzu, als irdische Entsprechung noch das «Würgetal» des Propheten Jeremia. Nein, wenn man fürs Jenseits schon einen Ausdruck finden will, dann nicht als Science-fiction, sondern so lebensprall und poetisch wie in der Apokalypse, die allerdings fürs Ende aller Zeiten steht, also gerade nicht für ein Himmelreich, das bereits jetzt für die Gerechten existiert. Der Koran hingegen findet ähnlich erstaunliche, hier naturgewaltige, dort erotisch aufgeladene Bilder fürs Jenseits jedes Menschenlebens, untermalt sie zugleich mit Klängen, physisch packenden Lautmalereien: hier die Warnung aus dumpfen, gutturalen Konsonanten und eintönigen, ja einhämmernden Rhythmen, dort die Verheißung aus weichen, lieblichen Konsonanten und hellen, langgestreckten Vokalen. Kein Wunder, daß eine so bildmächtige, als Dröhnen und Pochen, Kosen und Hauchen physisch erlebbare Eschatologie auf die Araber gewirkt hat, erst recht auf die arabischen Juden und Christen, die sich unter Himmel und Hölle plötzlich etwas Reales vorstellten, der Siegeszug des Islams bekanntlich auch durch die sprachliche, zumal sprachmusikalische Bannkraft des Korans bewirkt. Und doch hat sich selbst die islamische Kultur, statt etwa den Koran zu illustrieren, auf die Abstraktion zurückgezogen, das Bild aufgelöst zu fugenartigen Mustern, wo immer sie in der Kunst und Architektur die Unendlichkeit dargestellt hat. Erst recht führt die abendländische Kultur vor, daß der Mensch am ehesten in der Musik erspürt, was überirdisch ist: Wieviel mehr vom Paradies als Boschs Mittelgebirge vermag eine Schubertsonate einzufangen, eschatologisch wieviel beunruhigender als Boschs Aliens kann eine Bachpassion oder seine h-Moll-Messe sein.

Jedoch zwei Tafeln lasse ich gelten, durch die tatsächlich das Jenseits zu schimmern scheint, die Tafeln ganz links und ganz rechts, die freilich nicht Himmel und Hölle selbst zeigen wie die beiden mittleren, mir unwichtigen Bilder, sondern lediglich die Wege dorthin, also Aufstieg und Sturz. Was ist das für ein Spot, der ganz links in die Finsternis strahlt? Es muß das gleiche Licht sein, das ganz rechts aus dem himmlischen

Paradies leuchtet, das göttliche Licht, nein, genauer: das Licht der Himmel und der Erde, als das Gott einzig darstellbar und nach den glaubhaftesten Zeugnissen tatsächlich erfahrbar ist. Damit meine ich mehr als nur die Berichte derer, die beinah gestorben sind, das Licht am Ende eines Tunnels, eines Rohrs oder einer Öffnung, das im sogenannten Nahtod regelmäßig bezeugt wird. «Sein Licht ist gleich einer Nische, in der eine Lampe steht», heißt es in Sure 24,35: «Die Lampe ist in einem Glas, und das Glas gleicht einem flimmernden Stern, entflammt von einem gesegneten Baum, einem Ölbaum, weder östlich noch westlich, dessen Öl beinah leuchtet, obwohl kein Feuer es berührt – Licht über Licht!»

In den meisten Traditionen, auch den ästhetischen Traditionen, beginnt das Jenseits, wo der Schatten endet. Denke nur an den Rahmen aus Gold, der in den byzantinischen Mosaiken die Bilder von innen erleuchtet, weil die Glasstückchen, aus denen sie bestehen, mit einem Goldblatt ausgestattet sind. Denke an das Feuer, als das der eine, einzige Gott zuerst versinnbildlicht wurde. Denke an die Petrus-Apokalypse, an Jesus als strahlendes Lichtwesen, das «heiter ist und lacht oben auf dem Holz», an die Taufe buchstäblich als eine «Erleuchtung» und die Lichtmetaphorik der gnostischen Evangelien, die 1945 bei Nag Hammadi gefunden wurden. «Wenn einer Gott gleich ist, wird er sich mit Licht füllen», sagt Jesus im Thomasevangelium: «Wenn er aber von Gott getrennt ist, wird er sich mit Finsternis füllen.» (61) Denke daran, daß die wohl älteste, unverändert praktizierte Zeremonie der Christenheit die Erneuerung des Lichtwunders in der Grabeskirche ist. *Lumen de Lumine* heißt es im Großen Glaubensbekenntnis, das dort gregorianisch gesungen wird: «Licht vom Licht». Denke an Empedokles' Theologie des Lichts, die vor Goethe bereits die islamische Mystik inspiriert hat. Bei ihnen gehören Licht und Schatten und damit auch Himmel und Hölle keiner jenseitigen Welt an, sondern sind sie wie im Thomasevangelium Teil des Menschen selbst. Es widerspräche Seiner Barmherzigkeit, würde Gott die Sünder in die ewige Finsternis werfen, sagen die Sufis und lehren, daß das Dunkel nichts anderes ist als der Schleier – der aufzudeckende, aufdeckbare und dank der göttlichen Barmherzigkeit selbst den Sündern im Jenseits schließlich aufgedeckte Schleier! – ihrer eigenen geschöpflichen Natur.

«Mein Freund, schließe die Augen und betrachte, was du siehst», lehrt im dreizehnten Jahrhundert der große Nadschmeddin Kobra, der die wiederkehrenden Farben während der mystischen Versenkung am genauesten beschrieben hat. «Wenn du mir sagst, daß du nichts siehst, irrst du. Du kannst sehr gut sehen, aber unglücklicherweise ist die Finsternis deiner Natur dir so nahe, daß sie deinen inneren Blick verstellt. Wenn du das Licht erkennen und vor dir sehen möchtest, dann beginne damit, dich von deiner Natur zu lösen oder sie zu vermindern. Der Pfad, der zu diesem Ziel führt, ist der Dschihad, und die Bedeutung des Dschihads ist, sich ganz und gar darauf zu verlegen, die Feinde zurückzustoßen oder zu töten. Die Feinde indes sind nichts anderes als deine eigene Natur, die Triebseele und der Dämon deiner selbst.» Es ist wichtig, im Blick zu behalten, daß Kobra keine Theorie aufstellt und schon gar nicht spekuliert, vielmehr wirkliche, von unzähligen Mystikern auch anderer Religionen ähnlich beschriebene Ereignisse aufzeichnet, die sich hinter den geschlossenen Lidern abspielen, im Dunkeln also, das aber leuchten kann, weshalb die Sufis auf der höchsten Stufe auch von einem schwarzen Licht sprechen.

Gewiß, anfangs richtet sich die visionäre Wahrnehmung auf Gestalten und Gegenstände, die ihren Ursprung in der Sinneswelt haben, also auf ein Meer, auf Regen, auf Städte und Landschaften, aber ebensogut auf Tiere, auf einen Hund, einen Löwen und so weiter – nicht anders als in gewöhnlichen Träumen, deren Auslegung ein eigenes Fach der islamischen Wissenschaften war. Aber dann beginnst du – nein, nicht mit dem Auge, mit dem Herzen – das Wesen der Gestalten und Gegenstände wahrzunehmen, und es geschieht in diesem Augenblick, daß sich die farbigen Lichterscheinungen einstellen. Wenn die eigene Seele zum ersten Mal vor dem inneren Auge erscheint, hat sie eine tiefblaue Farbe wie der Himmel, und sie sprudelt, ähnlich wie Wasser, aus einer Quelle hervor. Wenn die Seele gut, wenn sie gesund und rein ist, dann bringt sie nur Gutes hervor, das Gute, das von selbst aus der natürlichen Existenz quillt. Wenn in der niederen Seele jedoch ein Dämon wohnt, ein Kobold oder eben Biest, dann erscheint sie, genau wie in der Bibel beschrieben, als ein gleichzeitiges Hervorsprudeln von Feuer und Finsternis – und dann wird «Heulen und Zähneklappern» sein. Dieser Dämon ist selbst ein unreines Feuer, gemischt mit der Finsternis des Unglaubens. Es hilft dann nicht, daß du dir gute Vorsätze machst oder dem Dämon drohst: «Denn Satan macht sich über alle deine Drohungen lustig», merkt Kobra an, dessen Ehrentitel Nadschmeddin übersetzt «Stern der Religion» heißt: «Das, was ihn erschreckt, ist, das Licht in deinem Herzen zu sehen.» Das bedeutet nun genau, daß der Schatten im Menschen selbst ist, nicht in der äußeren Welt. Umgekehrt jedoch ist auch der Sucher ein Funke des Lichts, das er sucht: Jedesmal, wenn das Herz nach dem Throne seufzt, seufzt der Thron nach dem Herzen, so daß sie sich treffen. Jeder Edelstein, der in dir ist, leuchtet zum Himmel zurück. Jedesmal, wenn ein Licht von dir aufsteigt, steigt ein Licht zu dir hinab. Und jedesmal, wenn deine Flammen auflodern, steigen Flammen herab: «Wenn deine Licht-Substanz in dir gewachsen ist, dann ist sie es, die durch die Beziehungen mit ihrer Entsprechung im Himmel zu einem Ganzen wird. Dann ist es die Lichtsubstanz im Himmel, die sich nach deinem Spiegel sehnt; denn es ist dein Licht, welches das göttliche Licht anzieht, und es steigt zu dir hinab. Das ist das Geheimnis der Reise in dir.»

Es ist auf dieser Reise, daß die verschiedenfarbigen Lichterscheinungen auftauchen, die in anderen mystischen Traditionen ganz ähnlich bezeugt sind, anfangs weiß wie in den Nahtodberichten und bei Bosch, dann gelb, das Zeichen der Glaubenstreue, tiefblau als Zeichen des guten Handelns, grün für den Seelenfrieden, azurblau für die Zuversicht, rot für die Erkenntnis und schließlich, auf der siebten Stufe, das schwarze Licht, *nur-e siyâh*, welches das Zeichen der leidenschaftlichen, verzehrenden Liebe ist; es ist diese Abfolge, die das Wachstum des Lichtorganismus anzeigt, das Hervorbrechen Gottes, bis der Mensch selbst nur noch Licht ist. Der Wechsel von erster und dritter Person – bis Es du bist und du selbst das Licht – ist für Kobra das entscheidende Ereignis, bei dem der Suchende, so flüchtig auch immer, das verheißene Gesicht Gottes zu sehen vermag: «Wenn der Kreis des Gesichts rein geworden ist, sendet er Lichter aus wie eine Quelle, die ihre Wasser ausgießt, so daß der Sucher das Glitzern dieser Lichter zwischen den beiden Augen und den Augenbrauen wahrnimmt. In diesem Augenblick siehst du vor dir, deinem Gesicht gegenüber, ein anderes Gesicht, ebenfalls aus Licht; auch dieses strahlt Lichter aus, während hinter seinem durchsichtigen Schleier eine Sonne sichtbar wird, die kommt und geht, schaukelnd wie eine Wippe. In Wirklichkeit ist dieses Angesicht dein eigenes Gesicht, und diese Sonne ist die Sonne des Geistes (*rûḥ*), die in deinen Körper kommt und geht.»

Nadschmeddin Kobra versteht das Verhältnis von Gott und Mensch ausdrücklich nicht als das von Vater und Sohn, Schöpfer und Geschöpf. Er versteht es als ein Verhältnis von Liebendem und Geliebtem, in dem wohlgemerkt beide schöpferisch sind, der Mensch also nicht nur von Gott erschaffen wird, sondern Gott umgekehrt seine Existenz dem Menschen verdankt. Henry Corbin, dem ich diese Einblicke in Kobras Lichtmystik verdanke, ersetzt hier den Begriff der Sohnschaft des Menschen durch den der «Weibschaft», insofern diese selbst schöpferisch sei, die Mutter, die ihren eigenen Vater gebärt – wobei sich in der Erfahrung Gottes die Geschlechterzuordnungen auflösen und die persische Grammatik erst gar keine Geschlechter kennt. «Es gibt Lichter, die hinaufsteigen, und es gibt Lichter, die hinabsteigen. Die aufsteigenden Lichter sind die des Herzens, die absteigenden sind die des Thrones. Das geschöpfliche Sein ist der Schleier zwischen dem Thron und dem Herzen. Wenn dieser Schleier zerreißt und sich im Herzen eine Pforte zum Throne hin öffnet, seufzt das Gleiche nach dem Gleichen. Licht steigt auf zum Licht, und das ist ‹Licht über Licht›.»

Und der Schacht, durch den die Seelen bei Bosch aufsteigen zum Licht? «Das Herz ist ein Licht in der Tiefe des Brunnenschachts der Natur, wie das Licht Josephs in dem Brunnen, in den er geworfen ward.» In der Übersetzung geht verloren, daß sich im Arabischen «Herz» (*qalb*) und «Brunnen» (*qalîb*) von der gleichen Wurzel herleiten, *q-l-b*, das Herz also schon lexikalisch mit der Tiefe eines Brunnens assoziiert wird, aus dem es hervorsteigt wie auf der rechten der vier Tafeln. «Am Ende des Aufstiegs wirst du den Brunnen unterhalb von dir sehen», fährt Kobra fort: «Von da an verwandelt sich der ganze Brunnen in einen Brunnen von Licht oder grüner Farbe. Finsternis zu Beginn, weil er die Wohnstatt der Dämonen war, leuchtet der Brunnen jetzt in grünem Licht, weil er zum Ort geworden ist, zu dem die Engel und die Göttliche Barmherzigkeit herabsteigen.»

Und die Engel, die Bosch malt? Nadschmeddin Kobra berichtet ebenfalls von Engelserscheinungen, die ihm geschenkt wurden, der Aufstieg aus dem Brunnen unter Leitung von vier ihn umgebenden Engeln – also nicht zwei wie bei Bosch –, der Abstieg der göttlichen Ruhe, koranisch *sakîna* oder rabbinisch *schechina*, eine Gruppe von Engeln, die in sein Herz hinabsteigen, oder auch die Vision eines einzigen Engels, der ihn so erhebt, wie der Prophet erhoben wurde. Gewiß hat sie Kobra nicht menschenähnlich gedacht, weder mit fedrigen noch – denn was andres wären denn die Dämonen deiner selbst – mit zackigen Flügeln; eher geht es platonisch darum, daß jeder Handlung, jedem Gefühl, jedem Vorgang eine geistige Wesenheit zukommt, ein «Engel» eben, der sich in seinem eigenen Licht manifestiert; ich selbst stell's mir, weil sich der Mensch im Wachzustand und noch im Traum ja doch etwas vorstellen muß, wie Funken vor, Funken, die aus einem Feuer herausschießen, oder wie Sternenlicht auch.

Bei Kobra gibt es aber noch eine andere Erklärung, die näher an Boschs rechtem Fensterblick ist, wiewohl ich nicht weiß oder sogar bezweifle, daß er dort explizit Engel meint. Kobra spricht nämlich davon, daß nicht nur das Gesicht des Suchers erleuchtet werden könne, sondern seine gesamte Gestalt, und er dann entsprechend vor sich nicht nur ein Gesicht, sondern eine ganze Person aus Licht sehe. «Der Sucher nimmt diese Strahlung von Lichtern, die von seiner ganzen Person ausgehen, sinnlich wahr. Oft fällt der Schleier von der ganzen Realität der Person fort, und dann geschieht es, daß du das Ganze mit deinem ganzen Körper siehst. Die Öffnung der inneren Schau beginnt mit den Augen, geht dann durchs Gesicht, dann durch die Brust, schließlich durch den ganzen Körper.» Diese Lichtperson, die der Schauende schließlich vor sich sehe, sei ein Zeuge (*schâhed*), den man den eigenen Meister (*scheych*) des Verborgenen nennt: «Er leitet den Sucher zum Himmel.» Dann wären die Flügelgestalten auf den vier Tafeln weder Engel noch Dämonen; sie wären Zeugen, damit Märtyrer auch, die die Verstorbenen nach oben leiten oder andernfalls in die Hölle. Es können allerdings genauso die Zeugen jeder irdischen Liebe sein: «Als ich in Ägypten weilte, in einem Dörfchen am Nil, wurde ich von leidenschaftlicher Liebe für ein junges Mädchen ergriffen», schreibt Nadschmeddin

Kobra, der von seiner zentralasiatischen Heimat aus nicht nur innere, sondern auch gewaltige äußere Reisen unternommen hat. «Tagelang nahm ich kaum Nahrung oder Getränke zu mir, so daß die Flamme der Liebe in mir eine ganz außerordentliche Intensität erreichte. Ich seufzte Feuerflammen aus, und jedesmal, wenn ich ein solches Feuer ausatmete, atmete es auch aus der Himmelshöhe Feuer aus, das meinem Seufzer begegnete. Die beiden Flammen vereinten sich zwischen dem Himmel und mir. Endlich begriff ich, daß dies mein eigener Zeuge im Himmel war.»

Und schließlich oben und unten? Während die Bewegung, die zum Licht führt, bei Hieronymus Bosch eindeutig vertikal ist, war sich Nadschmeddin Kobra nicht in jedem Moment sicher: «Es kann geschehen, daß du dich selbst siehst, als befändest du dich am Grunde eines Brunnenschachtes und als ob der Brunnen sich bewegte und von oben herabstiege.» Das ist eine Täuschung, und Kobra weiß das im nachhinein auch: Das Licht ist im Norden. Aber schrieb ich nicht eingangs, daß die Tafel ganz links gerade keinen Sturz, sondern die ewige Schwerelosigkeit zeige? Da habe ich mich getäuscht. Für die Verdammten mag es kein Oben und Unten geben, sind ihre Glieder doch wahllos in alle Himmelsrichtungen gestreckt. Für den Betrachter, für Hieronymus Bosch, hoffentlich auch für uns, gibt es sehr wohl ein Oben und Unten, allein schon weil das Feuer unten ist. Und wenigstens der Verzweifelte mit den ausgestreckten Armen, der schreit doch nach oben, ins Schwarze, fällt mir jetzt auf.

Seit jeher hat sich die Menschheit an einem einzigen Punkt orientiert, der ihrer Welt, ihrer Landschaft ein Oben und damit auch ein Unten zuwies. Bevor es die moderne Technik gab, wäre es auf der nördlichen Halbkugel gar nicht möglich gewesen zu reisen, ohne sich vertikal nach dem Polarstern zu richten. Henry Corbin, der nicht nur mit den Sufis, sondern ebenso mit Mircea Eliade, mit Gershom Scholem und anderen westlichen Seelenkundlern des zwanzigsten Jahrhunderts befreundet war, Henry Corbin geht so weit, den Verlust der metaphysischen Dimension in der modernen Zivilisation mit dem Verlust des Nordens in eins zu setzen. Band der Kompaß den Orientierungssinn immerhin noch real an die Materie, spielt der Polarstern und damit oben und unten im Alltag von heute so gut wie keine Rolle mehr. Endlich mit dem Navigator muß der Mensch überhaupt nicht mehr zum Himmel schauen, um sich zurechtzufinden – nur wehe, der Navigator funktioniert einmal nicht. Den Norden zu verlieren, das bedeute, nicht mehr zwischen Himmel und Hölle unterscheiden zu können, zwischen Engeln und Dämonen, Licht und Schatten, Unbewußtsein und Über-Bewußtsein, schreibt Corbin, der mir Nadschmeddin Kobra erklärt hat; es sei Präsenz allein in der horizontalen Dimension, unfähig die Formen im Aufwärts zu erkennen. «Und sobald die ganze Schöpfung sich auflöst, werden die Menschen im Osten nach Westen fliehen und die im Westen nach Osten fliehen; und die im Süden werden nach Norden fliehen und die im Norden nach Süden», warnt Jesus in der Petrusapokalypse: «und überall wird sie der Zorn schrecklichen Feuers treffen.» Dann bestünde die Verdammnis auf der linken Tafel darin, daß die Verdammten gar nicht merken, daß sie stürzen, also kein Oben und Unten kennen. Ich selbst habe es auf den ersten Blick auch nicht bemerkt.

LUST I

Ich bin schockiert. Die ganze Ausstellung habe ich Jesusbilder, Kruzifixe und Madonnen betrachtet, thronende Marien mit und ohne Kind, thronende Engel mit und ohne Flügel, bekannte und unbekannte Märtyrer, Bischofsköpfe, Bischofsstatuen, Bischofsplatten, das Schwert des Heiligen Georg mitsamt Scheide, Reliquiare und Reliquienbeutel, Weihrauchfässer, Abtsstäbe, Monstranzen, Ostensorien, Ziborien, Hausaltärchen, Bibeln natürlich in allen Größen und Farben, ebenso Stundenbücher, Missale, Antiphonale, Evangelistare und nicht zuletzt Graduale, außerdem Kirchenfenster, Wandbehänge, Kaseln, Chormantelschließen, Dalmatiken, Diptychen, Triptychen, Polyptychen, als ob das Wort vom «heiligen Köln» einmal, in ferner Vergangenheit, ohne Ironie, ohne schelmisches Grinsen, ohne das heitere Bewußtsein des Menschlichen, Allzumenschlichen ausgesprochen worden wäre. «Glanz und Größe des Mittelalters» heißt die Ausstellung und führt erstmals überhaupt die Kölner Meisterwerke aus den Sammlungen der Welt zusammen, eine Sensation für die Kölner natürlich, die selbst wochentags schon bei Kassenöffnung Schlange stehen; gerade erst wurden die Öffnungszeiten verlängert. Ich selbst bin am Tag vor meinem Abflug, so viel noch zu tun war, zum Neumarkt geradelt, der unter den vielen unfarbigen Plätzen der Stadt mit dem Unglück beschwert ist, auch noch der größte zu sein, um mit eigenen Augen zu staunen, wie Köln einmal geglänzt haben muß. Und es stimmt ja, die Exponate bezaubern nicht nur ästhetisch; jedes einzelne ist auch sozialgeschichtlich ein Zeugnis von blühendem Handwerk, von Kunstsinn, von Überfluß und Macht. Allein schon die Unmengen an Gold! Ich denke an einen Straßennamen wie Unter Goldschmied und erinnere mich gelesen zu haben, daß Köln die bedeutendsten und vermögendsten Werkstätten in ganz Europa hatte.

Und doch wirken die Exponate, die Kunstwerke zu nennen man sich instinktiv versagt, nicht einmal in der Massierung einer Ausstellung protzig, nicht selbstgefällig, nicht zu opulent, sondern im Gegenteil streng und selbst in ihrer überbordenden Pracht auf ein Ziel gerichtet, einem Höheren sich unterordnend, einem Zweck dienend. Und wirklich galt die Goldschmiedekunst, die so blühte in Köln, aus keinem anderen Grund als das vornehmste Handwerk, als weil sie die heiligen Gefäße zum Meßopfer herstellte. Etwas Sonnenhaftes, Klares und Reines liegt in dieser Kunst, vielleicht weil Gold wie kein anderer Stoff der Sonne verwandt ist. Im großen und ganzen fehlt noch das Doppeldeutige, das Unterbödige, das Spiel auf der Klaviatur auch der ganz irdischen Sinne, das der christlichen Kunst seit der Renaissance auch in Köln eigen ist, wenn freilich Köln seinen Glanz und seine Größe seither verlor. Gut, manche der Engel grinsen schelmisch, und es gibt einige Gemälde von Patriziern und ihren Frauen, deren Anlaß offenkundig im Diesseits liegt, hier und dort Wappen etwa von Ständen und weltlichen Schmuck wie den Willkomm der Grafen von Katzenelnbogen, aber das sind nur Einzelstücke, und selbst sie (von den Schelmen unter den Engeln abgesehen) wirken erhaben und ernst. In aller Regel scheint es, als hätten die Kölner im Mittelalter nur Gott feiern wollen und nicht auch ihr Leben.

Aber das kann doch nicht sein! dachte ich und hatte nicht nur das Selbstbild des heutigen Köln vor Augen, in dem das Heilige nur noch Reminiszenz oder wenn schon Weltkulturerbe ist, sondern ebenso den Reisebericht Petrarcas im Ohr, des Kölners liebste, weil schmeichelhafteste Lektüre: Zwar lobte der Italiener auch «diese Gesittung im Barbarenlande, die gesetzte Haltung der Männer, das schmucke Benehmen der Frauen», aber hob schon im Mittelalter mehr noch die Feste hervor, die Lebenslust und den ganz sinnlichen Genuß, der die Stadt ausmache. Durchdringe Rom das Seufzen der Gefangenen, herrschten in Köln Ruhe und Frieden, dröhnten die römischen Straßen vom Lärm der Räder und Waffen, zwitscherten in den kölnischen Straßen die Stimmen von Scherzenden, tage im Kapitol der strenge Senat, sängen in dessen

Kölner Abbild «schöne Jünglinge und Mädchen gemischt in ewiger Eintracht nächtliche Lobeshymnen», notierte Petrarca am 9. August 1333: «Was für Gestalten, was für Gesichter, welch eine Haltung! In Liebe hätte entbrennen können, wer nur nicht schon ein gebundenes Herz mitgebracht hätte.»

Vielleicht kann es doch sein, daß die Kölner einmal Gott allein feierten, dachte ich und ließ mich von Saal zu Saal tiefer von dem Geistlichen berühren, das die Ausstellung massiert, vielleicht waren die Kölner wirklich so fromm und trägt Köln sein Attribut nicht nur wegen der drei Heiligen Könige. Und plötzlich, in unmittelbarer Nachbarschaft zweier Kruzifixe, welche den Erlöser in bestürzender Hinfälligkeit zeigen, und einer Gruppe von Weinenden, die vor Schmerz schon entrückt sind, plötzlich stehe ich vor diesem Bild, das auch noch *Liebeszauber* heißt. Ich weiß gar nicht, was ich dazu noch sagen soll, denn darauf ist ja schon alles gesagt, die Frau, die absolut unverstellt auf das Eine nur aus ist, der Mann, der absolut zielgerichtet nur für das Eine herbeigezaubert wurde. Die Haltung der beiden Körper obszön zu nennen, wäre untertrieben, die Frau mit dem nach vorne gestellten Bein, der zweite Schenkel und die Brust leicht zur anderen Seite gedreht, damit die Merkmale ihres Geschlechts in beide Richtungen ausgestellt sind, und der Mann kann vor Erregung auch nicht mehr gerade gehen, der Kopf vor Verlangen nach vorne gestreckt, weit geöffnet der Schritt, als überdeutlicher Phallus ein Dolch, der zwischen den Beinen herabhängt. Und dann der Schleier der Schönen, der durchsichtig seine Begierde noch steigert, sich in ewiger Eintracht zu mischen, und ihre Schühchen, die auch Schmerz zufügen können, lustvollen Schmerz, wenn der Jüngling erst verzaubert zu ihren Füßen liegen wird. Welche nächtlichen Lobeshymnen sie dann gemischt in ewiger Eintracht singen! Ach, nein, nicht nachts, nicht einmal das: Als wolle er das Unverfrorene der Darstellung auf die Spitze treiben, läßt der Maler, der im Katalog nur «Kölner Meister» genannt wird, die Szene am hellichten Tag spielen, die großen Fenster ohne Vorhänge, weit die Aussicht und prophetisch ja vielleicht auch.

Kölner Meister (fünfzehntes Jahrhundert), Der Liebeszauber. Um 1470. Öl auf Holz, 23,9 x 18 cm. Museum der bildenden Künste, Leipzig

Was wohl auf den fünf fliegenden Spruchbändern stehen sollte, die nicht beschrieben wurden, die Zauberfor-

mel vielleicht, mit der Liebe auf Bestellung gelingt? Der Hund scheint an dem Mann, den er gehört und gerochen haben muß, nichts Bemerkenswertes zu finden, schläft ungerührt weiter, scheint Männer gewohnt zu sein, die sein Frauchen besuchen, zumal sie die glühende Kohle und den nassen Schwamm so leichthändig übers Herz hält, auch so ruhigen Blickes, daß man Übung voraussetzen kann. Kommt also öfters jemand zur Tür, und immer ein anderer? Ward vielleicht auch der fromme Dichter Petrarca einmal von ihr gerufen, und gefiel ihm Köln deshalb so gut? In jedem Fall lehrt der *Liebeszauber*, der unverfroren zwischen zwei Kruzifixen hängt, daß auf der Klaviatur der ganz irdischen Sinne schon gespielt wurde, vielleicht sogar gerade gespielt wurde, als Köln noch zu Recht im Rufe des Heiligen stand. Heute hingegen, im Karneval etwa, den viele Kölner und alle Zugereisten als bloße Balzzeit zu begreifen scheinen, während das Heilige für die meisten nur noch Weltkulturerbe ist, heute ... ach, die Spruchbänder sind leer, auf denen zu lesen gewesen wäre, wie gleichzeitig irdische und überirdische Erfüllung gelingt.

LUST II

Endlich ahne ich, warum mir die Szene ans Herz ging, die Giotto ganz oben in einer Ecke der Cappella degli Scrovegni beinah versteckt hat. Es ist nicht die Zärtlichkeit allein, der absolut unerwartete, in der europäischen Malerei wohl bis in die Moderne einzigartig gebliebene und zumal für eine Heilsgeschichte unerhörte Kuß auf den Mund, den sich zwei Liebende in aller Öffentlichkeit geben. Es ist auch nicht nur das Alter der beiden, Joachims Bart schon beinah weiß, auch in Annas Haaren mehr graue als braune Strähnen und um ihre Augen Falten, die man vom Boden der Kapelle noch erkennt – selbst im heutigen Westen Europas, in dem sich alle alles allerorten herauszunehmen scheinen, würden zwei ungeniert knutschende Alte, wenn schon nicht Anstoß erregen, doch verwunderte, mißfällige Blicke auf sich ziehen. Nein, was mich mit solcher Wärme erfüllte, daß ich am liebsten der Frau um den Hals gefallen wäre, die seit einer gefühlten Ewigkeit meine Frau ist, war auch das Ungelenke der Berührung. Joachim und Anna sind keine geübten Knutscher, das sieht man sofort. Eigentlich stehen sie zu weit voneinander entfernt, ihre Füße mindestens einen Meter auseinander, um sich bequem zu küssen. Mögen die Gewänder ihre Bewegungen bedecken, müssen sie sich doch weit nach vorne beugen, damit sich die Münder berühren.

Genaugenommen ist es Anna, die sich nicht nur nach Joachim streckt, sondern zugleich sein Gesicht zu sich zieht. Ihre rechte Hand drückt gegen seinen Nacken, die linke greift in seinen Bart. Aber Joachim läßt es sich auch gefallen, hat seine Hand von hinten auf ihre Schulter gelegt und nicht etwa von vorn, um sie abzuwehren. Vierzig Tage und

Nächte hat er in der Wüste geharrt, hat weder gegessen noch getrunken; «das Gebet soll mir Speise und Trank sein», hat er sich gesagt. Anna hielt ihn schon für tot und beklagte außer ihrer Witwenschaft ihre Kinderlosigkeit gleich mit, die Joachim überhaupt erst zur Buße getrieben. Und jetzt hat sie ihn doch wieder, dank seiner Gebete ein Kind empfangen noch dazu. Deshalb ist sie es, die nicht an sich halten kann und seinen Mund zu ihren Lippen führt. Zu nah, um eigentlich etwas zu sehen, schauen sie sich dennoch in die Augen, wie an der Ausrichtung der Pupillen zu erkennen ist, schenken der Außenwelt keine Beachtung, nehmen sie in diesem Moment vermutlich gar nicht mehr wahr. Aber die Außenwelt ist auch nicht feindselig. Bis auf die schwarz Verschleierte, die sich so einen Kuß nicht anschauen mag, blicken die Frauen mehr als nur freundlich. Etwas ungelenk auch ihre Gebärde, lachen sie, frohlokken über die Liebe, die sich so überraschend wiederfand.

Wenn zwei nach so vielen Jahren des gemeinsamen Alltags, des Streits, den es doch sicher gegeben haben wird, des Zorns, der Enttäuschung, der Zweifel, der Krisen, der Gebrechen und überhaupt des körperlichen Verblühens, der Fältchen und Falten, um nur das Geringste zu nennen – wenn zwei auch die Langeweile geschmeckt haben, die noch die leidenschaftlichste Liebe zu vergiften vermag (erst recht ohne Kinder, die neben allem anderen für Eheleute auch ganz banal ein Zeitvertreib sind) – wenn zwei jede Pore, jeden nächtlichen Laut und jede Ausdünstung des anderen kennen und dennoch mehr als nur zugetan, nämlich zärtlich geblieben sind, ja, sich ungeachtet ihres Alters noch immer so sehr begehren, offenbar auch körperlich begehren, daß sie in einem solchen Augenblick höchster Freude, ja Erfüllung, mit Sitte und Anstand brechen müssen – wenn zwei nicht auf die abschätzigen Blicke der Jüngeren, der bestenfalls Verliebten achten, deren Häme überhören – und wenn dann jedoch die anderen gar nicht mißgönnen und tuscheln, wie es die Verschleierte sicher gern täte, die vermutlich von der Langeweile vergiftet ist – wenn die Jüngeren und selbst die Verliebten die Größe und Erhabenheit des Augenblicks wahrnehmen – wenn sie

Giotto di Bondone (um 1266–1337) und Werkstatt, Die Begegnung Joachims und Annas an der Goldenen Pforte. Um 1303/05. Fresko, ca. 185 x 200 cm. Aus dem Zyklus mit Szenen aus dem Leben Mariä und Christi. Arenakapelle (Cappella degli Scrovegni), Padua, rechte Wand, obere Reihe, 6. Bild

sich rundheraus mitfreuen und meinetwegen ungelenk lachen – wenn also die Symbiose zweier Liebender die Gemüter noch der Umstehenden und nicht zuletzt des jungen Bauern erweicht, der staunend, wenn nicht begeistert auf den Kuß starrt – dann, erst dann sitzt der eine dem anderen wie ein Siegel auf dem Herzen und wie ein Siegel auf dem Arm. «Denn Liebe ist stark wie der Tod, und ihr Eifer ist fest wie die Hölle», heißt es im Hohenlied (8,6 f.): «Ihre Glut ist feurig und eine Flamme des Herrn, daß auch viele Wasser nicht mögen die Liebe auslöschen noch die Ströme sie ertränken.»

Es wäre meine Lieblingsstelle in der Bibel, wenn ich eine nennen müßte, genaugenommen meine Lieblingspassage oder mein Lieblingsbuch. Gewiß erzählt das Hohelied von zwei jungen Liebenden, die Lokken des einen schwarz wie ein Rabe, die Brüste der anderen wie zwei junge Rehzwillinge, die unter den Rosen weiden. Der Kuß, den Giotto ganz oben in einer Ecke der Cappella degli Scrovegni beinah versteckt hat, sagt etwas anderes: Ist nicht die frühe, die jugendliche Verliebtheit, welche die Literatur bis weit in die Moderne meinte, wo sie von Liebe sprach – ist sie nicht ein Strohfeuer im Vergleich zu der tiefen, ihnen selbst ja auch wirklich ewig anmutenden Glut zweier Liebender, die miteinander, aneinander, mitunter auch gegeneinander alt geworden sind?

Was ich am wenigsten mit dem Christentum verband, mit dem ich aufwuchs, war die Lust. Ich hatte gute Menschen vor Augen, wenn ich mir Christen vorstellte, aber nicht schöne; vernünftige Predigten, aber sterbenslangweilige; Nächstenliebe, aber nicht Sex. Schließlich bin ich im protestantischen Siegen geboren und nicht im katholischen Rom. Die Klassenkameraden, die in der Pause die Bibel lasen – und es gab immer einige, Siegen war in den Achtzigern noch eine sehr bibelfeste Stadt –, waren gerade nicht die coolen, die zu den Feten kamen, sondern trugen Bundfalten und gesteifte Blusen. Ob ich es auch nicht öffentlich ausgesprochen hätte, machte ich es dem Christentum innerlich zum Vorwurf, daß es den Körper nicht achtete und selbst vom ehelichen Sex wie von einem notwendigen Übel sprach. Die Trinität leuchtete mir nur einfach nicht ein; aber das Unsinnliche, das ich dem Christentum zuschrieb, stieß mich regelrecht ab. Speziell die Kirchentage, die ich als einen Schauplatz der Friedensbewegung kennenlernte, waren die unerotischsten Veranstaltungen überhaupt in meiner Zeit, in ihrer Rechtschaffenheit übertroffen nur von den evangelischen Akademien, die den Dialog der Religionen erfanden.

Allein, ich merkte, daß mein Widerwille schwand. Das lag weniger daran, daß ich über die Jahre so viele andere Gesichter des Christentums sah, herrlich gemalte zumal. Es lag vor allem daran, glaube ich, daß der Hedonismus zum Heiligsten der kapitalistischen Propaganda wurde und die Selbstentfaltung zur Ideologie, die jede Entsagung unter Verdacht stellt. Was die Religion und nicht einmal Siegen vermochten, nämlich Begierde und Wollust, Verführung und Nacktheit mir zu verleiden, gelang erst der alltäglich gewordenen Pornographie. Daß alle glauben, sich alles allerorten herausnehmen zu können, ja, zu müssen!, erschien mir so entsetzlich, ja an manchen Tagen geradezu endzeitlich, daß mir die Bundfalten und gesteiften Blusen nach und nach lieb wurden. Immerhin Bundfalten und Blusen! sagte ich mir, seit ich das Christentum mit Funktionskleidung assoziierte, Vliespullovern und Thermohosen: allein schon die Formlosigkeit heutiger Gottesdienste, in denen sich bis hin zum Stuhlkreis alle alles allerorten herausnehmen. Steif heißt ja gerade nicht beliebig, merkte ich, sondern allenfalls ein bißchen erstarrt. Erstarrung läßt sich auch lösen.

Und dann entdeckte ich den Kuß, den Giotto ganz oben in einer Ecke der Cappella degli Scrovegni beinah versteckt hat, und dachte an meine ungelenken Siegener. Und ich dachte, daß ich ihnen Unrecht getan habe, als ich ihnen die Lust absprach. Wie gern hätte ich es gesehen, daß sie sich wie Joachim und Anna küßten.

AUSZUG

Der katholische Freund fragt flüsternd, warum die Kirche so leer sei, noch leerer als in Deutschland. Ich zucke mit den Schultern. Falls wir nicht jemanden hinter einem Pfeiler übersehen, verteilen sich nicht mehr als sieben zerfurchte, teils schon gebückte Gläubige auf die Kirchenbänke, die Frauen in Mänteln und knielangen Röcken, das Kopftuch unterm Kinn zusammengebunden, die Männer in dunklen, meist abgetragenen Anzügen, an den Kleiderhaken neben dem Eingang aufgereiht ihre altmodischen Hüte und Schirmmützen. Schon diejenigen, die den Gottesdienst ausführen, sind zahlreicher, mindestens eine Generation jünger außerdem, ein hochgewachsener, sehr schlanker Priester im goldenen Gewand, drei stämmige Helfer in himmelblauen Kleidern mit roten Schärpen, Organist und Chor ebenfalls blau gekleidet, nur ohne die Schärpen, das Haar der drei Sängerinnen von weißen Tüchern lose bedeckt.

— Wenn wir uns mitzählen, flüstere ich und weiß selbst nicht, ob ich den Freund trösten oder mich bei ihm entschuldigen möchte, wenn wir uns mitzählen, sind es immerhin mehr, die am Gottesdienst teilnehmen, als die ihn zelebrieren.

Früher war ich in Isfahan öfters in der Kirche, als Student, weil ich mich schon damals fürs Religiöse interessierte und es so viele unterschiedliche Religionen gab, Muslime natürlich, armenische Christen, immer noch Juden und Zoroastrier, dazu die Bahais, die verfolgt werden, seit der Staat ein islamischer ist. Noch mehr als der Ruf des Muezzin, der in unserer Gegend nicht zu hören war, verbinde ich mit Isfahan das Läuten der Glocken; die Wohnung meiner Tante liegt gleich neben der größten Kirche, und meine Eltern wohnten auch nicht weit weg, am Rande von Dscholfa, wie das armenische Viertel von Isfahan heißt. Unter den Freunden meiner Cousins und Cousinen gab es immer ein paar Christen, die uns einluden oder die wir einluden, als Kinder zum Spielen, in der Jugend zur Fete, zuletzt zu Gesprächen, die meist von Politik handelten, vom Staat, weil er islamisch geworden war.

Anders als die Muslime unserer bürgerlichen Kreise, die sich von der Islamischen Republik immer mehr vom Islam abbringen ließen, blieben die armenischen Freunde dem Glauben auffallend treu, so daß die Messen immer gut besucht waren. Ein bißchen verstand ich mich auch deshalb gut mit ihnen, weil ich mit ihnen überhaupt noch über Religion reden konnte, ohne auf Spott oder Verachtung zu stoßen. Keiner meiner muslimischen – oder muß ich sagen: ehemals muslimischen? – Bekannten wäre auf die Idee gekommen, mich zu einem Freitagsgebet mitzunehmen, mich auch nur zu begleiten.

Der Priester, der uns nach dem Gottesdienst mit in sein karges Büro nimmt, schätzt, daß von den zwölftausend Armeniern, die bei der letzten Erhebung vor acht Jahren in Isfahan gezählt wurden, jeder zweite seine Heimat verlassen habe – genau in den Jahren des schrecklichen Sprücheklopfers also, der die Staatskassen leerte und die Gefängnisse füllte. Die Muslime wollten auch emigrieren, vor allem die jungen, gebildeten Leute aus der Mittelschicht, aber hätten nicht die gleichen Möglichkeiten wie die Christen und Juden, deren Auswanderung von HIAS gefördert, finanziert und betreut werde.

— HIAS? fragt der Freund, dem ich übersetze.

Auch ich habe den Namen noch nie gehört.

— Ja, HIAS, bestätigt der Priester und erklärt, daß eine einzige Organisation seit ein paar Jahren den Exodus von Christen aus Isfahan, wahrscheinlich aus ganz Iran betreibe. Den Namen, den der Priester uns eigens buchstabiert, kenne in Iran jeder Christ. Ein Muslim habe tausend Hürden zu überwinden, um in den Westen zu gelangen, habe mit Schlepperbanden, Paßhehlern, Asylbehörden und vor allem dem Gefühl zu tun, nicht gewollt zu werden; ein Christ müsse nur der Werbung von HIAS erliegen, um sich kurze Zeit später in Wien wiederzufinden, wo er innerhalb von ein, zwei Monaten die Aufenthaltsgenehmigung für die Vereinigten Staaten erhalte.

— Aber werden die Christen in Iran denn nicht verfolgt? fragt der Freund.

Der Staat, so erklärt es der Priester, betrachte nur die Muslime als seine Gemeinde. Das sei für die Christen oft verletzend, weil sie seit der Revolution nicht mehr als gleichwertige Bürger behandelt würden. So schließe der Staat sie, um ein einfaches Beispiel zu geben, von allen Ämtern und Positionen aus, die die nationale Sicherheit berührten, vom Präsidentenamt genauso wie vom Geheimdienst oder den höheren Rängen des Militärs. Damit sei klar, daß die Christen nicht wirklich zum Staatsvolk gehörten – aber mal ehrlich, wer wolle schon zum Geheimdienst? Das einzige, was sie tatsächlich einschränke, sei das Verbot der Mission, schließlich gehöre es zu den Pflichten eines jeden Christen, für seinen Glauben zu werben. Die Angst vor christlicher Missionierung gehe inzwischen so weit, daß nicht einmal mehr die Bibel auf Persisch gedruckt werden dürfe.

— Aber die Bibel ist den Muslimen doch heilig, wende ich ein.

— Sagen Sie das der Zensurbehörde.

Praktisch gesehen wirke sich aber selbst das Verbot der Mission nicht gravierend aus, weil ihre Kirche seit jeher national gefaßt sei und das gesamte Gemeindeleben sich an Armenier richte. Bei den neuen evangelikalen Gruppen sei das anders, die offensiv missionierten, auch unter Armeniern, und tatsächlich Probleme mit dem Staat hätten; die Evangelikalen könnten den Glauben nicht öffentlich praktizieren, erhielten keine Genehmigung für ihre Feste, auch von Verhaftungen sei zu hören. Sie hingegen, die Armenier, zögen aus ihrer Religion oft einen Vorteil, weil der Staat sich weniger in ihr Leben einmische. Sie dürften Alkohol trinken, selbst an den schiitischen Trauertagen Konzerte veranstalten, seien innerhalb der Gemeinde von der Geschlechtertrennung und den islamischen Kleidervorschriften befreit.

— Auf dem freien Arbeitsmarkt werden die Armenier sogar bevorzugt, werfe ich zum Freund gewandt ein: einfach, weil sie als zuverlässig gelten, als ehrlich und arbeitsam.

Betende Frau in der armenisch-apostolischen Sankt-Georg-Kirche in Isfahan (siebzehntes Jahrhundert)

— Ja, man mag uns, bestätigt der Priester, das empfinden wir auch so, erst recht seit der Revolution.

— Und warum wandern die Armenier dann aus? fragt der Freund.

— Weil systematisch die Mittelschicht zerstört wird, zu der die meisten Armenier gehören, antwortet der Priester.

Sie hätten hier in der Gemeinde kürzlich einen Job im Museum zu vergeben gehabt, ein ehrbares, eine wissenschaftliche Qualifikation voraussetzendes Amt – und hätten sich selbst für das Gehalt geschämt, das sie dem Bewerber anboten. Von den fünf- oder sechshunderttausend Tuman, die in Iran ein Lehrer, ein Angestellter oder eben eine Museumsfachkraft verdiene – umgerechnet 125 oder 150 Euro, flüstere ich dem Freund zu –, könne man nicht einmal die Miete bezahlen. Fünf- oder sechshunderttausend Tuman, ruft der Priester, damit liege man ja sogar unterhalb der offiziellen Armutsgrenze, das müsse man sich vorstellen, jeder Lehrer, jeder Angestellte, jede Museumsfachkraft sei damit selbst nach offiziellen Maßstäben arm, damit ein Großteil der Bevölkerung.

— Und das in einem der rohstoffreichsten Länder der Welt, füge ich hinzu.

— Da können Sie sich vorstellen, was passiert, wenn HIAS mit einer Green Card winkt.

Er wisse auch nicht, sagt der Priester, woher HIAS das Geld und die guten Verbindungen hat, auch zu den iranischen Behörden offenbar, die sich an dieser Mission nicht störten.

— Stecken Evangelikale dahinter? frage ich.

— Nein, nein, es sind Juden.

— Juden?

— Ja, amerikanische Juden.

Der Freund wirft mir einen stirnrunzelnden Blick zu.

Letztlich arbeiteten die Amerikaner und die Islamisten Hand in Hand, um den Orient von Christen zu säubern, redet sich der Priester in Rage. Im Irak, jetzt schon in Ägypten und demnächst in Syrien brennten Islamisten, die vom amerikanischen Partner Saudi-Arabien unterstützt würden, die Kirchen nieder. In Iran lockten Amerikaner die Christen mit Geld aus dem Land. So oder so laufe es darauf hinaus, daß die Gemeinden stürben. Von den vierundzwanzig Kirchen Dscholfas würden nur noch die Hälfte genutzt, und selbst die verbliebenen Kirchen zu halten falle schwer. Mit Mühe und Not brächten sie an einem gewöhnlichen Sonntag noch vier Gottesdienste zustande.

— Der Sonntag ist in Iran ja auch kein Feiertag, erkläre ich dem Freund und weiß wieder nicht, ob ich ihn trösten oder mich bei ihm entschuldigen möchte: Die Berufstätigen müssen eben arbeiten.

— Aber in Deutschland sagtest du, daß in Isfahan die Kirchen nicht nur an Weihnachten und Ostern gefüllt sind, erinnert mich der Freund.

— Ja, das war auch so, räume ich ein: Und die Glocken haben auch alle geläutet.

Es ist eine seltene, kostbare, inzwischen schon vierhundertjährige Symbiose von Ost und West, die wir im Gottesdienst erlebt haben. Die Stephanus-Kirche ist längst nicht so prachtvoll wie andere Kirchen Isfahans, weil die Innenwände, die von Fresken bedeckt waren, im Eifer der Modernisierung weiß verputzt worden sind. Auf den ersten Blick wirkt sie daher fast protestantisch. Um so größer, überraschender ist der Kontrast zu den safawidischen, ganz und gar orientalisch anmutenden Kacheln, die das Kirchenschiff brusthoch umranden; unter der weißen Decke leuchten die gelben und hellblauen Blumenornamente um so heller. Auch ähnelt die Architektur mit ihrer quadratischen Anordnung und der prächtig geschmückten, himmelgleichen Kuppel mehr einem islamischen Sakralbau als einer abendländischen Kirche, und der Boden ist von so schönen persischen Teppichen bedeckt wie leider keine Moschee mehr. Aber auf den Bildern, die an den Wänden hängen, und den wenigen Fresken, die wieder freigelegt worden sind, ist der Pinsel der italienischen Maler unverkennbar, die Schah Abbas Anfang des siebzehnten Jahrhunderts nach Isfahan einlud, um die Christen über die Verschleppung aus der armenischen Heimat hinwegzutrösten. Auch die gläsernen Kronleuchter, obwohl in Isfahan hergestellt, zeugen vom europäischen Einfluß, und wie erst die Bänke, die vor kurzem, vielleicht wegen des hohen Durchschnittsalters der Gläubigen, in die Kirche gestellt wurden. Der Altarraum wirkt ebenfalls östlich und westlich auf einmal: die Bögen, Farben und Verzierungen wie aus Tausendundeiner Nacht, aber zugleich denke ich unweigerlich an eine europäische Theaterbühne, einen Meter erhöht und mit zwei Treppchen links und rechts für die Auftritte. An einer metallenen Stange hängt eine original Brecht-Gardine, die nach jedem Abschnitt der Messe mit einer Schnur zugezogen und für den nächsten Abschnitt wieder geöffnet wird wie früher im Berliner Ensemble zwischen den Szenen. Vor allem aber verbinden sich Orient und Okzident in der Musik, aus der fast die gesamte Messe besteht: unverkennbar die Vierteltöne der orientalischen Melodik, so europäisch das Klangbild der Orgel und des Frauenchors auch anmutet. Und dann die Gesichter! Nicht nur sehen die Männer mit ihren buschigen Augenbrauen und den schmalen, hohen Nasenhöckern alle wie Charles Aznavour aus, mal in jüngeren, mal in sehr alten Jahren; auch die Frauen könnten mit ihren hellen Gesichtern und braunen, meist lokkigen Haaren in französischen Schwarzweißfilmen auftreten, zumal sie das Kopftuch nach der Messe so elegant ablegen wie Edith Piaf.

— Wir haben in Isfahan unsere armenische Kultur, unsere Sprache, unseren orthodoxen Glauben vierhundert Jahre bewahrt, sagt der Priester. Aber Amerika ist anders, in Amerika dauert es nur eine Generation, dann ist die Sprache weg, dann die Kultur, schließlich der Glaube. In Amerika werden alle gleich.

Zurück in der Wohnung am Rande von Dscholfa googeln wir HIAS und staunen nicht schlecht, sind auch über unser historisches Unwissen beschämt, als wir gleich mit dem ersten Link lesen, daß es das Kürzel der berühmten jüdischen Organisation ist, die während des Zweiten Weltkrieges Tausenden und Abertausenden Menschen das Leben rettete, der *Hebrew Immigrant Aid Society*. Verhalf HIAS damals Juden zur Flucht vor den Nazis, hat die Organisation die Hilfe seitdem auf Flüchtlinge aller Konfessionen ausgedehnt. Weltweit setzt sie sich für das Recht auf Asyl ein, kritisiert dabei scharf auch die amerikanischen ebenso wie die israelischen Einreisebestimmungen. Es scheinen – jedenfalls nach der ersten Recherche im Internet, das der schreckliche Sprücheklopfer zwar nicht vollends verboten, aber zu einer nationalen Geduldsübung gemacht hat – keineswegs imperialistische oder zionistische Interessen zu sein, welche die Organisation verfolgt.

— Sie meinen es wohl gut, flüstert der katholische Freund und weiß selbst nicht, ob er mich trösten oder sich bei mir entschuldigen möchte.

KUNST

Als würde Köln sich ebenfalls freuen, bescherte mir gleich der erste Tag eine Zeugenschaft. Ich hatte meine Stunde mit der Neugeborenen, begeistert wie immer, wenn ich in ihr zufriedenes, waches Gesicht blicke, hatte keine Lust auf den Rhein, an dem ich gestern Nacht schon spazieren gewesen war, um nach der langen Autofahrt Luft zu schnappen, als mir Gerhard Richters Domfenster einfiel, über das die Kölner seit seiner Enthüllung diskutieren.

An sich hatte ich der Älteren versprochen, es mit ihr anzuschauen, sobald wir zurück wären, doch war die Gelegenheit so günstig und meine Neugier zu groß. Das neue Fenster, wie immer es aussähe, würde uns von nun an begleiten, noch länger als ein kostbarer Teppich. Ansonsten möchte ich zum Dom zunächst so viel nur sagen, daß mich seit der ersten Klassenfahrt nach Köln die Vorstellung erhob, zu seinen Füßen zu leben, und ich mir der Erfüllung jedesmal dankbar bewußt werde, wenn ich zu ihm aufblicke. Ich war auch nervös, obschon mir die Photos gefielen, die ich im Internet gesehen hatte, mich die Abstraktheit theoretisch überzeugte und mir das Zufallsprinzip, wenn schon im Roman, den ich schrieb, dann erst recht für ein Gotteshaus einleuchtete.

Vier Jahre lang hat Gerhard Richter Entwurf um Entwurf angefertigt, bis die zweiundsiebzig Farbtöne feststanden, die für den Dom notwendig sind. Mit Physikern hat er die Lichtstrahlen und ihre Spiegelung zu den verschiedenen Tageszeiten berechnet, mehrfach Probescheiben in die Fensteröffnung eingesetzt, von jedem Farbton zweiundsiebzig Quadrate hergestellt und mit Programmierern an der geeigneten Software getüftelt. Aber dann hat er auf einen Knopf gedrückt, die Taste

eines Computers, der die zweiundsiebzig mal zweiundsiebzig Farben durch einen Zufallsgenerator anordnete. Allein, noch waren es Photos und war es lediglich ein Prinzip. Wie würden die 5184 Quadrate im Domfenster aussehen? Alle Kritiken, die ich gelesen hatte – und ich las während unseres römischen Jahres alles zum Thema, was ich im Internet fand –, klangen begeistert, so daß es, genau betrachtet, keine Debatte, sondern nur den Kölner Kardinal gab, der das Fenster passender fand für eine Moschee, und alle anderen, die sich über ihn aufregten oder ihn verspotteten. Dabei sollten sie dem Kardinal dankbar sein, gab er doch als einziger das Widerwort, das der Meinungsbetrieb braucht.

Der weihevolle Ton in der Presse machte skeptisch. Mehr als die Huldigungen sprach für das Fenster der Einwand des Kardinals. Die Ältere fragte, ob man es nicht für die neue Moschee nehmen könne, wenn der Kardinal das Fenster partout nicht wolle, und wir dachten uns einen entsprechenden Brief der Kölner Muslime an die Katholische Kirche aus. Ein neues Fenster für den Dom! Ich kriege vor Angst weiche Knie wegen dieser oder jener Rede, die ich zu halten habe, wo Gerhard Richter vor einer Aufgabe stand, die bedeutsam ist buchstäblich für Millionen und Jahrtausende.

Man sagt das so, daß man den Atem anhält, es passiert nicht oft. Als ich mit dem Kinderwagen vor dem Südquerhaus ankam, ist es mir passiert. Ich blickte hoch, nicht bloß sprach-, sondern atemlos. Das Fenster ist riesig (113 Quadratmeter, wie ich nachgelesen habe), und es leuchtet. Es ist voller Selbstbewußtsein und negiert zugleich das Menschliche. Man muß zugeben, daß der Dom vor allem Fassade ist. Heinrich Böll behauptete einmal, daß mehr Kölner den Klingelpütz, also das Kölner Gefängnis, von innen gesehen hätten als den Dom. So spöttisch es gemeint war, traf es doch einen Punkt: Man tritt nach dem Einkauf in der Hohe Straße nicht eben mal ein. Aber wenn der Kölner Urlaub macht, ob in den Bergen oder in Italien, steht er auf dem Balkon seines Hotelzimmers und seufzt, daß he nur die Aussich op d'r Dom fählt. Und bei jeder Rückkehr geht ihm schon von weitem auf der A 4 und wie erst auf der Zoo- oder der Severinsbrücke das Herz auf, wenn er die Zwillinge erblickt, die sich in den Himmel strecken. Der

Gerhard Richter (geb. 1932), Domfenster. 2007. Südliches Querhaus der Hohen Domkirche, Köln

Dom ist außen. Innen, gewiß, beeindruckt er, hat er Stellen, die entzükken, Blicke, Details. Aber für ein Gesamtkunstwerk hat die Kraft nach sechshundert Jahren Bauzeit nicht mehr gereicht. Nur von außen ist er die eine und einzige Kirche, das Weltgebäude. Innen wirken andere Kirchen magisch, in Köln etwa Groß-Sankt Martin, überhaupt die romanischen Kirchen. Der Dom hat nichts Göttliches, das doch etwas Leichtes, undurchdringlich Klares, damit Himmlisches wäre wie die Scheich-Lotfollah-Moschee in Isfahan oder die Kapelle Sant'Ivo, in die ich mich in Rom verguckte. Der Dom ist Menschheitsleistung. Er wirkt groß eben in seinem Protz, seiner Angeberei. Er preist nicht Gott, sondern die Kölner. Ich mag das, nicht nur als Kölner.

Mit dem Richter-Fenster legt das Innere nach. Vielleicht gibt es auch etwas zurück, das durch den Krieg verlorenging. Natürlich paßt es nicht zu den anderen Fenstern, zum Dom insgesamt, es strahlt die Jetztzeit aus. Nur gehört der Dom ohnehin keiner bestimmten Epoche an, weil sich in ihn alle Epochen eingeschrieben haben. Unpassend wäre gewesen, heute etwas Gestriges hinzuzufügen. Viel heller wirkt der Dom, als wir es gewohnt sind, jedenfalls das Schiff, und das erweist sich als ein großer Gewinn. Paradoxerweise ist er nicht nur moderner geworden, sondern zugleich älter, weil sich die Verbindung zu den romanischen Kirchen auftut. Der Kardinal hat recht: Mit dem Richter-Fenster ziehen die Abstraktheit, die mathematische Anordnung und sogar manche Farbprinzipien der islamischen Baukunst in den Dom ein. Mit seinen Lichteinflüssen vertreibt es das Düstere, Abgestandene, das dem Dom immer etwas von einer Abstellkammer verlieh. Plötzlich macht sich das Außen bemerkbar in seinem Wandel. Das Spiel, das Sonne und Wolken mit dem Südlicht erzeugen, ist spektakulär. Und man kann es nicht durchdringen in seiner Klarheit.

Was ist heilige oder sakrale Kunst? Titus Burckhardt, der von Kunst beinah so viel und von Religion sehr viel mehr verstand als sein Großonkel Jacob, Titus Burckhardt wies darauf hin, daß keineswegs jedes Kunstwerk, das seinen Gegenstand vom Glauben borgt, deshalb schon heilig zu nennen wäre: Heilige Kunst setze ein Wissen um die «innere Gesetzmäßigkeit der Formen, um das Wesen des Sinnbildes» voraus, das allein in der Überlieferung verbürgt sei und sich nicht der individuellen Schöpferkraft der Künstler und Handwerker verdanke. Auch deshalb blieben diese oft namenlos, ja, müsse ihnen die Gesetzmäßigkeit ihres Werks nicht einmal bewußt sein. Wenn ich Burckhardt richtig verstehe, drückt sich in der heiligen Kunst eine geistige Ordnung der Welt aus, während Kunst, die bloß in einem allgemeinen Sinne religiös ist, subjektive Gemütslagen, Eindrücke, Visionen, Ideen bezeugt. Oder, prägnanter gesagt: Religiöse Kunst fängt den Blick des Menschen, heilige Kunst den Plan Gottes ein. In diesem Sinne ist heilige Kunst immer ein Gleichnis der Schöpfung selbst. Statt die Schöpfung aus der Sicht eines einzelnen Menschen nachzuahmen, versinnbildlicht sie deren innere Ordnung – daher die Vermeidung der Zentralperspektive in der islamischen Miniaturmalerei, als sie in den arabischen Naturwissenschaften längst angewendet wurde, daher, letztlich, auch das Bilderverbot, das strenggenommen ein Verbot der Illusion ist: Der Prophet verurteilt in dem vielzitierten Hadith nicht die Bilder an sich, sondern zielgerichtet jene Künstler, welche die Schöpfung Gottes «nachäffen», also zu imitieren versuchen. Das Bilderverbot richtet sich gegen die Mimesis, damit gegen ein grundlegendes Prinzip der neuzeitlichen Kunst, und befördert zugleich die Verfremdung und noch mehr die Abstraktion, die für die moderne Kunst konstitutiv wurde. «So sind Bilder um so besser, je schöner, klüger, irrsinniger und extremer, je anschaulicher und unverständlicher sie im Gleichnis diese unbegreifliche Wirklichkeit schildern», hat Gerhard Richter selbst die Malerei als «Analogie zu dem, was grundsätzlich über unser Verständnis hinausgeht», beschrieben. Indem die islamische Kunst das Bildhafte ausschließt, schafft sie jene Leere, die in dieser Tradition allein statthaft ist, um dem Göttlichen selbst einen Ausdruck zu geben; das Ornament oder auch die ornamentale, kaum noch entzifferbare Kalligraphie des göttlichen Wortes ist ja gerade nicht dafür da, die Leere zu füllen, also ihre Unendlichkeit zu negieren; das Ornament stellt durch seine fortlaufende, gleichmäßige und vor allem endlos anmutende Gewebestruktur Unendlichkeit dar.

Das ist ein völlig anderes – genauso einleuchtendes oder nicht einleuchtendes – Prinzip als im Kirchenbau, wo dieser dezidiert abendländisch wurde, also nicht schon in der Romanik, die noch Bauweisen und Farbmuster des Ostens aufnahm, sondern just seit der Gotik, die dem

Dom seine grundlegende Form als Leib des Gekreuzigten gab: mit dem Langschiff als Rumpf und Beine, dem Querschiff für seine ausgebreiteten Arme und der Apsis als sein Haupt. Exemplarisch für den Kirchenbau insgesamt ist der Dom auf den Ort ausgerichtet, an dem Gott auf Erden gegenwärtig wird; er bildet die Bewegung des Menschen zu Gott ab, auf einem langen Gang von der äußeren Welt durch das Schiff zum Altar, auf den das Licht steil von oben fällt: Wenn die Kirche insgesamt den Leib des Gekreuzigten nachbildet, ist hier dessen Herz. Hingegen die Moschee hat keinen Mittelpunkt, auch nicht die Gebetsnische, die nur eine Richtung angibt; niemand würde in der Nische selbst beten, die ohnedies zu eng wäre. Von jedem Platz blickt der Gläubige in die Kuppel, die sich gleich dem Himmel über ihm wölbt. Das heißt, die Moschee ist nicht darauf ausgerichtet, daß Gott an einem bestimmten Ort, in einem bestimmten Menschen erscheint, sondern darauf, ästhetisch die Allgegenwart Gottes zu vermitteln. Deshalb umgibt den Gläubigen in einer Moschee, gleich wo er sitzt, steht oder vor Gott niederfällt, das All und die Unendlichkeitssymbolik im Rund, ohne Kanten oder Winkel, die die Sicht verstellen würden. «Aber auch die Kaaba stellt keine sakramentale Mitte dar, die mit einem Altar zu vergleichen wäre, noch enthält sie ein Sinnbild, das eine solche wäre, denn sie ist inwendig leer», bemerkt Titus Burckhardt: «Während sich das christliche Gottesbewußtsein vornehmlich auf eine gegenständliche Mitte ansammelt, – so wie ja das ‹fleischgewordene› Wort Gottes als Wendepunkt der Geschichte und als Eucharistie eine kundgegebene Mitte ist, – verneint das islamische Gottesbewußtsein jede gegenständlich gewordene Mitte der Ansammlung und stützt sich dafür auf das Erlebnis der Weite und der Endlosigkeit, um die Allgegenwart Gottes zu ahnen.» Und nun ist im Dom, ausgerechnet im Dom, die strenge Fokussierung auf nur einen Ort, ich möchte nicht sagen: aufgehoben, aber doch um eine andere Blickrichtung und ein anderes Prinzip erweitert: um den Blick in den Himmel, in dem Gott doch ebenfalls ist, und das Prinzip der Bildlosigkeit, das doch ebenfalls biblisch ist. Nicht die Inkarnation in nur einem Menschen, sondern die Allgegenwart Gottes als Licht «gleich dem alleredelsten Stein, einem hellen Jaspis», wie es im vorletzten Kapitel der Offenbarung von der himmlischen Stadt heißt: «Und ich sah keinen

Tempel darin; denn der Herr, der allmächtige Gott, ist ihr Tempel, und das Lamm.» Was der heiligen Kunst die Überlieferung war, die als göttlich galt, und im Zuge der Aufklärung das menschliche Genie wurde, ist für das neue Fenster die Taste des Zufallsgenerators, auf die Gerhard Richter gedrückt hat.

Die Kölner – daß die meisten Kölner waren, hörte ich an der Sprachmelodie – stehen in Trauben vor dem neuen Fenster und blicken hoch wie Somnambule. Es ist auch die Erleichterung, daß dem Dom, unserem Dom, nichts angetan worden ist als etwas Gutes. Die Operation ist geglückt, würde ein Herzchirurg aufatmen. Bereits nach einem ersten Besuch unvorstellbar, daß sie etwas Figürliches eingestellt hätten, wie es der Kardinal wollte, die katholischen Märtyrer des zwanzigsten Jahrhunderts oder – nein, das muß jemand anders gefordert haben – eine Auseinandersetzung mit dem Holocaust.

Später sollte ich lesen, daß die zweiundsiebzig Farben im Domfenster keineswegs gleich häufig vorkommen, sondern einzelne Töne minimal öfter. Überdies hat Richter nicht die gesamte Fläche einheitlich überzogen, sondern an wenigen Stellen Wiederholungen und Spiegelungen erzeugt. Und im Maßwerkbereich merkte er, daß die Geometrie des Steines zu berücksichtigen war. Auch das Heilige verdankt sich nicht Gott allein.

FREUNDSCHAFT

Bei der Beschäftigung mit Franz von Assisi, der mir um so heiliger erschien, je weniger ich den Hagiographien glaubte, stieß ich in einem Sammelband des nordamerikanischen *Franciscan Institute* auf eine wuchtige Behauptung: In einem akribisch belegten, schlüssig argumentierten und staubtrockenen Aufsatz kommt der Leiter des Instituts, Michael F. Cusato, zu dem Ergebnis, daß der Heilige auf der berühmten *Chartula,* also dem Blatt, das er unmittelbar nach der Stigmatisation zweiseitig beschrieb, um es seinem geistlichen Bruder Leo zu schenken – es ist eines von nur zwei Schriftstücken überhaupt, die es von Franz' eigener Hand gibt –, mit sehr großer Wahrscheinlichkeit seine tiefe Verbundenheit mit dem Islam und Freundschaft insbesondere mit dem ägyptischen Sultan al-Malik al-Kamil zum Ausdruck gebracht habe. Hier ist nicht der Ort, Cusatos Gedankengang im einzelnen nachzuverfolgen – wen es interessiert: «Of Snakes and Angels: The Mystical Experience behind the Stigmatization Narrative of 1 Celano», in: *The Stigmata of Francis of Assisi. New Studies, New Perspectives,* St. Bonaventure, NY, 2006 –, deshalb seien nur die vier wichtigsten Argumente genannt.

Da sind a) zunächst der Zeitpunkt und die Umstände des Rückzugs auf den Berg La Verna, auf dem Franz in Verzückung geriet: Von der Forschung bislang kaum beachtet, zog er sich mit seinen engsten Gefährten zum Fasten zurück, Ende Juli oder Anfang August 1224, gerade als Papst Honorius III. einen neuerlichen Kreuzzug gegen den Sultan angekündigt hatte. Es läßt sich zwar nicht beweisen, aber liegt doch nahe, daß Franziskus' damalige Niedergeschlagenheit oder sogar Depression, von der in vielen Quellen berichtet wird, im Zusammenhang mit der allgemeinen Mobilmachung stand; denn nach allem, was über sein Leben, seine Worte und insbesondere seine Reise nach Ägypten und Syrien bekannt ist, mußte er an seiner eigenen Kirche und der Christenheit insgesamt verzweifeln, die den Orient schon wieder mit einem Krieg überziehen wollten, einem Krieg auch noch gegen al-Malik al-Kamil, der ihn fünf Jahre zuvor in Ägypten freundschaftlich empfangen hatte, statt ihn gefangenzusetzen oder gar zu töten, wie es die christlichen Mitbrüder vorausgesagt hatten. Weil der Erzengel Michael, dem die Klausur gewidmet war, als der Beschützer schlechthin in der Schlacht galt, vermutet Cusato, daß Franziskus deshalb La Verna bestieg, um für den Sultan zu beten.

Die Vermutung klingt auch deshalb plausibel, weil, von der Forschung ebensowenig beachtet, b) der berühmte Lobpreis Gottes, den Franziskus auf die Rückseite der *Chartula* schrieb, deutlich die neunundneunzig schönsten Namen Gottes und damit den islamischen Rosenkranz aufnimmt, den er in seinen Begegnungen mit Muslimen sicher kennengelernt hatte: «Du bist die Liebe, Du bist die Weisheit, Du bist die Demut, Du bist die Geduld, Du bist die Schönheit, Du bist der Schutz, Du bist die Milde, Du bist die Ruhe, Du bist die Freude und das Frohlocken, Du bist unsere Hoffnung, Du bist die Gerechtigkeit» – und so weiter.

Das wiederum führt Cusato c) zu der Vermutung, daß der Segen, den Franz auf die Vorderseite schrieb – «Es segne dich der Herr und beschütze dich. Er zeige dir sein Angesicht und erbarme sich deiner. Er wende dir sein Antlitz zu und schenke dir Frieden» –, gar nicht dem Bruder Leo gilt, wie die Forschung bisher annahm, sondern Sultan al-Malik al-Kamil. Dieser sei mit dem «Freund» gemeint, von dem Bruder Leo später berichtete, nicht Leo selbst.

Schließlich d) das letzte und entscheidende Glied in der Kette von Argumenten, die Cusato anführt, um seine Deutung der *Chartula* als eines frühen, vielleicht des frühesten Dokuments der Freundschaft zwischen Christentum und Islam zu bekräftigen: das länglich-rundliche Gebilde unterhalb des Tau-Kreuzes, das man gewöhnlich für einen liegenden Kopf oder einen Totenschädel hält, entweder Adams oder des

Bruders Leo. Cusato meint, unterhalb des Taus einen Turban und Bartstoppeln zu erkennen, und glaubt, daß Franziskus, wie flüchtig und improvisiert auch immer, den Kopf des Sultans gezeichnet habe – und zwar genau so, daß das Tau aus dem Mund des Sultans hervorgeht. Das würde bedeuten, daß der Sultan sich zum Kreuz bekennt oder, wahrscheinlicher: bekennen soll – daß Franz also Gott bittet, den Sultan auf den Weg des Heils zu führen, bevor dieser ungläubig auf dem Schlachtfeld stirbt. Denn das ist nun ganz klar für einen wie den heiligen Franziskus: Gerade weil ihm der Sultan ein Freund ist, möchte er ihn bekehrt sehen und seine Seele retten. Was ihn aus seiner Zeit heraushebt, ist nicht, daß es ihm an Missionierungseifer gefehlt hätte; es ist die Friedfertigkeit, mit der Franz für den Weg Christi wirbt: Weder Streitgespräche noch Wortgefechte sollen die Angehörigen seines Ordens mit den «Sarazenen und anderen Ungläubigen» führen, heißt es im 16. Kapitel der *Regula non bullata* über die Mission, das wahrscheinlich 1221 und damit kurz nach der Rückkehr aus dem Orient verfaßt wurde, «sondern um Gottes Willen jeder menschlichen Kreatur untertan sein und bekennen, daß sie Christen sind».

Das klingt wie eine Floskel aus einem interreligiösen Dialog von heute, in dem auch niemand niemanden bekehren möchte und die Provokation maximal im Bekenntnis zum eigenen Glauben besteht, wenn der nicht bereits in einem allgemeinen Gutmeinen aufgelöst ist, das alle Menschen verbindet. Jedoch im frühen dreizehnten Jahrhundert war ein solcher Satz aus der Feder eines katholischen Mönchs eine Ungeheuerlichkeit; kein Wunder, daß das 16. Kapitel keine zwei Jahre später, nachdem Franz aus Wut über die Eingriffe der Kurie von der Leitung des Ordens zurückgetreten war – «Von jetzt an betrachtet mich als tot!» –, bis auf zwei unverfängliche juristische Bestimmungen aus der Regel gestrichen wurde. Christen war es mit Beschluß des Dritten Laterankonzils von 1179 kirchenrechtlich untersagt, sich Heiden zu unterwerfen, so daß Juden keine öffentlichen Ämter ausüben durften und es gänzlich abwegig war, sich wie Franziskus freiwillig unter die Herrschaft der Sarazenen zu begeben. «Unrat austilgen», das hatte nach päpstlicher Weisung der christliche Umgang mit dem Islam zu sein, und in einem weitverbreiteten Werbelied

Chartula des heiligen Franziskus. 1224. Sacro Convento, Assisi

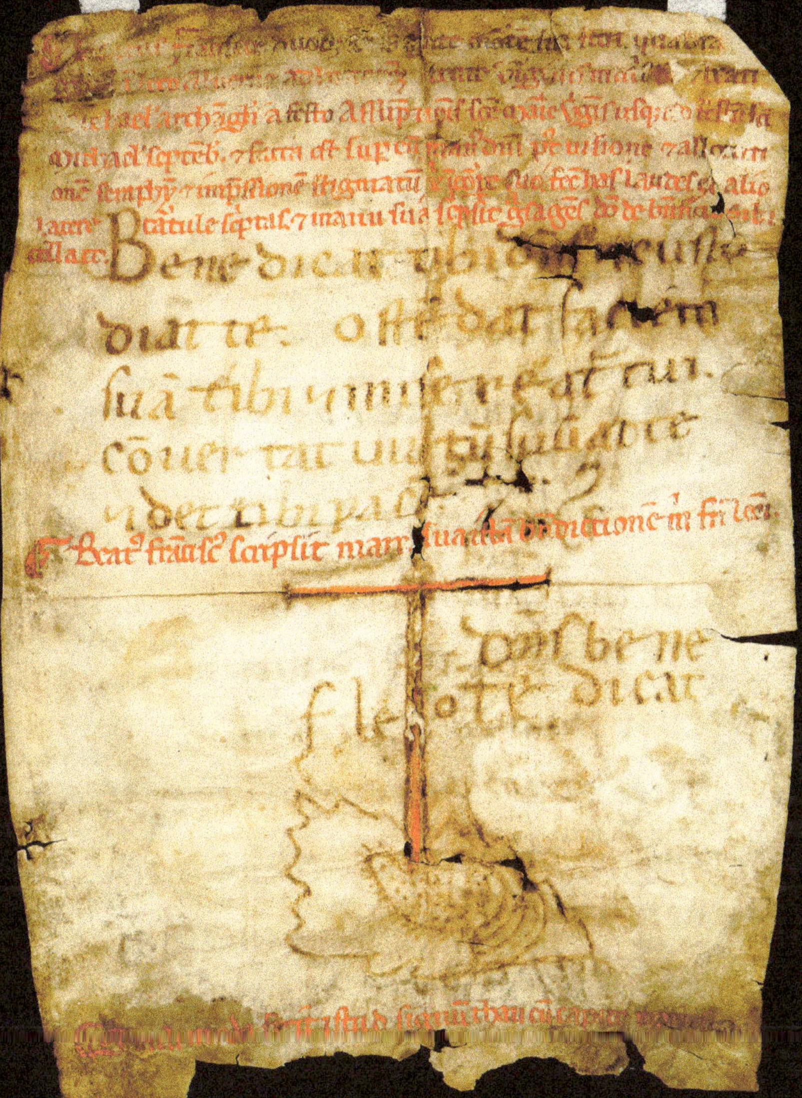

Beatus franciscus duobus annis ante mortem suam fecit quadragesimam in loco Alverne ad honorem beate virginis matris dei et beati Michaelis archangeli a festo assumptionis sancte marie virginis usque ad festum sancti Michaelis septembris. et facta est super eum manus domini post visionem et allocutionem seraphym et impressionem stigmatum Christi in corpore suo fecit has laudes ex alio latere cartule scriptas et manu sua scripsit gratias agens deo de beneficio sibi collato.

Benedicat tibi dominus et custodiat te. ostendat faciem suam tibi et misereatur tui. convertat vultum suum ad te et det tibi pacem.

Beatus franciscus scripsit manu sua istam benedictionem mihi fratri leoni.

Dominus benedicat f. leo te.

Simili modo fecit istud signum thau cum capite manu sua.

für den zweiten Kreuzzug hieß es in Anspielung auf Psalm 137,9: «Gesegnet ist, wer deine kleinen Kinder an Steinen zerschmettert, gesegnet die Dolche, die die Ritter Christi führen.» Seit der Kreuzzugsbulle *Quia maior* von 1213 mußten sich zudem alle Männer und Frauen nach dem Friedenskuß längs auf den Kirchenboden werfen, wenn Psalm 79,1 «Gott, es sind Heiden in dein Erbe gefallen» gesungen wurde; und wenn das Gebet mit Psalm 68,2 endete, «Es stehe Gott auf, daß seine Feinde zerstreut werden, und die ihn hassen, vor ihm fliehen», riefen die Priester dazu auf, «das Land, das der eingeborene Sohn durch sein Blut geheiligt hat, aus den Händen der Feinde des Kreuzes zu befreien und es dem christlichen Gottesdienst zurückzugeben». Das geschah nicht hier und da, sondern sollte über Jahre und Jahrzehnte in sämtlichen katholischen Kirchen bei sämtlichen Messen so gehalten werden – eine ritualisierte Einübung in den Haß. Entsprechend wurde jeder männliche Christ, der sich der allgemeinen Wehrpflicht entzog, ohne sich durch einen hohen finanziellen Betrag freizukaufen, kirchenamtlich der sündigen Undankbarkeit und frevlerischen Untreue bezichtigt. Die Klöster waren integraler Bestandteil dieser Kriegsmaschinerie: Mochten Mönche auch von einer aktiven Teilnahme am Kreuzzug ausgeschlossen sein, so waren doch die Abteien wesentlich an dessen Finanzierung und Propagierung beteiligt.

Franziskus allein widerstand. Während die Christenheit, damit auch alles christliche Schrifttum, von der Ideologie des Heiligen Krieges erfüllt war, ist von ihm keine einzige positive Erwähnung, gar Unterstützung des Kreuzzugs bekannt. Während die Bulle Mohammed einen «Sohn des Verderbens» nennt und den Islam mit dem apokalyptischen Titel des «Tieres» bedenkt, ist von Franziskus nicht eine feindselige oder auch nur überhebliche Bemerkung über die Sarazenen überliefert. Während die christliche Welt allein zu Franziskus' Lebzeiten nicht weniger als drei Kreuzzüge gegen die Sarazenen führte, marschierte er selbst ohne Waffen, ohne jeden Schutz, auch ohne Geld oder Besitz mit nur einem, ebenfalls barfüßigen Bruder ins Lager des Sultans al-Malik al-Kamil, des Feindes und Antichristen, und rief in offenbarer Kenntnis des islamischen *Salam alaikum*: «Der Herr gebe euch Frieden.» Der Entschluß, während des Fünften Kreuzzugs auf Friedensmission in den

Orient zu reisen, ist auch deshalb so bemerkenswert, weil Franziskus kein historisches Vorbild hatte – außer, in gewisser Weise, das Evangelium selbst. Franz allein war die ganze Friedensbewegung.

Aber dieser fünfte Kreuzzug muß ihn auch tiefer bestürzt haben als der vorherige Krieg, der vorrangig eine Angelegenheit der Könige und Adeligen war, obschon von der Kirche nach Kräften befördert. Der fünfte Kreuzzug hingegen wurde von Papst Innozenz III. persönlich beschlossen und von der Kirche angeführt. Damit bildet *Quia maior* den Höhepunkt eines theologischen Militarismus, den vor allem Bernhard von Clairvaux – jener rigorose Bernhard, der seine Botschaft von Maria höchstpersönlich empfangen haben will – entwickelt hatte, wonach es höchstes Lob verdiene, um Christi willen zu töten oder den Tod zu erleiden. Mehr noch: Tötet der Christ, handelt es sich bei Bernhard um Christi Gewinn; wird er indes selbst getötet, handelt es sich um seinen eigenen Gewinn. Eben deshalb hatte der Heilige Krieg so viel Zulauf, neben all den politischen und sozialen Gründen, die es ebenfalls gab: weil er selbst den übelsten Schurken den direkten Zugang zum Paradies versprach.

Das klingt wie eine Floskel aus der politischen Berichterstattung von heute und ist dem Dschihadismus tatsächlich wesensverwandt, dessen Reihen voll von ehemaligen Kriminellen sind. «Seid darum allzeit bereit, euer Blut für Christus zu geben», forderte Jakob von Vitry, Bischof von Akko und einer der wichtigsten Prediger des Fünften Kreuzzugs, «das heißt euer Leben für Gott zu opfern mit dem Schwert und voller Bereitschaft nach dem Vorbild des Soldaten Christi, der, als er eine Menge Sarazenen sah, seinem Pferd mit großem Vertrauen und Friede in seinem Herzen zusprach: Oh Morel, mein guter Kamerad, ich habe viele gute Tage im Sattel und auf deinem Rücken erlebt, aber dieser Tag wird alle bisherigen übertreffen, denn heute sollst du mich ins Paradies tragen. Nachdem er dies gesagt hatte, tötete er viele Sarazenen, um dann am Ende selbst den Tod im Kampf zu erleiden. Er hat nun die Krone des Martyriums in der ewigen Glückseligkeit erreicht.» Ihr liebt das Leben, und wir lieben den Tod.

Soweit ging die religiöse Überhöhung des Krieges, daß der Papst das Friedensabkommen verwarf, das Friedrich II. am 18. Februar 1229 in

Jaffa mit al-Malik al-Kamil schloß, obwohl es den Christen im Tausch gegen einen Waffenstillstand die Herrschaft über Jerusalem, Bethlehem und die Städte entlang des Pilgerwegs von der Küstenstadt Akko beschert hätte. Die Begründung: Durch die kampflose Befreiung der Heiligen Stätten wären die Christen der Möglichkeit beraubt worden, das Heil durch die Aufopferung ihres Lebens zu erwerben. So unmenschlich, auch entschieden unchristlich man den Gedanken heute finden mag, muß man ihn religiös dennoch ernst nehmen – so ernst wie die religiöse Rhetorik des «Islamischen Staates» –, damit die Kühnheit, Originalität und theologische Brisanz der Mission erkennbar wird, die Franziskus unternahm. Der, mit dem sich Christen heute wie mit keinem anderen Heiligen identifizieren, stand praktisch allein gegen seine Zeit, stand bis hin zur offenen Mißachtung des Kirchenrechts gegen ein Christentum, wie er es links und rechts vorfand. Und sollte allein bleiben: Indem das 16. Kapitel aus der *Regula non bullata* entfernt wurde, veränderte sich auch die Bedeutung der nachfolgenden Regeln, etwa daß die Brüder grundsätzlich «die Minderen» zu sein hätten, «allen untergeben, die im gleichen Haus sind», wie es das 17. Kapitel verlangt. Es half nicht, daß Franziskus bis zum Ende auf der Universalität der christlichen Liebe bestand. «Wir waren ungebildet und jedermann untergeordnet», erinnerte er in seinem Testament an das Gebot, jedermann untertänig zu sein, also eben nicht nur den Angehörigen des eigenen Glaubens, und erklärte die Erwiderung des *Salam alaikum* mit göttlicher Eingebung: «Der Herr hat mir geoffenbart, daß wir als Gruß sagen sollen: Der Herr gebe dir den Frieden.» Schon bald nach seinem Tod taten sich auch Franziskaner als Kreuzzugsprediger hervor und waren die Sarazenen in den Hagiographien ihres Ordensgründers die «rohen Barbaren» und «gefühllosen Herzen», von denen Franziskus an keiner Stelle gesprochen hatte.

Allein, woher weiß man, wie Franziskus von den Sarazenen sprach? Von der Reise nach Ägypten und Syrien gibt es nur die Berichte, die Spätere verfaßt und erkennbar zum Ruhme der Kirche ausgeschmückt haben, je später, desto phantasievoller. Die freundschaftliche Begegnung, die sich in der frühesten Biographie des Thomas von Celano immerhin andeutet, gerät in den Hagiographien zu einem Wettkampf der

Religionen, den Franziskus nur durch ein Wunder überlebte. Bei Thomas haben zwar die muslimischen Soldaten nur Hohn und Spott für das Christentum übrig, gleichwohl «empfing ihn der Sultan selbst doch äußerst wohlwollend». In der Chronik des Ernoul schlägt Franziskus dem Sultan bereits vor, die gelehrtesten Leute aus seinem Land herbeizurufen, damit er ihnen «auf der Grundlage guter Argumente nachweise, daß ihre Lehre nichts sei». Erst bei Bonaventura weitet sich der Disput zu der berühmten Feuerprobe aus, die Franziskus mit der Chuzpe eines Magiers vorschlägt. Herzergreifend wird die Geschichte, als der Sultan, von Franziskus bereits so gut wie überzeugt, das Heil aus letzter Verstocktheit oder Angst vor seinen Glaubensbrüdern am Ende doch nicht ergreift: «Als die grausame Bestie [der Sultan] ihn sah, ließ er sich beim Ansehen des Mannes Gottes erweichen», heißt es beim Kreuzzugsbischof Jakob von Vitry, dem der tote Franziskus nicht mehr widersprechen konnte. Ja, und natürlich sind sich die Hagiographen einig, daß Franziskus nicht deshalb zum Sultan ging, um für den Frieden zu werben, sondern um den sicheren Märtyrertod zu sterben: «Er sehnte sich so sehr danach, für Christus zu sterben, daß er unter die Ungläubigen ging, um den christlichen Glauben zu predigen, sogar dem grausamen Sultan», verkündete keine fünfzig Jahre nach Franziskus' Tod Kardinal Odo von Châteauroux, der die Predigt am Festtag des Heiligen in Paris hielt: «Aber da der Sultan die Absicht erkannte, weigerte er sich, aus Franziskus einen Märtyrer zu machen, und brachte ihn dadurch um diese große Ehre.» In der *Compilatio Assisiensis* entpuppt sich der Heilige gar als Apologet der Kreuzzüge, der die Gefallenen als Märtyrer verherrlicht, weil sie «die Ungläubigen mit viel Schweiß und Streit bis in den Tod verfolgten: So errangen sie ruhmreiche und denkwürdige Siege». Das alles ist deshalb so wenig glaubwürdig, habe ich aus der neueren Franziskus-Forschung gelernt, die zu einem guten Teil von Franziskanern selbst betrieben wird, weil es den überlieferten Aussagen des Heiligen selbst, seinen lange unter Verschluß gehaltenen Briefen und den beiden frühesten, erst im zwanzigsten Jahrhundert wiedergefundenen Biographien des Thomas von Celano widerspricht, die nach der Kanonisierung der Heiligenvita durch Bonaventura vom Orden beseitigt worden waren.

Zweifellos hatte Franziskus Gottvertrauen genug, um für den Glauben notfalls zu sterben, aber daß er den Opfertod gesucht, gar bewußt herbeigeführt hätte, darauf findet sich in seinen Schriften kein Hinweis – im Gegenteil: Seine Missionsanweisungen sind eindeutig auf das Leben mit, ja: unter dem Gesetz der Sarazenen ausgerichtet. Überhaupt war Franz kein Gelehrter, der in Disputationen recht behalten wollte, und hielt nicht einmal vom Predigen viel. Er lehrte das Evangelium nicht so sehr, als daß er es lebte und es so zum Beispiel gab. Entsprechend beginnt das 16. Kapitel – statt mit dem Sendungsauftrag von Matthäus 28,19: «Darum gehet hin und lehret alle Völker, und taufet sie im Namen des Vaters und des Sohnes und des heiligen Geistes» – mit dem Gebot der Sanftmut aus Matthäus 10,16: «Siehe, ich sende euch wie Schafe mitten unter die Wölfe.» An die Stelle der Kriegseschatologie der Kirche setzt Franziskus die Eschatologie eines Paradieses auf Erden: Indem sie selbst «wie Schafe», also im Geist der Demut unter den Sarazenen waren, erfuhren die Brüder, daß die Wölfe keine grausamen, alles verschlingenden Tiere sein müssen und die Schafe mit ihnen in Frieden zusammenleben können. Dadurch aber wird das Reich Gottes wiederhergestellt, wo die Wölfe «bei den Lämmern wohnen» (Jesaja 11,6). So erneuerte sich für Franz im Orient seine Erweckung: Wie er unter den Aussätzigen gelernt hatte, daß nicht sie aussätzig sind, sondern die Leute des Geldes und des Eigenlobs, damit seine eigene Verwandtschaft, so entpuppten sich die Feinde als Freunde, wogegen die vermeintlich Gläubigen – Franziskus hat die Massaker, die Plünderungen und die gebrochenen Verträge der Kreuzritter aus nächster Nähe erlebt – sich wie Feinde Gottes verhielten. «Ohne Schwert und Kampf» seien sechzigtausend Sarazenen umgekommen, jubelte Jakob von Vitry nach der Einnahme von Damiette über nichts anderes als einen Genozid – und zugleich über den Bruch der Kapitulationsvereinbarung, die den Überlebenden freien Abzug gewährt hätte: «Der Herr hat sein Schwert aus der Scheide gezogen und die Feinde vom Größten bis zum Kleinsten getötet.»

Man kann nur spekulieren, ob der Frieden, den der Sultan den Christen 1219 und dann wieder 1228 anbot, indem er ihnen die Herrschaft über die Heiligen Stätten überlassen wollte, nicht vielleicht auch von der

Begegnung mit Franziskus inspiriert war, der den islamischen Gruß erwidert hatte. «Sagt nicht jemandem, der euch zur Begrüßung Frieden wünscht: Du bist kein Gläubiger!» heißt es schließlich in Sure 4,94, die vermutlich auch im Mittelalter zu den Kernsätzen einer islamischen Erziehung gehörte. In arabischen Quellen ist von einem Mönch die Rede, der al-Malik al-Kamil aufsuchte: «und das, was dem Sultan passierte wegen des Mönchs, ist wohlbekannt», heißt es in einer Inschrift, ohne daß man erfährt, was genau wohlbekannt war – war es etwa seine Pazifizierung? Franziskus jedenfalls und seine Brüder ermunterte der Sultan zum Besuch der Heiligen Stätten und schenkte ihnen ein Horn, das ihnen freien Zugang gewährt haben soll. Und nicht nur das: al-Malik al-Kamil erlaubte es dem heiligen Franz gar, den muslimischen Soldaten zu predigen. Jacob von Vitry, der davon berichtete, kann das angesichts der Grausamkeit und Starrköpfigkeit des Sultans nur als ein Wunder erklären, bewirkt durch die Aura des Heiligen; studiert man indes das Leben des Sultans, erscheint solch ein Freisinn nur folgerichtig.

Es war ein milder und sehr frommer Herrscher, den Franziskus in Ägypten kennenlernte; das hat die arabische Geschichtsschreibung vielfach hervorgehoben und dabei festgehalten, wie al-Malik al-Kamil wegen der Preisgabe Jerusalems, aber auch wegen der Freilassung von christlichen Kriegsgefangenen und seines Widerstands gegen die Umwandlung von Kirchen in Moscheen die Kritik der Rechtsgelehrten auf sich zog. Als er die Kreuzfahrer schließlich doch besiegt hatte, schenkte er ihnen mehr als nur ihr Leben; er schenkte ihnen Nahrung, stattete sie mit Schiffen für die Heimkehr aus und bereitete ihren Führern ein Abschiedsfest. «Jene, deren Eltern, deren Söhne und Töchter, deren Brüder und Schwestern wir unter den schlimmsten Folterungen getötet, deren Häuser wir zerstört, die wir bis auf die nackte Haut ausgeraubt hatten, erfrischten uns mit ihren Speisen, als wir vor Hunger zu sterben glaubten», schreibt Oliver von Köln in seiner Chronik über *Die Eroberung von Damiette*: «Und so verließen wir den Hafen von Damiette unter großem Bedauern und Klagen.» Und zurück in der Heimat, bedankte sich Oliver eigens in einem Brief an den Sultan: «Als der Herr erlaubte, daß wir in deine Hände fallen, hatten wir nicht den Eindruck, im Reich eines Tyrannen oder Herrschers zu sein, sondern unter der Aufsicht eines

Vaters zu stehen, der uns mit guten Taten überschüttet, der uns in der Gefahr beisteht, uns bei Gericht besucht und sogar unsere Beschwerden unterstützt. Du hast dich um unsere Kranken gekümmert; du bist energisch gegen diejenigen vorgegangen, die uns verspottet haben.» Der Großmut war durchaus auch realpolitisch motiviert, wie der Sultan selbst bekannte (wenngleich sich diese Politik nicht als realistisch erweisen sollte): Vom langen Krieg selbst geschwächt und von Widersachern bedrängt, wollte er den Christen keinen Grund geben, auf Rache zu sinnen. Zugleich aber gab der Sultan die Barmherzigkeit zum Beispiel, die seine Frömmigkeit auch in anderen Belangen ausmachte.

Daß al-Kamil dem Sufismus nahestand, der Lehre des gekreuzigten Halladsch folgte und berühmten Mystikern seiner Zeit freundschaftlich verbunden war, dürfte von entscheidender Bedeutung gewesen sein, als Franz mit einem einfachen, abgewetzten, staubigen Stück Wolle bekleidet vor ihn trat. Ein Sufi! könnte al-Kamil schon beim Anblick gedacht haben, leitet sich das Wort doch eben von dem einfachen, abgewetzten, staubigen Stück Wolle ab, *sûf*, das auch die Sufis trugen. Aber weiß Gott nicht nur die Kleidung: Wenn es unter allen christlichen Heiligen einen gibt, der dem Typus des islamischen Gottsuchers, Gottliebenden, Gottnarren entspricht, ist es Franz von Assisi. Seine Armut und Bedürfnislosigkeit, seine Feindesliebe und radikale Gottergebenheit, seine stunden- und tagewährenden Meditationen und regelmäßigen Ekstasen, sein Charisma und seine Demut, sein Freimut gegenüber den Herrschern und seine Gemeinschaft mit den Armen und Aussätzigen, all das Exaltierte, das Unbedingte, das manchmal sogar Spinnerte und Provokante bis hin zum offenen Skandal – im Orient verband man es mit Asketen wie al-Wasiti, der angezeigt wurde, weil er die Seelen der Ungläubigen für erlöst erklärt hatte; vor Gericht belehrte al-Wasiti den Kadi: «Wenn diese Leute nach deinem Urteil nicht entschuldigt sind, nach dem Urteil Gottes sind sie es.» Wie Kazaruni Anfang des elften Jahrhunderts den Idealtypus des islamischen Mystikers beschrieb, das ließe sich Wort für Wort auf den heiligen Franz übertragen: «Sei zu den Menschen in Demut und Bescheidenheit wie die Erde unter ihren Füßen, und sei zu ihnen in Güte und Großmut wie das Wasser, das sie umfließt, und deine Milde leuchte sie an, wie die Sonne sie anleuchtet, will sagen: enthalte deine Milde weder den Edlen noch den Niederen vor, so wie die Sonne niemandem ihre Wärme vorenthält.» Selbst die besondere Verehrung der Natur und der Tiere, die Franziskus so eigen macht, kannte der Sultan von den Sufis, die gleichsam die Schutzpatrone der verachteten Hunde waren und manchmal auch zu den Vögeln sprachen; wobei die schönste Sufigeschichte für mich immer noch die vom Imam Ali ist, der beim Gehen versehentlich eine Ameise verletzt und darüber in Tränen ausbricht und versucht, der Ameise zu helfen. Des Nachts im Traum bekommt er noch Vorwürfe vom Propheten zu hören: Er solle doch vorsichtig sein beim Gehen, zwei Tage lang sei der ganze Himmel in Trauer gewesen wegen der Ameise. Ob der Ameise Schmerz fängt Ali an zu zittern und mit den Zähnen zu klappern, aber am Ende weiß ihn der Prophet damit zu trösten, daß die Ameise selbst für ihn Fürsprache eingelegt habe.

Bedenkt man, daß Franziskus je nach Bericht eine Woche oder fast einen Monat im Lager des Sultans verbrachte und in seinem Suf-Gewand womöglich noch bis nach Syrien wanderte, dann muß er zahlreichen Sufis begegnet sein – kein Geringerer als der *scheich al-akbar* oder größte Scheich der islamischen Mystik, Muhyiddin Ibn Arabi, wanderte zur selben Zeit durch dieselben Gebiete. Und so wie ich in der Trinità dei Monti oder in Mar Musa die heitere Gottergebenheit antraf, die ich schon dem Namen nach mit dem Islam verbinde, so wird umgekehrt Franziskus die Religiosität der Sufis christlich vorgekommen sein, die sich schließlich auch direkt aufs Evangelium, besonders die Bergpredigt beriefen. Franziskus wird außerdem die einfachen Gläubigen beobachtet haben, die ihr Tagwerk nach den fünf Gebeten ausrichteten, er wird die schlichten Moscheen betreten haben mit ihren Innenhöfen gleich Paradiesgärten und himmelsgleichen Kuppeln, er wird sich über die Armen gewundert haben, die sich wie selbstverständlich in die erste Reihe stellten, wenn sie als erste zum Gemeinschaftsgebet eintrafen, und ebenso über die Vorbeter, die in eine Kuhle hinabstiegen, damit sie unter allen übrigen Betern standen, ihm wird sich das *Inschallah* eingeprägt haben, das Muslime jedem Wunsch beigeben, und das *Maschallah*, mit dem sie von jedem zurückliegenden Ereignis sprechen: «So Gott will» und «Was immer Gott will». Er wird – ohne Geld, ohne Schutz, ohne Gepäck und

Proviant auf langer Wanderung – ihre Gastfreundschaft erlebt und auch über die Toleranz gestaunt haben, die es trotz der Kreuzzüge gegeben haben muß, weil sie in den Schriften der Templer und Kopten bezeugt ist, denen die Kreuzfahrer meist wie Barbaren vorkamen, arrogant, brutal und ohne Manieren. In jedem Fall war Franziskus von den angeblichen Feinden so beeindruckt, daß er nach der Rückkehr ihre Schriften sammelte: «Weil in ihnen die Buchstaben vorkommen, aus denen man den glorreichsten Namen des Herrn, unseres Gottes, zusammensetzt», entgegnete er einem Bruder, der ihn danach gefragt hatte: «Auch eignet das Gute, das sich dort findet, nicht den Heiden noch irgendwelchen Menschen, sondern Gott allein, dem jegliches Gute zu eigen gehört.» Aber Franziskus bewahrte nicht nur ein oder mehrere Exemplare des Korans auf, der hier offenkundig gemeint war; zurück in Assisi, rief er dazu auf, die zentrale Glaubenspraxis des Islams nachzuahmen: «Jeden Abend, auf den Ruf eines Herolds oder auf eine andere Weise, sollte Lobpreis und Dank dem allmächtigen Herrgott gegeben werden von allen Bewohnern», schlug er eine Entsprechung zum Ruf des Muezzin vor und ebenso eine Art christliches Ritualgebet: «Wenn sein Name erklingt, sollt ihr euch auf den Boden niederwerfen mit eurer Stirn und ihn in Ehrfurcht und Verehrung anbeten.» Den Frieden, für den er vor der Reise passiv einstand, propagierte Franz nach der Rückkehr offen auf Kanzeln und Marktplätzen. Und alle Worte beendete er mit der Formel: Was immer Gott will.

Wenn ich das schreibe, klingt das apologetisch, merke ich, dabei habe ich alles aus der franziskanischen Forschung übernommen. Mehr noch: Bei einer franziskanischen Historikerin, Schwester Kathleen A. Warren, fand ich den Islam, mit dem Franziskus offenbar gern lebte, zärtlicher beschrieben, als ich mich wohl je trauen werde: «Er dürfte von ihrem Gott gehört haben, dem Einen und Einzigen, dem Gott Abrahams, Moses und Jesu, dessen wichtigste Eigenschaft die Barmherzigkeit ist. Er hörte, daß dieser Gott durch Seine Zeichen in der Schöpfung mit den Menschen spricht; und daß die Menschen, wenn sie die Zeichen erkennen, am Ende ihres Lebens heimgeholt werden, damit sie die Einheit mit Gott auf ewig genießen. Er hörte von der Ehrfurcht, die sie für den Namen Gottes hatten. Er hörte von der Anwesenheit Gottes auf Erden in Gottes Wort, dem Heiligen Koran. Er erlebte die Ehrfurcht vor diesem Wort in ihrem aufmerksamen Hören, im auswendigen Nachsprechen auf ihren Zungen, in den Kalligraphien, die allein die Moscheen schmückten. Er erlebte die Worte als eine lebendige Gegenwart unter ihnen. Er hörte und sah fünfmal täglich ihr bedeutungsreiches und ergreifendes Gebet, das von dem Muezzin angekündigt und mit der rituellen Reinigung vorbereitet wurde. Dies war ein Gebet des Herzens, das den ganzen Körper einbezog. Es erkannte den Kampf an, den es bedeutet, sein eigenes Herz Gott zuzuwenden, und die fortwährende Versuchung, sich selbst an die Stelle Gottes zu setzen. Es nahm wahr, daß das Weinen eine angemessene und erleichternde Reaktion sein kann auf die Entfremdung von Gott in der alltäglichen Erfahrung. Es feierte den Schöpfer, dem wir alles Gute in der Welt verdanken, und hielt die Geschöpfe dazu an, ihre Dankbarkeit nicht nur in Worten, sondern ebenso in Taten zu erweisen, insbesondere durch die Großzügigkeit gegenüber den Armen. In seiner mystischen Form versicherte sich das Gebet der Verwurzelung des Menschen in Gottes Liebe und sehnte sich nach nichts anderem als nach einer tieferen Einheit mit diesem liebenden Gott. Denn Liebe ist der Weg und das Mittel und das Ziel bis hin zur radikalen Verwandlung, so daß selbst der Feind zum Freund werden kann. Indem der Gläubige danach strebt, sich in Gottes Willen zu fügen und so in Gottes Frieden einzutreten – die wahre Bedeutung der Worte Islam beziehungsweise Muslim –, leert er sich Gott zuliebe von allem und löst seine Abhängigkeit von der materiellen Welt. Dergestalt bringt der erfolgreich bestandene Kampf mit sich selbst wahre Freiheit, so daß man genau das ist, wozu Gott einen geschaffen hat, ein Mensch, der sich in Freiheit entscheidet, Gottes Weg der Barmherzigkeit und des Mitleids anzunehmen. Das führt zur Gemeinschaft und Einheit aller Menschen auf Erden, die so die Einheit Gottes widerspiegeln. Was immer andere über die Sarazenen dachten, Franziskus lernte sie als gläubige, betende, vom Frieden erfüllte Menschen kennen.»

Ja, im Herbst 2014 kommt es mir selbst unwirklich vor, was ich über den Islam lese, während ich mich mit dem Leben des heiligen Franziskus beschäftige. Denn gleichzeitig lese ich auch die Zeitungen, scrolle abends im Internet die Schlagzeilen herunter. So wie in den Büchern über die Kreuzzüge das Christentum immer nur in Verbindung mit etwas Schrecklichem steht, erschrecke ich bei jeder Zeitungslektüre über den Islam, heute morgen erst wieder die Nachrichten von der Enthauptung einer weiteren amerikanischen Geisel oder von Säureattentaten auf junge, nicht genügend verschleierte Frauen in Isfahan. Aber die Zeit damals hat auch einen Franziskus hervorgebracht, und die Zeit heute wird ebenfalls Heilige hervorbringen, mit denen sich die späteren Muslime, so Gott will, identifizieren. «Wenn man euch grüßt mit einem Gruße, so grüßt darauf mit einem schöneren oder gebet den gleichen wieder.» (Sure 4,86)

Ich nahm den katholischen Freund mit nach Assisi. Er sträubte sich ein bißchen, die lange Anreise und weil er zwar Franz, aber nicht die Franziskaner verehre. Tatsächlich ist es erstaunlich, daß dem Armenpriester praktisch mit seinem Tod ein Mausoleum errichtet wurde, das an Pracht selbst die Peterskirche übertraf. Und im Gewölbe der Unterkirche, um nur eines von mehreren Beispielen für die eigentlich doch häretische Überhöhung des Franziskus zu nennen, sitzt der Heilige auf dem Thron, der in jeder anderen Kirche Christus vorbehalten ist. Andererseits war es natürlich klug vom Papst, Franziskus in den Himmel zu erheben, sagte der Freund, als wir fassungslos unterm Gewölbe standen. Klug? Ja, so viel klüger, als ihn zu verketzern, meinte der Freund: Dieser Stachel konnte der Kirche nicht gezogen, der konnte nur in Gold gegossen werden. Aber es ist wirklich ein unglaublich schönes Mausoleum, das der Papst dem Franziskus errichtet hat, murmelte ich und war mit der Vereinnahmung beinah versöhnt, zumal ich in der franziskanischen Forschung genügend Stachel gefunden hatte. Um so beklagenswerter, daß kein anderer Orden so wenig auf die Form gibt, beharrte der Freund und bedachte die Messe, an der wir morgens teilgenommen hatten, mit dem schimpflichsten Wort: Kirchentag. Als wir alle Wände ausgiebig betrachtet und erst in der Ober-, dann in der Unterkirche lange gesessen hatten, beteten wir am Schrein des Franziskus, er mit gefalteten, ich mit ausgebreiteten Händen.

Ich hatte ihm nichts von der *Chartula* erzählt, nicht nur, weil ich ihn überraschen wollte; ich war auch unsicher, ob das länglich-rundliche Gebilde unterhalb des Tau-Kreuzes tatsächlich den Kopf des Sultans darstellt. Auf der freilich sehr kleinen Abbildung, die in dem Aufsatz abgedruckt war, hatte ich nämlich weder einen Bart noch einen Turban erkennen können, ehrlich gesagt überhaupt keinen Kopf, auch nicht von Adam oder Bruder Leo. Da meine Nachforschungen andererseits alle übrigen Argumente Michael F. Cusatos bestätigt hatten, war ich nach Assisi gefahren, um mich mit eigenen Augen von dem Bart und dem Turban zu überzeugen, und hatte den Freund überredet mitzukommen, damit er sich über das frühe, vielleicht früheste Dokument der Freundschaft zwischen Christentum und Islam ebenso freue. Vor der Glasscheibe stehend, hinter der die *Chartula* ausgestellt ist, deutete ich auf das länglich-rundliche Gebilde unterhalb des Tau-Kreuzes:

— Erkennst du was? fragte ich, da ich selbst beim besten Willen nichts erkennen konnte.

— Was soll ich erkennen?

— Es soll ein Kopf sein.

— Ein Kopf?

— Ja, ein Kopf mit Turban und Bart, sagte ich und führte von a) bis d) die Argumente auf, warum der heilige Franz unmittelbar nach der Stigmatisation seine tiefe Verbundenheit mit dem Islam und Freundschaft insbesondere mit dem ägyptischen Sultan al-Malik al-Kamil zum Ausdruck gebracht haben könnte.

— Schön und gut, sagte der Freund: Aber da ist kein Turban und kein Bart.

— Da ist nicht einmal ein Kopf, gab ich endlich zu.

— Das ist eher so etwas Wildschweinhaftes.

— Wildschweinhaftes?

Wir drückten beide die Stirn an die kleine Scheibe, was für Außenstehende etwas merkwürdig ausgesehen haben muß, zwei erwachsene Männer, die wie Kinder in eine Laterna magica starren (und also dem Rest der Welt ihr Hinterteil entgegenstrecken).

— Das könnten wirklich Wildschweinborsten sein, murmelte der Freund.

— Vielleicht ist es ein ausgestreckter Arm, gab ich noch nicht auf: Und in der Hand hält er ein Kreuz.

— Aber da ist nirgends eine Hand.

— Ich gebe zu, daß der heilige Franz kein besonders guter Maler war, wenn das der Kopf eines Sultans sein soll.

— Oder der erste Abstrakte! gab mir der Freund einen frotzelnden Puff in die Seite.

— Letztlich ist es nur ein Fleck, ein Tintenfleck, richtete ich mich auf.

— Ich hab's, ich hab's, zog mich der Freund an die Scheibe zurück.

— Ja?

— Unter dem Tau...

— Ja?

— Das ist eindeutig ein Erdbeerblatt mit einer Frucht.

— Ein was?

— Ein Erdbeerblatt. Oder Brombeere.

— Du bist echt unmöglich.

— Aber unsere Reise hat sich dennoch gelohnt.

DANK

Kurz bevor ich 2008 für ein Jahr in die Villa Massimo nach Rom zog, erreichte mich eine Anfrage der *Neuen Zürcher Zeitung*, einen Beitrag für die Serie «Bildansichten» zu schreiben. Noch von Köln aus schickte ich eine kurze Passage aus meinem gerade entstehenden Roman *Dein Name* über ein Bild im Wallraf-Richartz-Museum. In Rom eingetroffen, entstand eine weitere Folge und dann noch eine und noch eine. Am Ende waren es acht «Bildansichten», die in den Roman eingingen und vorab in der *Neuen Zürcher Zeitung* erschienen – darunter eine über die «Kreuzigung» von Guido Reni, die im Zusammenhang mit dem Hessischen Kulturpreis für einige öffentliche Diskussionen sorgte. Bald schon spürte ich, daß ich erst am Anfang meiner Beschäftigung mit christlicher Kunst stand, und so setzte ich die Arbeit fort – oder begann sie genaugenommen erst richtig, weil ich erst jetzt ein eigenständiges Buch vor mir sah –, als der Roman 2011 erschienen war. So ist *Ungläubiges Staunen* – nach den Frankfurter Poetikvorlesungen *Über den Zufall* und dem Reportageband *Ausnahmezustand* – das dritte Werk, das aus der Materialsammlung hervorgegangen ist, die *Dein Name* immer auch war. Musiker veröffentlichen gewöhnlich erst ihre Platten und allenfalls später einmal ihr Archiv mit Entwürfen, Studiosessions oder abgebrochenen Aufnahmen. Mit *Dein Name* kommt es mir umgekehrt vor; das war in gewisser Weise schon ein Archiv, aus dem später einzelne, in sich abgeschlossene Alben zwar nicht einfach herausgetrennt wurden, aber doch wie Zweige aus einem Baum hervorgegangen sind (und vielleicht weiter hervorgehen, mal sehen). Daß ich dabei die ersten, noch in den Roman geschriebenen Passagen erheblich verändert und erweitert habe, ergab sich aus der Anlage des vorliegenden Buches und zugleich aus meinem eigenen Blick, der sich im Laufe der Beschäftigung mit dem Christentum und dessen Kunst auch veränderte.

Wie der Leser bereits auf den ersten Seiten bemerkt hat, erhebt das Buch keinen wissenschaftlichen Anspruch, sondern ist eine frei assoziierende Meditation – ein Staunen eben – über vierzig Bilder und Begriffe, Heilige und Rituale. Gleichwohl beruht es auf vielen, zumeist wissenschaftlichen Werken, die ich über die Jahre gelesen habe und die meine Gedanken, Eindrücke und selbst meine Gefühle prägten. Und natürlich habe ich beim Schreiben auch immer wieder theologische und kunsthistorische Nachschlagewerke sowie die einschlägigen Monographien über einzelne Künstler herangezogen, gegebenenfalls auch die Kataloge der Sammlungen und Ausstellungen. Damit die Bibliographie, dem Charakter des vorliegendes Buches entsprechend, überschaubar bleibt, beschränke ich mich dort auf diejenigen Titel, aus denen ich einzelne Informationen und Einsichten unmittelbar übernommen habe. Aber mein Dank richtet sich auch an die unzähligen Gelehrten – besonders unter den Lexikoneinträgen meist nur mit Namenskürzeln auftretend –, die alle gemeinsam, mit Akribie, Leidenschaft und letztlich kaum mehr als einem Gott vergelt's, an dem vielleicht größten Projekt arbeiten, das die Menschheit kennt: Man nennt es Bildung.

Zu danken habe ich auch der bereits erwähnten Villa Massimo, ihren wunderbaren Mitarbeitern und dem Direktor Dr. Joachim Blüher. Es war mein Jahr in Rom – die vielen Spaziergänge, Begegnungen, Lektüren und auch manche organisierten Besichtigungen für die Stipendiaten –, in dem ich auf die Spur zum eigenen Christentum fand. Im Vatikan selbst danke ich außerdem Seiner Exzellenz Herrn Erzbischof Dr. Georg Gänswein und Prälat Dr. Eugen Kleindienst, die mir unvergeßliche Einsichten ermöglichten. In Assisi hat mich Bruder Thomas Freidel aufs Herzlichste empfangen und durch die Basilika San Francesco geführt. Der Gemeinschaft von Mar Musa in Syrien und hier insbesondere den Schwestern Carole und Friederike sowie Pater Jens Petzoldt danke ich für die Gastfreundschaft im Kloster und später für die Zeit, die sie sich genommen haben, um mir von Pater Paolo zu erzählen. Zu danken habe ich auch dem Literaturfestival Krokodil in Belgrad, dem dortigen Goethe-Institut und dem Kulturzentrum Qendra in Prishtina, die mich zu der Reise nach Serbien und Kosovo eingeladen haben. Ein besonderer Dank gilt Roman Bucheli von der *Neuen Zürcher Zeitung*, der meine Beiträge für die – im übrigen nicht genug zu lobende – Serie «Bildansichten» mehr als nur redaktionell betreute, nämlich auch anstiftete und mit seinen Kommentaren bereicherte. Dem Verlag C.H.Beck und zumal meinem langjährigen Lektor Dr. Ulrich Nolte, seiner Mitarbeiterin Gisela Muhn, Jörg Alt, der das Buch gestaltet, sowie Jasmin Daam, die sich um die Bildrecherche bemüht hat, danke ich für die wieder einmal phantastische Zusammenarbeit. Dr. Holger Arning vom Seminar für Kirchengeschichte der Universität Münster hat das Manuskript theologie- und kirchengeschichtlich durchgesehen und es an etlichen Stellen verbessert. Wenn dennoch Fehler verblieben sind, liegt das allein in meiner Verantwortung, zumal ich mich in Einzelfällen bewußt für eine Lesart beziehungsweise Sichtweise entschieden habe, die innerhalb der jeweiligen Fachwissenschaft kontrovers ist (um das mindeste zu sagen). Nicht nur ist mein Buch an der geglaubten und auch ästhetischen Wahrheit meist mehr interessiert als an dem, was heute für historisch wahr gehalten wird; es ist selbst Ausdruck eines religiösen und ästhetischen Erlebens.

Und der katholische Freund? Gott hat mich mit mehr als einem beschenkt.

Köln, Nouruz 1394 *Navid Kermani*

LITERATUR

Adorno, Theodor W.: «Parataxis. Zur späten Lyrik Hölderlins», in: *Gesammelte Schriften XI*, Frankfurt am Main 1997, 447–491

Alcolea, Santiago: *Zurbarán*, Übers. Sörine Lasche, Barcelona 2011

Andrae, Tor: *Islamische Mystiker*, Übers. Helmhart Kanus-Credé, Stuttgart 1960

Badde, Paul: «Roms geheimer Schatz», in: *Vatican-Magazin*, Heft 5, Dezember 2007, 6 ff.

—: *Heiliges Land. Auf dem Königsweg aller Pilgerreisen*, Gütersloh 2008

Bätschmann, Oskar: *Giovanni Bellini. Meister der venezianischen Malerei*, München 2008

Bell, Duncan (Hg.): *Rembrandt – Caravaggio*, Übers. Sabine Rieger, Stuttgart 2010

Belting, Hans: *Bild und Kult. Eine Geschichte des Bildes vor dem Zeitalter der Kunst*, München [5]2000

—: *Florenz und Bagdad. Eine westöstliche Geschichte des Blicks*, München 2008

Berger, Klaus: *Jesus*, München 2004

—: *Kommentar zum Neuen Testament*, Gütersloh 2011

Bertaux, Pierre: *Friedrich Hölderlin. Eine Biographie*, Frankfurt am Main 2000

Bonaventura, *Das Leben des hl. Franz von Assisi. Nach der Legenda Maior*, Freiburg im Breisgau 1988

Borchert, Till-Holger: *Hans Memling. Porträts*, Stuttgart 2005

Bruckstein, Almut Sh.: *Vom Aufstand der Bilder. Materialien zu Rembrandt und Midrasch*, München 2007

Büchsel, Martin: *Die Entstehung des Christusporträts. Bildarchäologie statt Bildhypnose*, Mainz 2003

Burckhardt, Jacob: *Der Cicerone. Eine Anleitung zum Genuß der Kunstwerke Italiens*, Stuttgart [4]1986

—: *Die Kultur der Renaissance in Italien. Ein Versuch*, Stuttgart 1987
Burckhardt, Titus: *Vom Sufitum. Einführung in die Mystik des Islam*, München 1953
—: *Vom Wesen heiliger Kunst in den Weltreligionen*, Zürich 1955
—: *Spiegel der Weisheit. Texte zu Wissenschaft, Mythos, Religion und Kunst*, Hg. Irene Hoening, München 1992
Carminata, Marco: *Veronese: The Wedding at Cana*, Mailand 2012
Conisbee, Philip: *Georges de La Tour and His World*, Washington D. C. & New Haven, CT, 1996
Corbin, Henry: *Die smaragdene Vision. Der Licht-Mensch im persischen Sufismus*, Übers. Annemarie Schimmel, München 1989
—: *Alone with the Alone: Creative Imagination in the Sufism of Ibn 'Arabi*, Princeton, NJ, 1998
Dall'Oglio, Paolo: «In Praise of Syncretism: A Message to Jesuits Involved in Muslim-Christian Relations», http://www.westcoastcompanions.org/jgc/1.2/dallogliotext.htm
—: *Amoureux de l'Islam, croyant en Jésus*, Übers. E. Gabaix-Hialé, Paris 2009
Dalarun, Jacques/Cusato, Michael/Salvati, Carla (Hg.): *The Stigmata of Francis of Assisi. New Studies, New Perspectives*, St. Bonaventure, NY, 2006
Dinzelbacher, Peter: *Bernhard von Clairvaux. Leben und Werk des berühmten Zisterziensers*, Darmstadt 1998
Dombrowski, Damian: *Botticelli. Ein Florentiner Maler über Gott, die Welt und sich selbst*, Berlin 2010
Dünzl, Franz: *Kleine Geschichte des trinitarischen Dogmas in der Alten Kirche*, Freiburg im Breisgau ²2011
Ebert-Schifferer, Sibylle: *Caravaggio. Sehen – Staunen – Glauben. Der Maler und sein Werk*, München 2009
Fischer, Heinz-Joachim: *Rom*, Köln ⁵2008
Fischer, Stefan: *Hieronymus Bosch. Das vollständige Werk*, Köln 2013
Fürst, Alfons: *Hieronymus. Askese und Wissenschaft in der Spätantike*, Freiburg im Breisgau 2003
Greschat, Katharina/Tilly, Michael (Hg.): *Die Mönchsviten des heiligen Hieronymus*, Wiesbaden 2009
Greshake, Gisbert: *Maria – Ecclesia: Perspektiven einer marianisch grundierten Theologie und Kirchenpraxis*, Regensburg 2014
Guardini, Romano: *Hölderlin. Weltbild und Frömmigkeit*, Leipzig 1939
—: *Vom Geist der Liturgie*, Ostfildern 1997
Haas, Alois M.: *Mystik als Aussage. Erfahrungs-, Denk- und Redeformen christlicher Mystik*, Frankfurt am Main ²1997

—: *Mystik im Kontext*, Stuttgart 2004
Hägglund, Bengt: *Geschichte der Theologie. Ein Abriß*, Übers. Alfred Otto Schwede, Gütersloh ^{2}1993
Hesemann, Michael: *Der erste Papst. Auf der Spur des historischen Petrus*, München 2003
Hierzenberger, Gottfried: *Maria. Die weibliche Dimension Gottes*, Kevelaer 2004
Hoeberichts, Jan: *Feuerwandler. Franziskus und der Islam*, Kevelaer 2001
Holländer, Hans: *Hieronymus Bosch. Weltbilder und Traumwerk*, Köln ^{3}1988
Hoping, Helmut: *Mein Leib für euch geben. Geschichte und Theologie der Eucharistie*, Freiburg im Breisgau 2011
Ibn Arabi, Muhyiddin (Muḥyî d-dîn Ibn ʿArabî): *al-Futûḥât al-makkîya*, 9 Bde, Hg. Nawâf al-Ǧarrâḥ, Beirut o.D. (Dâr ṣâdir); Auszug: *Abhandlung über die Liebe*, Übers. Maurice Gloton & Wolfgang Herrmann, Zürich 2009
—: *Fuṣûṣ al-ḥikam*, Hg. Abu l-Aʿlâ ʿAfîfî, Teheran 1370/1991; Auszug: *Die Weisheit der Propheten*, Übers. Titus Burckhardt & Wolfgang Herrmann, Zürich 2005
Jacobus de Voragine: *Legenda aurea. Heiligenlegenden*, Übers. Jacques Laager, Zürich 1982
Jäggi, Carola: *Ravenna. Kunst und Kultur einer spätantiken Residenzstadt. Die Bauten und Mosaiken des 5. und 6. Jahrhunderts*, Regensburg 2013
Jun'ichoro, Tanizaki: *Lob des Schattens. Entwurf einer japanischen Ästhetik*, Übers. Eduard Klopfenstein, Zürich 1987
Kermani, Navid: *Gott ist schön. Das ästhetische Erleben des Koran*, München 1999
—: *Der Schrecken Gottes. Attar, Hiob und die metaphysische Revolte*, München 2005
—: *Dein Name*, München 2011
Kier, Hiltrud: *Köln*, Stuttgart 2008
Krauss, Heinrich/Uthemann, Eva: *Was Bilder erzählen. Die klassischen Geschichten aus Antike und Christentum in der abendländischen Malerei*, München 1987
Kremer, Jacob: *Lazarus. Die Geschichte einer Auferstehung*, Stuttgart 1985
Krischel, Roland: *Stefan Lochner. Die Muttergottes in der Rosenlaube*, Leipzig 2013
Kuster, Niklaus: *Franziskus. Rebell und Heiliger*, Freiburg im Breisgau ^{3}2014
Largier, Niklas: *Lob der Peitsche. Eine Kulturgeschichte der Erregung*, München 2001
Lascaratus, John: «Child sexual abuse: Historical cases in the Byzantine Empire (324–1453 A.D.)», in: *Child Abuse & Neglect* 24 (2000), 1085–1090

Lauster, Jörg: *Die Verzauberung der Welt. Eine Kulturgeschichte des Christentums*, München 2014

Marani, Pietro C.: *Leonardo. Das Werk des Malers*, Übers. Erdmuthe Brand, Uta Grabowski & Bettina Gronenberg, München 2005

Markschies, Christoph: *Die Gnosis*, München 2001

— / Hubert Wolf (Hg.): *Erinnerungsorte des Christentums*, München 2010

McGrath, Alister E.: *Der Weg der christlichen Theologie. Eine Einführung*, Übers. Christian Wiese, München 1997

Mosebach, Martin: *Häresie der Formlosigkeit. Die römische Liturgie und ihr Feind*, München 2007

Moses, Paul: *The Saint and the Sultan: The Crusades, Islam, and Francis of Assisi's Mission of Peace*, New York 2009

Most, Glenn W.: *Der Finger in der Wunde. Die Geschichte des ungläubigen Thomas*, Übers. Kurt Neff, München 2005

Mulack, Christa: *Maria. Die geheime Göttin im Christentum*, Stuttgart 1985

Murata, Sachiko: *The Tao of Islam: A Sourcebook on Gender Relationships in Islamic Thought*, Albany, NY, 1992

Nagel, Ivan: *Gemälde und Drama. Giotto, Masaccio, Leonardo*, Frankfurt am Main 2009

Neumahr, Uwe: *Inquisition und Wahrheit. Der Kampf um den reinen Glauben*, Stuttgart 2005

Pagels, Elaine: *Das Geheimnis des fünften Evangeliums. Warum die Bibel nur die halbe Wahrheit sagt*, Übers. Kurt Neff, München 2004

Perniola, Mario: *Vom katholischen Fühlen. Die kulturelle Form einer universellen Religion*, Übers. Sabine Schneider, Berlin 2013

Randt, Richard: *The Raising of Lazarus by Rembrandt*, Los Angeles, CA, 1992

Ratzinger, Josef (Benedikt XVI.): *Jesus von Nazarath*, 2 Bde & Prolog, Freiburg 2007 ff.

Richter, Gerhard: *Zufall. Das Kölner Domfenster und 4900 Farben*, Köln 2007

Sander, Jochen (Hg.): *Dürer. Kunst – Künstler – Kontext*, München 2013

Schade, Oskar: *Die Sage von der heiligen Ursula und den elftausend Jungfrauen. Ein Beitrag zur Sagenforschung*, Hannover 1854

Schätze, Sebastian: *Caravaggio. Das vollständige Werk*, Köln 2009

Schama, Simon: *Rembrandts Augen*, Übers. Bettina Blumenberg, Berlin 2000

Schenke, Hans-Martin/Hans-Gebhard Bethge/Ursula Ulrike Kaiser: *Nag Hammadi Deutsch. Studienausgabe*, Berlin & New York 2010

Schimmel, Annemarie: *Meine Seele ist eine Frau. Das Weibliche im Islam*, München 1995

—: *Jesus und Maria in der islamischen Mystik*, München 1996
Schindler, Alfred (Hg.): *Apokryphen zum Alten und Neuen Testament*, Zürich 1998
Schmidt, Heinrich & Margarethe: *Die vergessene Bildersprache christlicher Kunst: Ein Führer zum Verständnis der Tier-, Engel- und Mariensymbolik*, München [5]1995
Schmidt, Wilhelm: *Ravenna. Die Botschaft seiner Bilder*, Bremen 1971
Schreiner, Klaus: *Maria. Jungfrau, Mutter, Herrscherin*, München 1996
Schütze, Sebastian: *Caravaggio. Das vollständige Werk*, Köln 2009
Schumacher, Andreas (Hg.): *Perugino. Raffaels Meister*, Ostfildern 2011
Schuon, Frithjof: *Christianity/Islam: Perspectives on Esoteric Ecumenism*, Hg. James S. Cutsinger, Bloomington, IN, 2008
Spear, Richard E.: *The Divine Guido: Religion, Sex, Money, and Art in the World of Guido Reni*, New Haven & London 1997
Ströter-Bender, Jutta: *Die Muttergottes. Das Marienbild in der christlichen Kunst – Symbolik und Spiritualität*, Köln 1992
Surmann, Ulrike/Johannes Schröer (Hg.): *Trotz Natur und Augenschein. Eucharistie – Wandlung und Weltsicht*, Köln 2013
Täube, Dagmar/Miriam Verena Fleck (Hg.): *Glanz und Größe des Mittelalters. Kölner Meisterwerke aus den großen Sammlungen der Welt*, München 2011
Teresa von Avila: *Das Buch meines Lebens*, Übers. Ulrich Dobhan & Elisabeth Peeters, Freiburg [6]2011
Thode, Henry: *Franz von Assisi und die Anfänge der Kunst der Renaissance in Italien*, Berlin 1904
Thomas von Celano: *Das Leben des heiligen Franciscus von Assisi*, im Anhang: *Die Chronik des Bruders Johanus von Giano*, Basel [2]1921
Vasari, Giorgio: *Lebensläufe der berühmtesten Maler, Bildhauer und Architekten*, Übers. Robert Steiner, Zürich 2005
—: *Das Leben des Piero di Cosimo, Fra Bartolomeo und Mariotto Albertinelli*, Berlin 2008
Warren, Kathleen: *Daring to cross the threshold: Francis of Assisi encounters Sultan Malek Al-Kamil*, Eugene, OR, 2003
Wismer, Beat/Michael Scholz-Hänsel (Hg.): *El Greco und die Moderne*, Ostfildern 2012
Wolf, Norbert: *Giotto di Bondone. Die Erneuerung der Malerei*, Köln 2006
—: *Albrecht Dürer. Das Genie der deutschen Renaissance*, Köln 2012
Zander, Hans Conrad: *Als die Religion noch nicht langweilig war. Die Geschichte der Wüstenväter*, Köln 2001

Zehnder, Frank Günther (Hg.): *Sankt Ursula. Legende, Verehrung, Bilderwelt*, Köln 1985
—: *Stefan Lochner. Meister zu Köln*, Köln 1993

Die Bibel zitiere ich in der Übersetzung von Martin Luther in der Ausgabe von 1912. Die Koranverse habe ich auf der Grundlage der Übersetzung von Friedrich Rückert ins Deutsche übertragen.

VERZEICHNIS DER ABBILDUNGEN

86/87 Der gute Hirte. Mausoleum der Galla Placidia, Ravenna. © akg-images / Erich Lessing

95 Stefan Lochner, Die Muttergottes in der Rosenlaube. Wallraf-Richartz-Museum, Köln. © akg-images

102/103 Fernand Cormon, Kain. Musée d'Orsay, Paris. © akg-images / Laurent Lecat

108 Albrecht Dürer, Hiob auf dem Misthaufen. Städelsches Kunstinstitut, Frankfurt am Main. © akg-images

109 Albrecht Dürer, Pfeifer und Trommler. Wallraf-Richartz-Museum, Köln. © akg-images

114/115 Caravaggio, Judith und Holofernes. Galleria Nazionale d'Arte Antica. Palazzo Barberini, Rom. Aus: Ebert-Schifferer, Caravaggio, S. 109, Abb. 67

121 Mariotto Albertinelli, Heimsuchung. Uffizien, Florenz. © akg-images / Mondadori Portfolio / Antonio Quattrone

125 Caravaggio, Die Kreuzigung Petri. Santa Maria del Popolo, Rom. Aus: Ebert-Schifferer, Caravaggio, S. 138, Abb. 95

130 Leonardo da Vinci, Der heilige Hieronymus in der Wildnis. Pinacoteca Vaticana, Rom. © akg-images / Nimatallah

135 Meister der Ursula-Legende, Ein Engel erscheint der Heiligen Ursula. Wallraf-Richartz-Museum, Köln. © akg-images

140/141 Caravaggio, Das Martyrium der Heiligen Ursula. Palazzo Zevallos Stigliano, Neapel. Aus: Ebert-Schifferer, Caravaggio, S. 234, Abb. 170

147 Pietro Perugino, Die Vision des Heiligen Bernhard. Alte Pinakothek, München. © akg-images

152/153 Georges de la Tour, Die Verzückung des Heiligen Franziskus. Musée de Tessé, Le Mans. © akg-images / Erich Lessing

158/159 Francisco de Zurbarán, Der Apostel Petrus erscheint dem heiligen Petrus Nolascus, Museo del Prado, Madrid. © akg-images / Erich Lessing

165 Königin Simonida. Kloster Gračanica, Kosovo. © Željko Radović

171 Paolo Dall'Oglio. Screenshot aus: http://www.belfasttelegraph.co.uk/video-news/video-father-paolo-dalloglio-at-raqqa-rally-before-kidnap-29459940.html. © YouTube/syriaraqqa1

190/191 Caravaggio, Berufung des Heiligen Matthäus. San Luigi dei Francesi, Rom. Aus: Ebert-Schifferer, Caravaggio, S. 127, Abb. 84

196 Hans Memling, Bildnis eines betenden jungen Mannes. Museo Thys-

sen-Bornemisza, Madrid. Foto: Fundación Collección Thyssen-Bornemisza

200/201 Caravaggio, Die Opferung Isaaks. Uffizien, Florenz. Aus: Ebert-Schifferer, Caravaggio, S. 110, Abb. 68

206 Schwester der «Gemeinschaft von Jerusalem», Köln. © Hermann Dornhege

213 Monstranz. Kolumba, Kunstmuseum des Erzbistums Köln. © Kolumba, Köln – Foto: Lothar Schnepf

218/219 Caravaggio, Der ungläubige Thomas. Bildergalerie im Park Sanssouci, Potsdam. Aus: Ebert-Schifferer, Caravaggio, S. 172, Abb. 122

227 Kloster Visoki Dečani, Kosovo. © picture alliance / dpa

240/241 Hieronymus Bosch, Der Sturz der Verdammten, Die Hölle, Das irdische Paradies, Der Aufstieg in das himmlische Paradies. Museo di Palazzo Grimani, Venedig. © akg-images / Cameraphoto

253 Kölner Meister, Der Liebeszauber. Museum der bildenden Künste, Leipzig. © akg-images

257 Giotto di Bondone, Die Begegnung Joachims und Annas an der Goldenen Pforte. Arenakapelle (Cappella degli Scrovegni), Padua. © akg-images / Cameraphoto

263 Sankt-Georg-Kirche, Isfahan. © Isabelle Eshraghi / Agence VU / laif

268 Gerhard Richter, Domfenster. Köln. © mauritius images / Alamy

277 Chartula des heiligen Franziskus: Segen für Bruder Leone. Sacro Convento, Assisi. © akg-images / Gerhard Ruf